中小学教师
信息技术领导力研究

于天贞◎著

学林出版社

本书系 2025 年度上海市教育科学研究项目"智能教学助手对教师课堂领导力影响的实验研究"（C2025020）、上海开放大学 AI 赋能创新思维培养团队的阶段性研究成果。本书由上海开放大学学术专著出版基金资助出版。

前　言

ChatGPT 诞生之后，信息技术的应用得到了一次质的飞跃，技术已不再是阻碍教育信息化发展的最主要因素；相比之下，教师信息化素养和信息化教学能力的"瓶颈效应"却越来越凸显。

本书试图通过唤醒教师信息技术领导力，发挥教师作为"领导者"的作用，让教师在信息技术领域对其他教师、学生乃至学校管理者起到引领、感召、带动、指导、促进作用，形成"以点带面"的燎原之势，从而提高学校乃至整个区域的教师信息化教学能力，有力促进教育信息化的高质量发展。

目前越来越多的学者开始关注该课题，这既是实践的需求，也是理论价值的体现。基于实践和理论层面的双重分析，本书将问题聚焦，主要研究四个问题：第一，教师信息技术领导力的内涵以及构成要素是什么？第二，教师信息技术领导力的实践现状如何？具体实践形态有哪些？第三，教师信息技术领导力受哪些因素影响？这些影响因素是如何发挥作用的？第四，如何提升教师信息技术领导力？

首先，运用扎根理论研究法建构教师信息技术领导力的内涵和构成要素。在访谈资料三级编码素材的基础上绘制领导行为地图，将教师信息技术领导力界定为：教师在不断提升信息技术素养的基础上，将信息化思维与技能逐步融入教学、课程以及日常办公，通过参与决策、感召、吸引、激发、答疑等行为发挥引领作用，自觉寻求对同事、学生和学校管理者等影响力的不断进阶，以便促进学校信息化工作良性循环与数字化创新人才培养。教师信息技术领导力由信息技术专业引领力、信息化教学领导力、数字化课程领导力、信息技术氛围领导力等四个要素构成。

其次，运用问卷调查、访谈以及案例分析法了解教师信息技术领导力的实践现状和实践形态。调研发现：第一，教师信息技术领导力整体水平较差，教师信息技术专业引领略显困难，教师在学校信息化决策参与度较低，教师在数字化课程领导力方面的表现略显突出，教师的信息技术能力和领导技能（特质）兼容较低。第二，对教师信息技术领导力及各维度在性别、年龄、地域、学段、校长领导风格、校长支持态度等人口学变量上做了差异性分析，除学段、校长领导风格、校长支持态度三个变量存在显著性差异，其余基本不存在显著性差异。第三，实践中教师信息技术领导力基本上呈现出三种实践形态：自下而上的自发模式，自上而下的行政介入模式、网络社区辐射模式。

再次，通过结构方程模型和 bootstrap 法检验影响因素与教师信息技术领导力之间的关系假设。在访谈资料三级编码素材基础上归纳教师信息技术领导力的影响因素为校长授权、组织氛围、知识共享、设备等客观条件。研究发现：组织氛围显著直接正向影响教师信息技术领导力，组织氛围在校长授权和教师信息技术领导力之间起到部分中介作用，知识共享显著直接正向影响教师信息技术领导力，知识共享在校长授权和教师信息技术领导力之间起到部分中介作用，组织氛围和知识共享在校长授权和教师信息技术领导力之间发挥链式中介的作用。

最后，结合本书结论为提升教师信息技术领导力寻求策略和方法。第一，从不同人口学变量的差异性特点分析，可以更好地从全局出发为区域教师或者学校教师信息技术领导者的选拔和培养建议：以点带面，培养信息技术领导者"种子"；教师技术特长不同，应差异化选拔；中西部重技术氛围，东部重技术应用；着重关注校长支持态度下的学校。第二，从影响因素与教师信息技术领导力之间的关系以及作用程度，可以有重点地为教师信息技术领导力的培养提供便利条件：重视校长授权的辐射性作用，寻求知识共享的在线社区构建，积极营造容错型组织文化氛围。第三，从信息技术指向的角度出发，可以为教师自身提高信息技术领导力的指明方向：以"学习技术"为支撑的信息素养再提升；以"教学技术"为手段的教学方法再设计；以"课程技术"为依托的学科内容再开发。

2024 年 5 月 10 日写在上海开放大学

目　录

第一章

导　论

　　"教师是一个社会团体的明智的领导者。教师作为一个领导者，依靠的不是其职位，而是其广博、深刻的知识和成熟的经验。"[①]这是 20 世纪初美国著名教育家约翰·杜威（John Dewey）明确提出的"教师是领导者"的论断。

　　中小学教师信息技术领导力研究的提出，既回应了国家大力发展教育信息化的需要，是对宏观政策呼唤的回应，也映衬了当前教育技术学和教育管理学研究视阈转变的学术背景，更体现了对处于社会转型期的教师职业生存困境的人文关怀。

第一节　研究背景

　　信息时代，教师的角色正经历前所未有的转变。他们不仅需要掌握现代教学技能，还须具备规划、组织和引领信息化教学改革的能力。只有教师勇于站在信息化浪潮的前沿，主动拥抱新技术，才能真正释放信息技术对教与学的变革力量。

---

① ［美］约翰·杜威.我们怎样思维·经验与教育［M］.姜文闵，译.北京：人民教育出版社，2005：224.

一、教师是教育信息化的中坚力量

在信息化时代，教师的角色将会发生重大变化，"知识传授者"的教书匠角色显然已经不能满足时代需求，因为"互联网"比教师"懂得"更多，那些拥有信息技术能力的教师将逐渐取代那些保守且排斥信息技术的教师。因此，在信息化时代，教师需要从"知识传授者"成功转型为"学习领导者"，具有"领导力"。20 世纪 80 年代以来，新兴的领导力理论快速蓬勃发展，呈现出多元化的态势，社会各界也开始重新审视领导力，对其引起了高度重视。英、美、加、澳等西方国家的教育界纷纷提出"教师成为领导者"的理念，因此，在信息化背景下"中小学教师领导力培育作为新的教师发展观受到极大关注"①。

信息技术深度融入教育全过程已然成为必然要求，将来必与教师工作密切相关，同时也对教师的信息技术能力提出了更高要求。然而，这些工作最终要扎根落实到教师身上，教师是信息化教学和数字化课程的设计者、开发者、执行者、管理者与评价者，参与学校教育信息化方案的规划与设计、承担学校教育信息化工作组织与实施，是信息化工作的中坚力量，教师发展逐渐被视为教育改革的中心和核心要素，甚至被视为学校与教学革新的心脏。② 教师是学校组织成员中的一部分，是学校的中坚力量，是学校决策和教学任务的执行者，也是学校信息化的直接推进者 ③，不论是课堂上的信息化教学设计与应用，还是教师自身的信息化教学能力与教师专业发展，抑或是对学校教育信息化建设愿景的参与和支持等，这都体现着教师的领导力量。

推进教育信息化深入发展的根本目的在于应用，只有真正地应用于在教与

---

① 钟启泉，等. 新课程师资培训精要训［M］. 北京：北京大学出版社，2020：24.

② McClure, R.M.. Individual growth and institutional renewal. In A. Lieberman & L. Miller（Eds.）, Staff development for education in the 10's ［M］. New York: Teachers College Press, Columbia University, 1991: 221—241.

③ 孙祯祥，张玉茹. 教师信息化领导力的概念、内涵与理论模型［J］. 现代远程教育研究，2015，No.133（1）：39—45.

学，特别是常规课堂教学中的广泛深入应用，才是教育信息化有效的发展方向。[①] 教育信息化的重任最终还是落到教师身上，因此，教师信息技术领导力的发挥与释放，直接决定着学校数字化人才培养目标的实现，决定着学校信息化变革的成败。

二、教师应是积极应对信息化挑战的专业能动者

在信息时代，教育将更加个性化、人性化、互动化、数据化、弹性化。在知识与信息极其容易获取的情况下，教师不再是知识的权威，因特网才是。学生的学习能力以及接受新事物的能力远高于教师，因此教师和学生的身份在一定情况下，可能会互换，也就是说课堂上极容易出现"学生问倒教师"的情况（目前已经出现），这就给教师带来了挑战：教师该如何应付信息化环境的课堂？

教人先教己，教师要正确认识自己、评价自己，特别是要认识到自己的不足。[②] 面对挑战，教师不是"被动的执行者"，而是"积极的思考者""积极的参与者"和"主动的引领者"。伴随着对教师在教育改革中地位认识的转变，越来越多的学者意识到，学校领导者要善于发挥教师的能动性，促进教师成为"变革的能动者"，学校改进才有可能，这也是教师领导和分布式领导理论越来越受关注的原因。未来社会学生所需要的信息技术能力需要教师引领和培养，同行教师的信息化教学能力也需要那些"技术佼佼者"引领与传授，学校的教育信息化方案的制定与维护也需要教师的参与和支持，教师作为专业人员的发展日趋明确，教师作为"技术佼佼者"走向"信息技术领导者"的角色需求也日趋强烈。

---

① 雷朝滋.信息技术与学科教学有效融合——教育部科技司雷朝滋同志在第十八届全国教育教学信息化大奖赛和第五届"中国移动校讯通杯"全国教师论文大赛现场交流活动上的讲话［J］.中国电化教育，2014（12）：1—2.

② 舒志定.教师角色辩护，走向基础教育课程改革［M］.杭州：浙江大学出版社，2006：137—140.

但在实际教育信息化实践中，大多数教师处于"被动接受""听从安排"的境况，自身的积极性和主动性不足，信息技术意识尚未被唤醒，以至于"2016年教师教学国际调查（TALIS）结果显示，在经常运用的课堂教学策略中，上海教师7项均优于国际平均水平，但在让学生使用'信息与通信技术'完成项目或作业上只在15.2%，不及国际均值38.0%的一半"①。这就亟须一批教师信息技术领导者发挥先锋和引领作用，以实际行动唤醒更多同行教师，积极走上"主动出击"的能动性角色，这也是现实的渴求。

三、人工智能更加凸显教师领导力的重要性

生成式人工智能的快速发展正在重塑我们所理解的教育领域和教学实践。这种技术进步不仅改变了知识获取的方式，还为学生提供了前所未有的学习工具和方法。在这个背景下，教师领导力的重要性愈发凸显，特别是在引导、激发、培养学生的创新思维、批判性思维、人机沟通能力及人际协调能力方面。

第一，随着AI的普及和应用，传统的学习和工作模式正在发生变化。在这个过程中，教师的领导力体现在如何培养学生的创新思维。生成式AI可以处理大量数据，并提出解决方案，但它缺乏创新能力。因此，教师需要引导学生探索新领域，鼓励学生通过AI工具探索未知领域，激发他们的好奇心和探索欲；提供跨学科学习机会，利用AI工具整合不同学科的知识，帮助学生发现新的视角和解决问题的方法；鼓励创造性思考，在教学中融入设计思维和创意解决问题的方法，提倡学生在AI的帮助下，进行自主创造和思考。

第二，AI虽然强大，但其算法和结论可能存在偏见。教师领导力在于教授数据分析能力，指导学生理解AI如何处理信息，以及如何从大量数据中提取有价值的洞见；培养批判性思维，教授学生如何质疑和分析AI提供的数据

---

① 上海市人民政府．"教师教学国际调查（TALIS）"结果公布 上海教师水平远超国际均值［EB/OL］．2016-02-19．

和结论，以及如何从多角度理解和评估这些信息。

第三，未来社会将是人机共存的社会。在这种环境下，教师需要教授人机交互基础，引导学生学习如何与 AI 系统有效沟通，包括语言输入、命令理解等；开展实践活动，通过项目和实验，使学生亲身体验与 AI 的互动，如编程、机器人控制等；提升问题解决技能，鼓励学生利用 AI 解决实际问题，培养他们在人机协作中的主动性和创造力。

第四，AI 的引入也对人际关系产生影响，教师在这方面的领导力展现在促进团队合作，鼓励学生在利用 AI 解决问题时，与他人协作，促进团队内部的沟通和协调；培养跨文化交流能力，利用 AI 工具，如在线翻译、文化交流平台等，教授学生如何在多元文化背景下进行有效沟通；教授情感智能，强调人类情感和同理心在人机交互和人际关系中的重要性。

在生成式 AI 快速发展的时代，教师的领导力变得至关重要。他们不仅是知识的传播者，更是引导者和激励者。教师通过领导力可以引导、激发和培养学生创新思维和批判性思维，应对未来的挑战；同时也培养学生的人机沟通能力和人际协调能力，确保学生在未来的人机共存社会中不被淘汰，成为能够有效利用 AI 技术的专业能动者。教师的这些领导力不仅影响着学生的个人发展，也对整个社会的适应能力和创新力产生深远影响。

四、分布式领导理论与教师领导力概念已被广泛认可

领导者以无所不能的英雄形象来实施学校管理并不能奏效。自上而下的指令和激励是推动学校改进的外部力量，未来学校的成功与否将取决于领导者能否挖掘出组织内部人力资源的潜力，能否提升自身的内涵和领导意识，能否构建一支富有责任感的团队。[①]

随着分布式领导理论逐渐被认可，人们认识到领导角色不再是校长一个人

---

① ［美］阿尔玛·哈里斯，丹尼尔·缪伊斯.教师领导力与学校发展［M］.许联，吴合文，译.北京：北京师范大学出版社，2007：1—2.

的单打独斗，领导角色的作用可以由多人承担，领导行为和职能可以在组织成员中共享或分布。[①] "领导"不再是个体领导者单向的、静态的、线性的活动，而被理解为组织内不同成员根据自己的能力和环境条件，动态地分享领导角色。因此，在学校中，不仅处于领导者职位的校长具有领导力，学校其他管理人员以及教师群体同样具有领导力。学校教育信息化领导力的发展提升与学校全体成员的共同努力密切相关。信息化领导角色动态分布于学校组织成员之中，领导不只是校长个人的行为，而是全体师生和广大教职员工都可以具有的职能，并且这种职能是一种群体的共同行为，不同的事务通常由不同的个体或群体负责或引领。[②]

第二节　研究述评

为了更深入地辨章学术，考镜源流，本书在对"教师领导力"相关研究评述的基础上再次对"教师信息技术领导力"进行综述，以更清晰地了解研究脉络与各家观点。

一、教师领导力研究述评

（一）教师领导力内涵综述

教师领导和教师领导力，在外文中都使用"Leadership"，为了更加全面地了解该主题范围内的相关研究，本书在文献综述阶段暂不做区分。

1. 教师领导力内涵

众多学者从不同角度阐释了教师领导力的内涵，包括影响他人、促进发展、参与决策、专业成长、教学能力等多个维度，详见表1-1。

---

① 张晓峰.教育领导研究（第三辑）[M].北京：中国轻工业出版社，2016：1—3.
② 孙祯祥，张玉茹.教师信息化领导力的概念、内涵与理论模型[J].现代远程教育研究，2015，133（1）：39—45.

表1-1 众学者关于教师领导力内涵的理解

作 者	领导力内涵
王绯烨等 [1]	（1）能给予同事鼓励、提供技术和知识、解决课堂问题的人；（2）在课内外承担领导角色，致力于改革和学习，影响提高同事水平；（3）在课内外承担领导角色，致力于教师学习共同体形成，影响同事改进教学行为并问责领导效果
弗格森（S.Ferguson）等 [2]	在学校中转换教和学的行为，以学习为基础维系共同体，促进专业发展和生活质量
金伯特（Gimbert）等 [3]	作为领导者在学习共同体中影响学生学习、促进学校改进并带动其他教师参与改革
杜芳芳 [4]	教师参与决策和对同伴的影响力，所有教师都有能力、权利和责任成为领导者
郭凯 [5]	教师参与决策和影响同伴、学生的能力。领导力源自组织所有成员的集合
胡继飞等 [6]	教师参与学校事务的影响力、个人在同事中的威信力、对教育教学工作的驾驭力

综上，第一，教师领导力的本质是教师影响其他的能力，可以理解为影响力，或者是能力合集，杜芳芳、郭凯、胡继飞等人，都是持该观点。第二，教师领导力发挥作用的过程，各位学者的观点皆不一样，但有一点几乎达成了共识，那就是一定和教学、课程有关系。第三，教师领导力的构成要素，其观点亦有不同，包含在学校改革、学生的学习、影响其他同事专业水平、学习共同体发展、

① 王绯烨，洪成文，萨莉·扎帕达．骨干教师领导角色的认知研究［J］．教师教育研究，2017, 29（5）：58—63, 80.

② Growthor, F. Kaagen, S. Ferguson, M. Han, L. Developing teacher leaders: How teacher leadership enhance school success.［M］.Thousand Oaks, CA: Corwin press, 2002: 27.

③ Silva, Diane Yendol, Gimbert. B, Nolan. J. Sliding the doors: Locking and Unlocking Possibilities for Teachers Leadership. The teachers College Record［EB/OL］. http://www.tcrecord.org/library, 2000-11-4.

④ 杜芳芳．教师领导力：迈向研究日程［J］.外国教育研究，2010, 37（10）：62—67.

⑤ 郭凯．教师领导力：理解与启示［J］.课程·教材·教法，2011, 31（6）：107—112.

⑥ 胡继飞，古立新．我国教师领导力现状及其影响因素的调查研究——以广东省为例［J］.课程·教材·教法, 2012, 32（5）：111—116.

参与决策、对同伴的影响，参与学校事务、校本课程等的积极性和影响力。第四，教师领导对象一般是同行教师，也可以是学生、学校领导者，甚至是家长。

2. 教师领导力构成要素评述

国外学者在教师领导力构成方面，大致可以归结为参与决策、改进同事、教学引领等。教师在自我改进、改进同事、课程改革三个领域发挥领导作用。[①]教师应该参与选择教科书和教材、课程制定、制定学生行为标准、决定学生是否分入特殊班级、规划员工发展和在职发展活动、制定晋升和保留员工政策、决定学校预算、评估教师表现、选择新教师和新的学校行政人员几个方面的决策。[②]教师领导主要包括教学、制度、参与决策三个方面，这三个方面相互关联。教师要成为教学领导者需要是值得信任的课堂教学专家；教师参与学校决策，需要对教学和制度方面有所了解。[③]

国内学者对于教师领导力的构成研究，与国外观点基本一致，但更加注重课程领导与共同体发展引领。如王绯烨认为教师领导应包含参与学校改革，促进学生的学习、影响同事提高专业水平、领导教师学习共同体发展、钻研课程和教学、开发校本研究、参与制定学校政策等；胡继飞、古立新认为教师应在参与学校事务、建立同事中的威信力、对自身教育教学工作的驾驭等三个方面进一步努力。此外，国内关于教师课程领导力的文献相当可观，同时也将课程领导力作为教师领导力重要组成部分。

综上，关于教师领导力构成要素可以从参与决策（参与学校管理）、影响教师专业发展和提升（专业领导力或者专业引领力）、促进学生学习（教学领导力）、课程与校本研究（课程领导力），学校组织文化氛围等几个方面进行思考和归纳。

① Suranna, K. J, & Moss, D. M. Exploring Teacher Leadership in the Context of Teacher Preparation［R］. Paper Presented at the Annual Meeting of the Educational Research Association, New Orleans, LA, 2002.

② Barth, R. S. Teacher Leader［J］. Phi Delta Kaplan, 2001, 82（6）: 443—449.

③ Levenson, M. R. Pathways to Teacher Leadership: Emerging Models, Changing Roles［M］. Cambridge, MA: Harvard Education Press, 2014: 2.

（二）教师领导力影响因素与提升策略

1. 教师领导力影响因素述评

外在因素和内在因素共同影响教师领导力的释放，外在因素包括校长的赋权程度、同事的信任程度、学校的文化氛围、学校的相关制度和措施，内在因素包括骨干教师个人的专业素养和领导技能。[①] 影响教师领导活动的因素有学校文化背景、人际关系、学校组织结构等。[②] 教师领导力的行使受专业角色的建构、组织环境和个人能力三大因素的影响。[③]

综合国内研究者的观点，比较一致的观点是影响教师领导力的主要因素大致可以归结为学校组织氛围（组织文化）、校长支持与授权、人际关系等三类。

第一，学校组织氛围。如墨菲（J. Murphy）认为学校组织文化与教师参与领导的意愿密切相关。[④] 哈特（A. W. Hart）等人的研究表明，具有民主、信任、合作分享特征的学校文化，是培育和发展教师领导力的主要驱动力。[⑤] 缪伊斯（D. Muijs）调查发现教师之间的互助与协作能够提高士气，并激发集体归属感和参与学校管理工作的强烈愿望。[⑥] 利特尔（J. W. Little）通过调查发现同事的包容和支持程度与教师领导者的领导力水平有显著的正相关。[⑦] 塔尔伯特（J. E. Talbert）认为部门之间、学校之间、学区之间所达成的标准和日常的行为规范标准都影响教师的专业化、教师之间的人际关系以及教师领导活

---

① 王绯烨，萨莉·扎帕达. 骨干教师领导力影响因素的实证研究［J］. 湖南师范大学教育科学学报，2017，16（3）：83—88.

② 吴颖民. 国外对中小学教师领导力问题的研究与启示［J］. 比较教育研究，2008（8）：52—57.

③ 杜芳芳. 教师领导力：迈向研究日程［J］. 外国教育研究，2010，37（10）：62—67.

④ Murphy, J. International Handbook of School Effectiveness and Improvement［M］. Berlin: Springer Netherlands, 2007: 164.

⑤ Hart, A. W. Creating Teacher Leadership Roles［J］. Educational Administration Quarterly, 1994,（11）: 472—497.

⑥ Muijs, D. & Harris, A. Teacher Led School Improvement: Teacher Leadership in The UK［J］. Elementary School Journal, 1995（1）: 961—972.

⑦ Little, J. W. High School Restructuring and Vocational Reform: the Question of "Fit" in Two Schools［J］. NASSP Bulletin, 2001（85）: 17—25.

动。① 简而言之，组织氛围中的教师相互支持和协助、分享、包容、沟通、公平公正等是影响教师领导力的重要因素。

第二，校长支持与授权。如巴克纳（K. G. Buckner）认为校长是教师领导力发展的关键，校长应该鼓励并帮助教师成为领导者，使教师成为学校的财富。② 蔡尔兹（B. D. Childs）认为校长应该努力挖掘有潜在领导能力的教师，为他们提供机会，支持他们成为领导型教师。③ 校长的赋权程度是促进或阻碍骨干教师影响力有效释放的决定因素。④ 教师领导者和校长之间的关系始终对教师领导力以及教师领导活动有显著的影响。⑤

第三，人际关系。布兰克（P. R. Blanc）等认为在对教师领导力的影响因素中最关键的一个就是建立教师和同事、校长之间的关系。⑥ 津恩（L.F. Zinn）认为人际关系能够阻碍或者促进教师领导力，是影响教师领导力的一个重要因素。⑦ 弗罗斯特（D. Frost）把人际关系作为影响教师领导力的一个重要因素，他认为要想成为优秀的教师领导者，就必须掌握良好的人际关系技巧。⑧

从上述相关研究分析上，可以发现教师信息技术领导力不仅表现在课堂上，教师还同时承担着多种角色，如课程的开发设计者、学习活动的指导者、

① Talbert, J. E. Mc Laughlin, M.W. Teacher Professionalism in Local School Context［J］. American Journal of Education. 1994（102）: 123—153.

② Buckner, K. G., McDowelle, J. O. Developing Teacher Leaders: Providing Encouragement, Opportunities, and Support［J］. NASSP Bulletin, 2000（84）: 35—41.

③ Childs, B. D., Moller, G. & Scrivner, J. Principals: Leaders of Leaders［J］. National Association of Secondary School Principals, 2000（616）: 27—34.

④ 王绯烨，萨莉·扎帕达. 骨干教师领导力影响因素的实证研究［J］. 湖南师范大学教育科学学报，2017，16（3）: 83—88.

⑤ Darling-Hammond, L, Bullmaster, M.L. & Cobb, V.L. Rethinking Teacher Leadership through Professional Development Schools［J］. Elementary School Journal, 1995（96）: 87—106.

⑥ Le Blanc, P. R. & Shelton, M. M. Teacher Leadership: The Needs of Teachers. Action in Teacher Education, 1997（19）: 32—48.

⑦ Zinn L. F. Supports and barriers to teacher leadership: Reports of teacher leaders［J］. administrator role, 1997: 43.

⑧ Frost, D. & Harris, A. Teacher Leadership: Towards a Research Agenda［J］. Cambridge Journal of Education, 2003（3）: 479—498.

课堂纪律的管理者、行为规范的示范者、人际关系的协调者、校园文化的创造者和传播者等。以此，学者们将教师信息技术领导力构成要素分为教学方面的领导力、校园文化方面的领导力、促进同事专业发展的领导力、参与决策的领导力、教师的个人素养（个人能力）等。而在学校信息化活动中，教师个人能力更多地表现为信息技术能力，且教师也应不断促进自身的信息化专业发展。

2. 教师领导力提升路径述评

提升教师信息技术领导力的路径贯穿教师个人、学校环境、外部支持和体制激励四个层面，需要教师提升专业素养、增强领导力素养、加强沟通协作能力；同时需要学校营造良好文化氛围，提供支持条件，构建专业学习共同体，让教师参与决策管理；还需要加强家校社区沟通、引入专家导师指导；并通过物质奖励激励、校长放权赋能等体制机制的创新，为教师施展领导力创造有利环境，推动教师信息技术领导力的全面提升，详见表1-2。

表1-2　众学者关于教师领导力影响因素的研究 [1]—[8]

类　别	影响因素	作　者
教师个人层面	提升专业素养	杜芳芳、舒澜
	增强领导力素养	皮尔斯、哈里斯等
	加强沟通协作	约克、杜克、哈里斯等

[1]　杜芳芳.教师领导力：迈向研究日程［J］.外国教育研究，2010，37（10）：62—67.

[2]　王绯烨，洪成文，萨莉·扎帕达.美国教师领导力的发展：内涵、价值及其应用前景［J］.外国教育研究，2014，41（1）：93—103.

[3]　舒澜.全国教育科学规划课题"提高中小学教师领导力　促进有效教学的实证研究"课题研讨会暨全国名校长论坛在深圳召开［J］.课程·教材·教法，2012，32（1）：69.

[4]　郭凯.教师领导力：理解与启示［J］.课程·教材·教法，2011，31（6）：107—112.

[5]　York-Ban, J., Karen Duke. What do we know about Teacher Leadership? Finding from Two Decades of scholarship［J］. Review of Education Research. 2004, 74（3）: 255—316.

[6]　Pearce, K. Creating Leaders through the Teacher Learning and Leadership Program［J］. Educational Forum, 2015, 79（1）: 46.

[7]　［美］阿尔玛·哈里斯，丹尼尔·缪伊斯.教师领导力与学校发展［M］.许联，吴合文，译.北京：北京师范大学出版社，2007：73—75.

[8]　Barth, R. S. Teacher Leader［J］. Phi Delta Kaplan, 2001, 82（6）: 443—449.

（续表）

类　别	影响因素	作　者
学校环境层面	营造良好文化氛围	舒澜
	提供支持条件	哈里斯等
	构建专业学习共同体	王绯烨等、郭凯
	教师参与决策管理	杜芳芳、王绯烨等、郭凯
外部支持层面	家校社区沟通联系	约克、杜克
	专家导师指导	皮尔斯
体制激励层面	物质奖励激励	哈里斯等
	校长放权赋能	巴思

综上，从国内外学者关于提升路径的研究，基本上皆与上述影响因素有关，涉及组织氛围、校长态度和支持、重视沟通等；把校长授权与支持、让教师参与学校管理与决策、发展教师协作与共同体等作为提升教师领导力的有效路径。

二、教师信息技术领导力研究综述

从上述有关教师领导力的总体研究趋势以及发展阶段论，可以发现教师领导力的发展阶段已然进入了一个富含信息技术特征的阶段。关于教师信息技术领导力的研究现状：第一，研究数量较少；第二，相关研究的方法单一，基于实践数据的实证分析则较少，且多采用简单的描述性分析，不能深刻反映实践问题；第三，研究主题大多聚焦于概念、内涵、构成要素和提升路径的辨析；第四，研究探讨存在严重的"路径依赖"现象，在深度与广度均未形成新的突破[1]，有关内涵的研究，研究者一直在做加法，即后来研究者多在前人研究的基础上不断扩散外延，而对其深度研究不够，对实践中迫切需要解决的要害问

---

[1] 李运福.基于"泛在互联"视角的教师信息化领导力研究［J］.渭南师范学院学报，2018，33（10）：5—11.

题（教学、课堂、学生等）则用墨较少。

（一）研究现状与趋势

2023 年 10 月 5 日在 CNKI 数据库，将文献检索主题设为"教师信息化领导力"或"教师信息技术领导力"，统计时间段不限，文献分类目录选取"社会科学Ⅱ辑""经济与管理学"共检索出期刊文献 24 篇（其中含核心期刊 8 篇）。如图 1-1 国内教师信息技术领导力总体研究趋势所示，2013—2015 年间，关于教师信息技术领导力的研究处于平稳发展阶段，在 2016 年和 2020 年分别出现一次研究的集中爆发；其间，由孙祯祥、李运福等学者对其不断发展与完善，逐渐建构起该研究的概念、内涵、构成要素理论模型以及提升策略。

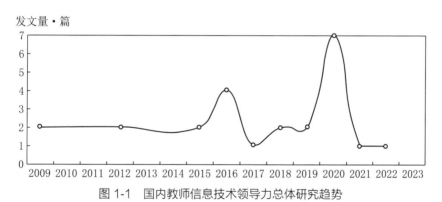

图 1-1　国内教师信息技术领导力总体研究趋势

图 1-2 教师信息技术领导力研究主题分布反映出相关研究主题有"教师信息化教学领导力""思维形式""学校信息化""教育信息化""理论模型""信息技术能力""信息化课堂教学"等。根据图 1-3 教师信息技术领导力研究关键词共现网络，可以得出高频率共现关键词为"学校信息化""信息化教学""信息化领导力""信息化学习""信息技术""教学效果""学校教育信息化""学习共同体"等。

综合图 1-1、图 1-2、图 1-3 呈现的信息，本研究发现国内教师信息技术领导力的研究处于初级阶段，主要集中在：第一，"教师教育技术领导力"的必要性、合理性与合法性辨析；第二，研究教师信息技术领导力的概念、内涵、

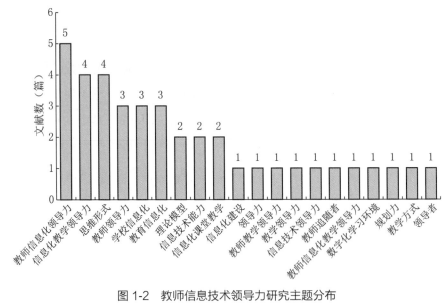

图 1-2　教师信息技术领导力研究主题分布

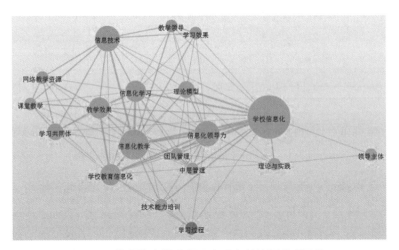

图 1-3　教师信息技术领导力研究关键词共现网络

架构与模型，现状与困境，发展要素与评价指标；第三，重点研究教师信息技术领导力的构成要素，并根据构成要素编制问卷进行了初步的教师信息技术领导力的现状调查；第四，主要涉及国外信息技术领导力相关政策的解读与启示，并在此基础上构建教师信息技术领导力的框架内容；第五，着重研究教师信息化教学领导力，与课堂紧密相关；第六，教师信息化素养以及信息技术能力提升策略，教师信息技术领导力提升策略研究。

此外，2023 年 10 月 20 日在 Web of Science（简称"WoS"）数据库，文献检索设为主题："Teacher Information technology leadership""E-leadership of teacher""Information technology leadership of teacher""Education technology leadership of teacher""Teacher informationization leadership"，文献类型为"article"，统计时间段不限，共检索到 220 篇文献，在删除会议通知、报告以及与本研究主题不相关的文献后，共得到文献 216 篇。自 2011 年起，国外关于教师信息技术领导力的研究开始增多，并在 2015 年开始，研究有所爆发，并自 2017 年至 2023 年，保持居高不下的研究趋势。

高频关键词可以在一定程度上表征相关研究领域的研究热点以及诸多学者共同关注的焦点，对高频关键词的梳理有利于厘清某一研究领域的热点和发展脉络。通过 216 篇文献的关键词的字段抽取，共得到 195 个关键词，将相似关键词进行合并，并按词频高低进行排序，得到表 1-3。从关键词高频词汇进行分析，可以发现：第一，涉及研究对象主要集中高等教育（Higher education | 7），其次是基础教育（Secondary Education | 5），此外，教师教育也备受关注（Teacher education | 5）；第二，关于研究内容主要集中在教师专业发展、技术整合、信息化教与学、资源整合、信息技术政策、分布式领导力、信息技术教学应用、组织文化、STEM 等，其中"教师专业发展""技术整合"是其研究热点。

综上，对比国内外关于教师信息技术领导力研究，可以发现国内外在该领域的研究既有相同点，也存在不同点。相同点包括，第一，注重教师信息技术素养以及信息技术应用能力在教师发挥信息技术领导力中的基础性作用，强调教师专业发展；第二，研究起步都比较晚，还处于起步阶段，有待于更深入地探索；第三，偏重基于分布式领导力的教师教育技术领导力的必要性、合理性与合法性辨析。此外，还存在诸多不同点，第一，国外研究更加注重于"技术整合"，国内还处于"信息技术能力"培养阶段，从技术在教育应用中的阶段来说，国内略显落后；第二，国外注重"STEM"等课程多样性的整合，并探

表 1-3　国外教师信息技术领导力研究关键词词频分布表

leadership	34	integration	6	School culture	4	Case study	3
professional development	16	learning	5	professional	4	TPACK	3
technology	11	Principals	5	Qualitative	3	ICT in education	3
Teachers	12	Teacher education	5	Collaboration	3	e-learning	3
Technology Integration	10	Distributed leadership	5	Stem Education	3	Digital literacy	3
Technology leadership	8	ICT	5	Educational change	3	teacher professional development	3
teaching	8	Secondary Education	5	distance education	3	innovation	3
Educational Technology	7	ICT integration	5	teaching and learning	3	educational reform	3
Higher education	7	Policy	4	teacher leadership	3	collaborative learning	3
development	7	Students	4	school improvement	3	transformational leadership	3

注：上表仅呈现关键词出现 3 次以上的词汇。词汇后面的数字表示该词出现的频次。

讨教师信息技术领导力在其中多样性和可能性；第三，国外关于教师信息技术领导力政策的研究也占据颇为重要的位置，从侧面说明国家层面很重视；我国也较为重视，但是文献中尚未体现出来。

（二）概念与内涵研究综述

关于内涵和概念的研究，遵从了"过程说"和"能力说"，但更多学者将"领导力"界定为"能力"，这样界定的优点就在于能够避免"过程"和"能力"两条线作战；也有部分学者将"领导力"界定为"领导过程"。教师信息技术领导力构成要素的研究，大多数学者都提到了信息化教学应用与评价、数字化资源整合与应用、信息技术氛围的营造（网络学习空间支持的协同发展）、信息化沟通与协作等，详见表 1-4：

表 1-4　众学者关于教师信息技术领导力内涵与构成要素表

作　者	领导力内涵	领导力构成要素
孙祯祥等①	教师在教育信息化背景下影响他人促进学校信息化发展的能力和过程	信息技术能力、信息化教学领导力、信息化专业发展领导力、学校信息化文化领导力
张玉茹②	教师运用信息化思想和手段影响他人推进教育信息化进程的过程和能力	教师个人能力、教学领导力、专业发展领导力、学校文化领导力
孙祯祥、刘小翠③	教师运用信息技术进行教学相关活动，凝聚合力，提升影响力的综合能力	目标引领力、内容规划力、资源开发力、实施组织执行指导力、效能评价力、沟通力、影响力
唐夏夏、闫志明④	教师在信息化环境下各种能力的集合	信息化素养技术能力、信息化教学能力、沟通协调能力、专业发展能力、文化建设能力
王忠政、张国荣⑤	教师为提高班级教学水平，实施教与学活动的能力	制定目标、设计过程、实施活动
李运福⑥	教师在信息化教学中促进信息技术与教学融合，影响他人的能力	信息化教学领导力、课程改革领导力、协同发展领导力
孙祯祥、张丹清⑦	教师信息化意识技能与领导情境相互作用形成的综合影响力	教育信息化意识理念、促进学习教学能力、资源运用建设能力、教学评价能力、互助沟通能力
张蓉菲等⑧	教师整合信息技术素养能力与资源，推动有效技术应用的能力	规划力、保障力、教学整合力、管理力、省思力

① 孙祯祥，张玉茹．教师信息化领导力的概念、内涵与理论模型［J］.现代远程教育研究，2015，133（1）：39—45.

② 张玉茹.教育信息化背景下的教师领导力研究［D］.金华：浙江师范大学，2014.

③ 孙祯祥，刘小翠．教师信息化教学领导力：概念、内涵与调查分析［J］.现代远距离教育，2015，160（4）：28—36.

④ 唐夏夏，闫志明.试论教师信息化领导力及其发展途径［J］.吉林省教育学院学报，2016，32（12）：39—41.

⑤ 王忠政，张国荣.教师信息化课堂教学领导力开发［J］.广西教育学院学报，2013，（01）：134—137 + 165.

⑥ 李运福.基于"泛在互联"视角的教师信息化领导力研究［J］.渭南师范学院学报，2018，33（10）：5—11.

⑦ 孙祯祥，张丹清.教师信息化领导力生成动力研究——借助场动力理论的分析［J］.远程教育杂志，2016，34（5）：105—112.

⑧ 张蓉菲，赵磊磊，任苗苗.教师技术领导力：概念、结构及实践路径［J/OL］.重庆高教研究，1—12.［2019-12-29］http://kns.cnki.net/kcms/detail/50.1028.G4.20191014.1527.004.html.

（三）提升策略研究综述

关于教师信息技术领导力提升策略的研究比较丰富，也有共同之处，第一，提升教师个人的信息技术素养和应用能力，多位作者都提到要提高教师运用信息技术进行教学、资源开发、沟通协作的综合能力，这是提升领导力的基础；第二，打造良好的信息化环境和学习氛围，多人建议要在学校层面营造信息化氛围，建立网络化学习共同体，为教师施展领导力创造条件；第三，吁教师转变观念，树立领导意识和角色认同，一些作者强调需要让教师意识到自身领导力的重要性，主动承担起信息化领导者的角色；第四，呼吁各方面的支持，多人认为需要教学相关部门、学校管理层以及外部力量的支持，为教师施展领导力创造良好环境。详见表1-5。

表1-5　众学者关于教师信息技术领导力提升策略研究

作　者	提　升　策　略
孙祯祥、刘小翠 ①	加强领导力认识，巩固知识基础；教育反思，提升自身领导力；建立教学领导共同体；教学部门和学校领导支持
唐夏夏、闫志明 ②	转变观念，承担领导角色；提高信息技术应用能力；营造良好信息化氛围；建立网络化学习共同体
王忠政、张国荣 ③	建立共同教学愿景，建立学习共同体，实施信息化课堂教学，共建信息化课程资源
孙祯祥、张丹清 ④	教师自身因素（自我感知、需求、身份认同、教学能力），学校制度约束，其他外在因素
张蓉菲、赵磊磊 ⑤	拟定技术应用策略，注重训练与沟通，依托技术实现资源共享，采用分布式领导行为

① 孙祯祥，刘小翠．教师信息化教学领导力：概念、内涵与调查分析［J］.现代远距离教育，2015，160（4）：28—36.
② 唐夏夏，闫志明．试论教师信息化领导力及其发展途径［J］.吉林省教育学院学报，2016, 32（12）：39—41.
③ 王忠政，张国荣．教师信息化课堂教学领导力开发［J］.广西教育学院学报，2013, 123（1）：134—137, 165.
④ 孙祯祥，张丹清．教师信息化领导力生成动力研究——借助场动力理论的分析［J］.远程教育杂志, 2016, 34（5）：105—112.
⑤ 张蓉菲，赵磊磊，任苗苗．教师技术领导力：概念、结构及实践路径［J/OL］.重庆高教研究，1—12.［2019-12-29］.http://kns.cnki.net/kcms/detail/50.1028.G4.20191014.1527.004.html.

众多研究忽视了领导过程的研究大多数研究聚焦于提升"能力"这一目标，而对教师如何真正施展领导力、影响他人等领导过程的阐述较少。忽视了策略实施的差异性需求，不同学校区域、不同教师队伍，对提升策略的需求可能存在差异，但现有研究较少关注这种差异化需求；缺乏策略实施效果的评估，大多数研究停留在提出策略的理论层面，缺乏对实施效果的评估反馈，无法形成改进的循环。总的来说，现有研究虽然从多角度提出了提升策略，但在策略的操作性、系统性、差异性和评估方面还有需要加强之处。

第三节　理论基础

领导理论从 20 世纪 30 年代被美国重视以来，经历了四个阶段：20 世纪 40 年代以前，领导特质理论，研究主要集中在鉴别领导者的特性和品质方面；到 20 世纪四五十年代，领导行为与风格理论，研究主要集中在领导者的影响和控制方式；到 20 世纪六七十年代的领导权变理论，研究焦点开始转移到领导行为所处的环境和被领导者的特点上面[①]；20 世纪 70 年代至今，领导科学较为活跃，产生了众多理论主张，其中以转化式领导、道德领导、教学领导、分布式领导、知识社会领导、授权型领导、共享领导等。[②] 从上述领导理论的发展历程，可以看出领导重心不断下移，即领导权力的下移，从个体集中到组织扩散；领导主体不断外延，从精英到大众；领导权威逐渐转移，从依赖科层权威到注重专业权威。随着领导理论的发展，越发重视分布式领导，教师作为领导者的角色也得到广泛认同，同时也为本书奠定了坚实的理论基础。

一、领导权力下移：从集权到授权

从理论研究来看，领导成效不仅仅取决于领导者特质，或是领导行为和领

---

① 　陈永明，等.教育领导学［M］.北京大学出版社，2010：59—109.

② 　冯大鸣.美、英、澳教育领导理论十年（1993—2002）进展述要［J］.教育研究，2004
　　（3）：72—78.

导方式，它还受领导行为所处的环境和被领导者的特点的影响。20世纪70年代以来，一些新的领导概念和理论如转化式领导、道德领导、分布式领导、授权型领导、共享领导等相继提出，有关领导的认识发生了转变，支配式的领导观逐渐地转化为平等思想的领导观。

集权式领导意味着，处于组织金字塔顶端的个人占据组织职位的最高点，是组织决策的最高指挥者，然而，这种以权威和控制为基础的个人领导力，在知识型组织的管理中作用有限。原因在于知识员工不仅有较强的专业特长和技能，还有积极的自我管理意识，而集权式领导抑制了知识员工参与管理的能力和愿望。要充分发挥知识型组织的人力资本优势，就必须改变这种对领导力的传统认识。其实，领导的过程不应局限于个人，而是组织成员均可参与的动态过程，领导力也不应仅仅局限于正式的职位权力。在层级制组织中，领导力的大小决定于组织职位，而知识创新型组织更加强调以专业技术为背景的非职位权力。2006年，管理大师亨利·明茨伯格（Henry Mintzberg）在英国《金融时报》上撰文，呼吁改变以个人为中心的集权式领导方式，使组织的不同成员根据自己的能力和环境条件的变化动态地分享领导角色。由此可以看出，学校领导范式已经发生了重大变革——由"集权式领导"转化为"群体式领导"，领导定位发生了转变，由支配式的领导观转变为平等主义的领导观。[①]

领导权力在不断下移，学校领导范式已经发生了重大变革，由集权式领导转化为群体式领导，这也是分布式领导理论的一种体现[②]：领导权力分布于组织之中。《分布式领导：通过合作改进学校》是较早的关于分布式领导的研究，与分布式领导类似的一些概念也在20世纪90年代相继出现，如分享式领导（Shared leadership）、教师领导（Teacher leadership）等。进入21世纪之后，分布式领导研究蓬勃发展，有关分布式领导为主题的论文在国际知名期刊中经常出现，分布式领导研究日益受到重视，例如，有学者研究了分布式领导

---

① 曹云亮，王璐.西方教育领导理论的发展趋势［J］.教育评论，2010（3）：151—154.
② 张晓峰.教育管理的研究变迁［M］.北京：教育科学出版社，2020：251—252.

如何通过教师的工作压力和福祉，正向影响教师的承诺，通过共享愿景提升教师归属感与主动性①；研究表明分布式领导能提高教师的工作满意度，自我效能和合作在其中起到了中介作用，暗示了增强教师决策参与对其福祉的正面影响②；有学者对 2010 至 2022 年间分布式领导研究的系统性回顾③，揭示了分布式领导在教师效能和政策影响方面的知识增长趋势④；有学者聚焦分布式领导与教师专业发展上，研究了分布式领导如何通过校长的实践来促进教师的专业发展和自我效能⑤。

二、领导主体多样：从精英到大众

领导权力的下移，必然会有更多人承担起授权下来的权力，即有更多的人成为"领导者"。萨乔万尼（J. Sergiovanni）认为校长应该做"领导者的领导者"⑥，其实质就是让更多的组织成员参与领导职能，共同完成学校事务；哈里斯（A. Harris）认为领导不是某个人所拥有的，而是组织成员都有可能担当的职能。⑦明茨伯格指出，组织应将以个体为中心的集权式领导转变为分布式领导，而所谓分布式领导是指组织的不同成员根据自己的能力和环境条件的变化动态地分享领导角色。⑧伍兹（A. Woods）认为领导是协同性行为，不

---

① Siti Noor S, et al. The impact of headmaster distributive leadership towards professional learning communities [J]. Journal of Educational Management, 2022, 15（1）: 1—15.

② 龚婧. 分布式领导对教师工作满意度的影响：教师合作与教师自我效能感的中介作用 [J]. 教育研究，2023（5）: 89—102.

③ García-Carreño I V. Distributed leadership: A bibliometric analysis using Scopus database（1981—2020）[J]. International Journal of Educational Management, 2021, 35（3）: 567—582.

④ Daniëls E, Hondeghem A, Dochy F. A review on leadership and leadership development in educational settings [J]. Educational Research Review, 2019, 27: 110—125.

⑤ 祝刚，史可媛. 校长提升教师专业发展路径须有效 [J]. 教育发展研究，2022，42（9）: 45—53.

⑥ 冯大鸣. 美、英、澳教育管理前沿图景 [M]. 北京：教育科学出版社，2004: 75—76.

⑦ Harris, A. Distributed leadership: according to the evidence [J]. Journal of Educational Administration, 2008, 46（2）: 172—188.

⑧ Mintzberg, H. The leadership debate with Henry Mintzberg: Community-ship is the answer [N]. Financial Times, 2006-10-23.

是由哪一个人单独拥有或行使，而是由一群人所实施。[①] 教育要不断取得进步和成功，就必须在学校组织中建立起分布式领导，而不是依赖少数的领导精英。[②]

分布式领导是促进组织成员分担责任和领导角色，提高组织整体能力的重要方式。因此，校长的第一要务不是直接去领导各项具体事务，而是应该培育一个领导者的共同体，让领导的影响力分布于整个组织之中，以汇聚的领导"流"改进课堂教学和学生表现。此外，学校以教学为中心的性质，广大教师掌握着各种不同的专门教学专门知识，教学改进离不开他们协同一致地工作，如此才能解决教学中的一个个问题；而教师若囿于自己的专门知识，学校的改进便无从谈起。[③] 由此观之，学校领导实践必然是分布式的。

近些年，国内关于领导主体多样化的趋势也更加明显，如中层管理者、信息化主管等，有关教师领导的相关研究也一直热度不减，研究范围包括概念与内涵、实践模型、影响因素、作用机制、提升策略等，研究方法以质性研究为主，如一项文献计量学研究概述了国内领导力研究的状态和未来趋势，表明领导力研究在 21 世纪初以来取得了显著进展，特别是在 2013 年至 2018 年期间，研究趋向于与国际学术界同步发展。[④]

三、领导权威转移：从行政到专业

学校是培养人的场所，不是企业，生产的也不是机器和产品，学校是培养人的地方，教育性是它的本质属性。作为专业人员的教师，是学校教育一切活动开展的主体，也是中坚力量，学校的任何活动都离不开教师的支持和参与。教师专

[①] Woods, P. A. Variabilities and Dualities in Distributed Leadership: Findings from a Systematic Literature Review [J]. Educational Management Administration & Leadership, 2004, 32（4）: 439—457.

[②] Hargreaves A, Fink D. Sustaining Leadership [J]. Phi Delta Kappan, 2003, 84（9）: 693—700.

[③] 转引自张晓峰. 教育管理的研究变迁 [M]. 北京：教育科学出版社（出版中），2020: 256.

[④] Yang M, Chen W, Zhou Q, Yang B, Xu C. The status and future trends of Chinese leadership research: a bibliometric approach. Nankai Business Review International. 2022; 13（1）: 1—33.

业力量的存在，使得学校不仅具有科层组织的特征，它更是一种专业性组织。①

在教育领域内，存在着两种核心的力量，一种是科层制力量，另外一种是专业性力量。在现代教学实践中，钟启泉倡导现代的校长不应满足于"行政权威"，而应成为真正的"专业权威"。② 由此可知，作为教育领导者必须具备过硬的专业素养，仅靠原来职位赋予的力量，已经远远不能满足实践需求。萨乔万尼认为领导权威的来源，不仅包括科层权威、心理权威、技术—理性权威，而且包括专业权威、道德权威。③ 专业权威领导者凭借自身技艺知识（Craft Knowledge）和个人专长所表现出来的那种专业性来吸引并影响其他人。这种领导者依靠的是个人魅力，而非职位的权力。除了职位权力，领导者还可以通过个人权力来影响其他人，个人权力主要分为专家权和参照权两种：专家权是某人因具备某些专门知识或特殊技能的人而受到团队成员和下属的尊重与服从；专家权靠的是专门知识与特殊技能的影响力。④ 参照权是某人因一种或多种优秀品质或人格魅力影响其下属或同事，使得下属或同事愿意跟随他。⑤ 个人权力靠的是专业能力和个人魅力。

有关魅力型领导的研究逐年增多，截至 2023 年 10 月 20 日 CNKI 数据库与教育领域相关的文献已有 208 篇，有关"专业领导"的研究也呈现出逐年增多的趋势，目前已有 60 篇相关研究。随着领导理论的不断发展，领导观念也在发生巨大变化，分布式领导、授权型领导、平行领导、魅力型领导等领导理念和领导方式也逐渐走进了大众视野，并在中小学教育实践得以应用和发展。

---

① 杜芳芳. 从行政控制到专业引领［D］. 上海：华东师范大学，2011：29.

② 钟启泉. 从"行政权威"走向"专业权威"——"课程领导"的困惑与课题［J］. 教育发展研究，2006（7）：1—7.

③ ［美］萨乔万尼著，冯大鸣译. 道德领导：抵及学校改善的核心［M］. 上海：上海教育出版社. 2004：39—49.

④ 尚玉钒，富萍萍，莊珮雯. 权力来源的第三个维度——"关系权力"的实证研究［J］. 管理学家（学术版）（1）：5—13.

⑤ 梅会英. 知识团队的共享领导内涵——基于领导者权力来源视角［J］. 管理现代化，2012（5）：106—108.

四、分布式领导力：教师领导基础

在学校这类相对特殊的组织之中，成员具有较强的专业知识和技能，具有积极的自我管理意识，而且学校组织所面临的任务和环境也非常复杂。因此，领导者的分权与授权，实施分布式领导，集大家之智慧，应对复杂多变的动态环境，则能够更加有效地促进学校发展。[①] 换句话说，分布式领导有助于最大化地发挥组织的人力资源。[②] 因此，分布式领导概念的提出具有重要意义，教育要不断取得进步和成功，就必须在学校组织中建立起分布式领导，而不是依赖少数的领导精英。[③]

分布式领导是协同性行为，不是由哪一个人单独拥有或行使，而是由一群人所实施；分布式领导是开放的，没有边界，任何一个组织成员都可以加入领导者的行列；承担领导职能的领导者拥有各种广泛的知识和技能。[④] 因此，分布式领导就是由多个人共同承担领导角色，是一个领导者加其他领导者共同发挥领导职能的模式。领导情境影响着领导实践，而情境本身也受领导实践的影响，分布式领导将情境视为领导实践的构成要素，并与领导者、下属交互作用，在不同的时间点，担当领导角色的领导者的构成会不断变化，他们承担的领导职责也会发生变化。[⑤]

综上，分布式领导为本研究提供了理论基础，第一，领导不再只是校长个人的行为，而是学校全体成员都有机会担当的职能，教师作为学校教学任务的核心，因此也有机会承担领导职能；第二，教师作为专业人员，拥有较强的专

---

① 张晓峰．教育管理的研究变迁［M］．北京：教育科学出版社（出版中），2020：256.

② Harris A. Distributed Leadership and School Improvement Leading or Misleading?［J］. Educational Management Administration & Leadership, 2004, 32（1）：11—24.

③ Hargreaves A, Fink D. Sustaining Leadership［J］. Phi Delta Kappan, 2003, 84（9）：693—700.

④ Woods, P. A., Bennett, N., Harvey, J. A., et al. Variabilities and dualities in distributed leadership: Findings from a systematic literature review［J］. Educational Management Administration & Leadership, 2004, 32（4）：439—457.

⑤ 张晓峰．教育管理的研究变迁：基于 1996—2015 年典型国际期刊的分析［M］．北京：教育科学出版社，2020：254—256.

业知识和技能，具有积极的自我管理意识，其成为领导者能够贡献智慧有助于最大化地发挥学校的人力资源；第三，分布式领导强调"随工作任务、个人特点以及情境的不同而动态地承担领导角色"，信息技术为特定情境，学校教育信息化为特定任务，而那些信息技术能力较强的教师则具备了"个人特点"，因此可以在这个特定时期特定环境下承担领导角色。

教育领导理论研究与实践探索，都呈现出领导权力下放，从集权领导逐渐发展为各种授权型领导；领导主体多样化，从依赖个别精英到动员学校专业人员共同参与；领导权威转移，从只在乎科层权威（职位带来的法定权力）到注重专业的力量；而分布式领导又为教师领导提供实践框架和思路，由此而分析，教师作为领导者，就有了理论基础和实践需求。

第四节　研究设计

综合前几节对教师信息技术领导力的概念梳理、文献综述和理论基础的阐述，逐渐形成了比较清晰的研究思路，明确了具体研究目标、对象、流程和方法，为后续分析做好充分准备。

一、聚焦问题

从实践层面来看，大部分教师在教育信息化实践中的状态是处于被动地位，听从学校安排、自身主动性和积极性不强、信息化意识薄弱。而领导力的本质是主动影响别人，或者潜移默化地影响别人，如果能够通过领导力唤醒一些教师对信息技术教学的热情和积极性，那么就有可能改变目前教育信息化难以推进的困境。更进一步，如果每所学校都能培养出一两位在信息技术应用方面表现出色的"种子选手"，他们将能通过自身的影响力吸引、感染和指导更多教师，从而逐步改善教育信息化的实践现状。

"种子选手"就是教师信息技术领导者,实践中需要那么一批"种子选手",由他们去影响更多的人。但从研究文献来看,还未引起广大专家学者的深度关注。

基于上述考虑,本书从实践需求以及研究现状出发,主要探讨:教师信息技术领导力的内涵以及构成要素是什么?人工智能的快速发展又为教师信息技术领导力增添了哪些含义?教师信息技术领导力的实践现状如何?教师信息技术领导力受哪些因素的影响?这些影响因素是如何发挥作用的?如何提升教师信息技术领导力?

二、研究路线

第一,依据文献综述初步设计访谈提纲,并根据访谈结果不断修正访谈提纲;在访谈数据的基础上,采用扎根理论的三级编码程序,对访谈内容进行整理,从而推演教师信息技术领导力的内涵与构成要素,并在人工智能技术快速发展的背景下探索其新内涵,到此回答了第一个问题。

第二,在访谈内容的基础上,进行问卷设计,其中用语、维度皆来自访谈,并根据访谈内容三级编码进行选取问卷题项并改编问卷;发放问卷,收集数据,验证初步构建的教师信息技术领导力内涵与结构是否得到实践数据支持;同样,通过问卷调研分析教师信息技术领导力实践现状,到此回答了第二个问题。

第三,根据访谈资料三级编码素材,归纳总结教师信息技术领导力的影响因素,并通过文献梳理,进行影响因素作用路径的假设,而后利用结构方程模型验证路径假设,至此,回答了第三个问题。

第四,综合分析,在访谈资料、问卷调研结论以及影响因素作用路径分析结论的基础上,提出教师信息技术领导力提升路径的三个策略:基于差异分析的选拔机制、基于作用分析的培养策略、基于技术指向的内生路径,至此,回答了第四个问题,详细技术路线和整体设计,见图1-4。

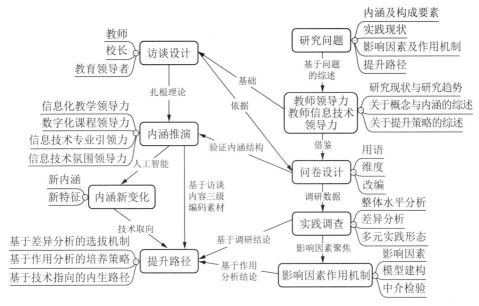

图 1-4　技术路线图

在研究的过程中，根据不同的研究子问题和研究内容，有机结合了质性和量化的分析方法，包括访谈法、文献研究法、案例分析法等质性研究方法，问卷调查法、结构方程模型、中介效应等量化分析方法，这种多元化的研究方法之间的互补与印证，使得研究结论更加合理可靠。

三、研究方法

为了能够更加深刻地探究各子问题，本研究采取量化研究与质性研究相结合的混合研究策略，具体理由和思路如下：

第一，如"教师信息技术领导力的内涵以及构成要素是什么？"等子问题，适合用质性的扎根理论研究法以及文献分析法，教师信息技术领导力研究还处于萌芽阶段，该阶段采用质性的扎根理论研究法从原始资料中归纳、建构理论①，既可以充实该领域的理论基础，又可以拓展或转换该领域的研究思路。

①　Strauss, A. L., Corbin, J. M.　Basics of Qualitative Research: Grounded Theory Procedures and Techniques.［M］. Newbury Park, California: Sage Publications. 1990: 176—180.

第二，如"教师信息技术领导力的实践现状如何""教师信息技术领导力的影响因素是如何发挥作用的？"等子问题，更加适合问卷调查法来量化呈现，通过调研数据的描述性分析和差异性检验分析而了解实践现状，通过结构方程模型的构建而更好地探索各个影响因素之间的作用关系和作用程度。

第三，基于问卷调查法的实践现状调研结果，与访谈资料进行结合，则能够更好地解释和分析调研结果的背后的原因；基于访谈和扎根理论研究法建构的教师信息技术领导力内涵和构成要素，与量化的结构方程模型分析法相结合，则能够更加科学合理地验证教师信息技术领导力内涵和构成要素的合理性和科学性。

第四，如"如何提升教师信息技术领导力"等子问题的研究，则是基于上述质性和量化研究的结论而提供建议和方法，这也是量化研究与质性研究相结合的体现。

（一）访谈法

本书通过对 61 名学校领导和一线教师进行深度访谈，借助 Nvivo.11 对访谈文字稿进行整理，利用开放性编码、主轴编码和选择性编码的数据处理方式探索教师信息技术领导力的内涵与构成要素，建立概念模型，探讨教师信息技术领导力的概念内涵以及构成要素。

1. 访谈对象取样

那些具备信息技术领导力的一线教师人群能够为本研究提供最大涵盖度的资料，故第一阶段开放性抽样着重找寻那些具备信息技术领导力的教师（鉴别方法：信息技术能力较强，且在学校具备一定影响力），13 位受访者详细信息见表 1-6。开放性抽样的样本数量不必太多，更重要的在于深入了解研究对象，获取更详尽的数据资料。

表 1-6　第一阶段抽样受访者资料（信息技术领导者）

编号	性别	学段	学科	城市
F1	女	初中	信息技术	嘉兴
F2	女	初中	语文	杭州

（续表）

编号	性别	学段	学科	城市
F3	女	初中	数学	平湖
F4	男	初中	英语	青岛
F5	男	初中	化学	常州
F6	男	初中	物理	宁波
F7	男	高中	地理	北京
F8	男	高中	数学	重庆
F9	男	小学	信息技术	六安
F10	男	小学	语文	太原
F11	男	小学	信息技术	嘉兴
F12	女	小学	数学	长春
F13	男	小学	数学	许昌

在与上述 13 位教师交流接触中，多位教师认为领导力牵涉领导者与追随者二者的关系，他们口中的追随者特指"其他教师"，即一般普通教师。为了进一步挖掘二者之间的关系，研究者将访谈范围从教师信息技术领导者扩展到一般普通教师，意在通过"被领导者视角"更加全面地收集数据，33 位受访者资料见表 1-7。

表 1-7　第二阶段抽样受访者资料（普通一线教师）

编号	性别	学段	学科	城市
N1	男	初中	数学	六安
N2	女	初中	英语	高州
N3	男	初中	体育	广州
N4	男	初中	物理	漯河
N5	女	初中	英语	厦门
N6	女	初中	英语	开封
N7	男	初中	化学	泉州
N8	女	初中	英语	衡阳
N9	女	初中	英语	漯河

编号	性别	学段	学科	城市
N10	女	初中	英语	信阳
N11	男	初中	数学	太原
N12	男	初中	物理	日喀则
N13	男	初中	语文	开封
N14	男	高中	物理	厦门
N15	女	高中	语文	海东
N16	女	高中	数学	玉树
N17	女	高中	语文	玉树
N18	女	高中	英语	贵阳
N19	男	高中	历史	海东
N20	女	高中	语文	绍兴
N21	男	小学	语文	厦门
N22	男	小学	数学	周口
N23	女	小学	数学	遵化
N24	女	小学	语文	十堰
N25	男	小学	语文	新乡
N26	女	小学	语文	九江
N27	男	小学	科学	开封
N28	女	小学	语文、英语	九江
N29	男	小学	数学	开封
N30	女	小学	数学	洛阳
N31	男	小学	语文	太原
N32	女	小学	数学	信阳
N33	男	小学	语文、计算机	日喀则

通过访谈上述 46 位教师，无论是具备信息技术领导力的教师，还是一般普通教师，有近一半人提到"校长支持与否""校长态度""学校信息技术氛围"等关键词，并认为校长态度与支持力度是影响教师信息技术领导力发挥的重要因素。由此，研究者意识到，如果增加对校长等教育行政领导的访谈，多视

角分析教师信息技术领导力，能够最大限度地收集资料，并为理论编码提供帮助。校长等教育行政领导者群体（校长、副校长、教师发展中心主任、教研室主任、信息化主任等）一般具有较高的理论基础、视野开阔、教学管理经验丰富、对教师群体了解较深，能够为研究者提供更加开阔的思路。第三阶段区别性抽样，共 15 位受访者，资料见表 1-8。

表 1-8　第三阶段抽样受访者资料（校领导）

编号	性别	职　位	城市
S1	男	中心校副校长（小学数学）	长葛
S2	男	教师发展中心主任	佛山
S3	男	副校长	汉中
S4	女	教师发展中心副主任	邢台
S5	女	希沃华东华中地区教师信息化培训主管	上海
S6	男	校长	周口
S7	男	学校信息化主任	芜湖
S8	女	教科室主任	开封
S9	男	学校信息化主任	鹤岗
S10	男	副校长（教研员）	玉树
S11	男	副校长（初中数学）	秦皇岛
S12	女	教研室主任	上海
S13	男	副校长（信息化）	上海
S14	女	校长（小学语文）	许昌
S15	女	副校长	北京

通过上述 61 位受访者提供的资料进行分析，涵盖的内容依然相当丰富，且在第三阶段的访谈中，已经很少发现和研究相关的新概念出现了，因此判断达到了理论饱和，即访谈结束。

2. 访谈内容设计

访谈提纲必须依据研究问题进行设计，访谈问题可以从研究问题进行倒序回溯，本节的研究问题为"教师信息技术领导力是什么？"从相关文献得知，领导力涉及领导者、被领导者、领导过程、领导情景、领导目标等，领导过程就是"如何领导？"领导情景就是"在哪些方面进行领导？"根据上述分析，综合考量被领导者、领导方式与方法、领导过程与情景等，笔者初步确定了访谈提纲，详见表1-9。此外，本研究还有其他研究问题，比如"教师信息技术领导力的实践现状如何？""受哪些因素影响？这些影响因素是如何发挥作用的？""如何提升教师信息技术领导力？"也在访谈中同步进行，故而也会出现在访谈提纲之中。

表 1-9　访谈提纲—信息技术领导者

编号	问 题 描 述	备 注
TL1	您在信息技术应用于教育教学方面取得了傲人的成绩，着实令人羡慕，请问您以前是学信息技术相关专业的吗？又是怎么培养自己的信息技术应用能力？	关注教师信息技术能力及其培养
TL2	有其他教师向您请教关于信息技术教学的问题吗？您是怎么帮助他们解决的？能否举一个具体的例子？	同行教师为被领导者，关注领导情景与领导过程
TL3	在信息化教学中，您是如何帮助并影响学生的？能否举一个具体的例子？	学生为被领导者，关注领导情景与领导过程
TL4	您觉得自己在学校信息化教学和管理中，具有发言权吗？是否参与信息化决策？是怎么参与的？	校领导为被影响者，关注愿景与规划
TL5	如果让您领导全校的信息化教育教学，您会从哪些方面着手工作？	畅享型题目，关注理想状态下的领导情景
TL6	如果对您进行信息技术领导力培养（领导力可以理解为影响力），您觉得影响信息技术领导力培养的因素有哪些呢？最好举一些例子说明	关注影响因素

诸如关注教师信息技术能力及其培养、被领导者—同行教师、被领导者—学生、被影响者—校领导、领导情景与领导过程、关注愿景与规划、教师信息技术领导力发挥的路径与方式、影响因素以及培养策略等在访谈中不断明晰，访谈效率大幅度提升。

根据访谈进度以及访谈对象的不断拓展，比如在关系性和差异性抽样阶段，访谈对象为普通一线教师，也就是从被领导者视角验证、拓展以及完善已经搜集到的信息，比如"在信息技术融合教育教学方面，是否有一些教师对您起到引领作用或者对您产生比较大的影响？她／他有什么样的特点呢？是怎么影响您的？通过什么方式在哪些方面影响您的？"这个问题验证和拓展了 TL2。此外，根据访谈中频频提到的有关性格、能力、特性等描述，研究者在访谈提纲中增添 1 题："您觉得他／她具有一定的领导才能吗？具体表现是什么？如果不具备，还欠缺什么？"用以关注领导特质及外在表现形式，详见表 1-10。

表 1-10　访谈提纲—普通教师

编号	问　题　描　述	备　　注
NT1	在信息技术融合教育教学方面，是否有一些教师对您起到引领作用或者对您产生比较大的影响？她／他有什么样的特点呢？是怎么影响您的？通过什么方式在哪些方面影响您的？	验证、拓展、完善 TL2
NT2	您觉得他／她具有一定的领导才能吗？具体表现是什么？如果不具备，还欠缺什么？	关注领导特质及外在表现
NT3	如果对他／她进行信息技术领导才能的培养，您有什么好的建议或意见吗？	验证、拓展、完善 TL6

访谈的第三阶段，理清类属关系、整合概念、发展理论模型，此阶段需要对模棱两可、模糊不清的概念关系进行澄清，比如教师信息技术领导力的结构是什么，是从领导过程（活动）进行类属归类，还是从领导情景（在哪些情景下起到影响作用）进行类属归类，于是，在对学校领导以及相关教育领导者的访谈时，着重关注"在信息技术融合教育教学方面，贵校的哪些老师起到的作用最大（是信息技术教师，还是其他学科教师）？能起到什么样的作用？通过什么方式起作用？在哪些方面起作用？"此阶段的访谈问题基本上对前两轮访谈的重复，其不同点是视角和出发点，详见表 1-11。

表 1-11　访谈提纲—教育领导者

编号	问　题　描　述	备　　注
SL1	在信息技术融合教育教学方面，贵校的哪些老师起到的作用最大（是信息技术教师，还是其他学科教师）？能起到什么样的作用？通过什么方式起作用？在哪些方面起作用？	验证、拓展、完善 TL2、NT1

（续表）

编号	问 题 描 述	备 注
SL2	这一部分教师有哪些特点？或者说与众不同的地方？	验证、拓展、完善 NT2
SL3	您认为这些教师是否具有信息技术领导力？具体表现是什么？如果不具备，还欠缺什么？	外在表现与不足
SL4	如果对教师信息技术领导力进行培养，您会支持吗？如果支持，您会就此做出什么样的努力呢？	验证、拓展、完善 TL4；同时关注外在培养策略
SL5	您认为哪些因素是支持或阻碍教师信息技术领导力的发挥？	验证、拓展、完善 TL6

3. 访谈数据收集

对于访谈法搜集数据而言，应该选取任何可能搜集到有用数据的方式，如闲逛、闲谈以及非正式的观察，这一点特别重要，因为这些信息可以提供背景知识、不同的访谈角度以及对于访谈数据的检验。[①] 因此，本研究在搜集访谈数据时，采取各种能够最大限度收集资料的方法，如偶遇抽样法、链式抽样法、电话访谈法、网络访谈法、小组焦点座谈法等。

第一阶段访谈数据收集，时间跨度一月有余，通过电话访谈、网络访谈、面对面访谈等形式，共访谈 13 位受访者，其中 10 位访谈过程有录音保存（考虑受访者的顾虑，其余 3 位未录音）。在访谈过程中，笔者也会根据关键信息或者出现的新信息进行速记。该阶段共收集长达 10 个小时的录音，并形成 1500 字的速记笔记。速记笔记是在笔者在访谈中记录下来的关键语句、概念、想法以及拓展性思考。

第二阶段访谈数据收集，通过小组焦点座谈会（共 3 次：上海滴水湖，受访者为山西吕梁高中教师，7 人；西藏日喀则教师培训中心，受访者为日喀则小学主科教师，5 人；河南开封某学校，受访者为初中各学科教师，5 人）、邮

---

① ［美］麦克斯威尔. 质性研究设计［M］. 陈浪，译. 北京：中国轻工业出版社，2008：100.

件邀约访谈（邀约 10 人，6 人回复）、网络访谈（3 人）、面对面访谈（7 人）等形式，共访谈 33 位受访者，除邮件邀约访谈外，其余访谈皆有录音保存，对关键信息亦有速记。该阶段共收到邮件回复 6 封，形成长达 12 小时的录音，速记笔记 2300 字左右。

第三阶段访谈数据收集，恰逢中小学即将开学，校领导等事务繁忙，主要通过电话访谈（6 人）、网络访谈（4 人）、面对面访谈（5 人）等形式，共访谈 15 位受访者，其中 13 位访谈过程有录音保存（其余 2 位，访谈过程中要求中断录音），共收集长达 10 个小时的录音，并形成 1200 字的速记笔记。

（二）问卷调查法

问卷调查主要是为了了解教师信息技术领导力的实践现状。问卷题项根据访谈内容三级编码素材进行选取题项，组成问卷题库；而后进行预测试，通过项目分析、因素分析以及信度检验，最终形成正式教师信息技术领导力量表；在教师信息技术领导力影响因素确定之后，又进行了一次预测试，形成了正式的教师信息技术领导力影响因素量表。最后正式施测量表由教师信息技术领导力量表和影响因素量表共同组成，详见附录 1。量表分为三个部分：第一部分，人口学变量统计，包括 12 道教师基本资料（个人信息）题目；第二部分，教师信息技术领导力量表，包括 23 道题目；第三部分，影响因素量表，包括 17 道题目，共计 52 道题目。

研究中正式问卷发放对象为小学、初中和高中教师，范围遍及上海、北京、广东、湖南、湖北、安徽、河北、浙江、河南、山西、甘肃、四川、新疆、青海、西藏等 10 多个省、自治区、直辖市的城乡中小学教师。数据收集采用网络填写与纸质填写相结合的方式，以网络填写为主，纸质填写为辅，共收集问卷 1802 份，经数据清洗后（将无效问卷与较为可疑的问卷剔除，比如缺失值较多、选项相同且超过 10 题等），得到真实有效问卷 1596 份，有效率为 88.6%。

对收集的调研数据主要采取描述性统计分析法、差异检验分析法。描述性统计分析主要对调查总体所有变量的有关数据进行统计性描述，主要包括数据的频数分析（出现的次数）、集中趋势分析（平均值、中位数和众数等的条形图或柱状图）、离散程度分析（方差或标准差）、分布（偏度和峰度）等。差异检验分析法，分析教师信息技术领导力在性别、城乡、校长支持态度等人口学变量上是否存在显著性差异，分析教师信息技术领导力在地域、年龄段、校长领导风格等人口学变量上是否存在显著性差异等。

（三）案例研究法

案例研究可以是单案例，也可以是多案例，多案例可以解释和分析更多实践形态，更有利于将其上升到理论高度。此外，多个案例之间的比对，可以帮助研究者更好地发现各自特点，挖掘更加丰富的信息。正如殷（K. Yin）认为，如果可以选择（并有资源），多案例的研究设计一般会比单案例研究设计的效果更好，哪怕只是双案例研究，也比单案例研究可能得出更有说服力，更可靠的结果。[①] 本书采用案例研究法的目的是为归纳总结教师信息技术领导力的多元实践形态，因此采用多案例分析法则更为合适。本书精选三类具有代表性的案例（共 4 人），能够较为全面地反映实践中涌现出的教师信息技术领导力形态：自下而上的自发模式（F5 案例）、自上而下的行政介入模式（F10 案例）、网络社区辐射模式（刘 × × 案例 + 王 × × 案例）。

（四）结构方程模型分析法

本书总共构建了两个结构方程模型，第一个是教师信息技术领导力内涵结构模型，用于验证扎根理论形成理论结构是否能够得到实践数据的支持；第二个是教师信息技术领导力影响因素及作用关系模型，用于验证三条中介效应的假设是否成立。

其中教师信息技术领导力影响因素及作用关系模型涉及两个中介变量，且中介变量之间存在相互影响，则称之为链式多重中介模型。[②] 链式中介模型涉及变量较多、路径比较复杂，即使只涉及显变量，一般也要使

---

① ［美］罗伯特·K. 殷著，周海涛主译. 案例研究方法的应用［M］. 重庆：重庆大学出版社，2004：137.

② Hayes, Andrew F. Beyond Baron and Kenny: Statistical Mediation Analysis in the New Millennium［J］. Communication Monographs, 2009, 76（4）：408—420.

用结构方程模型进行分析[1]，而检验多重中介效应比较好的方法是 Bootstrap
法[2]。Bootstrap 法是从给定的样本中有放回地重复取样以产生出许多样本，
即将原始样本当作 Bootstrap 总体，从这个 Bootstrap 总体中重复取样以得
到类似于原始样本的 Bootstrap 样本。[3] 类似的可以得到很多 Bootstrap 样
本，至少抽取 1000 次的 Bootstrap 样本，以确保结果的一致性和稳定性[4]，
有研究抽取 2000 次，也有 3000 次。对抽取的 n 个 Bootstrap 样本，可以得
到 n 个系数乘积的估计值，其全体记为 a×b（间接效应）。将它们按数值从
小到大排序，其中第 2.5 百分位点和第 97.5 百分位点就构成 ab 的一个置信度
为 95% 的置信区间，据此就可以进行检验，如果置信区间不包含 0，则 a×b
（间接效应）显著。[5] 由此可见，Bootstrap 样本检验中介效应更加稳定，这是
Bootstrap 法逐渐取代 Sobel 法的主要原因。

---

[1] Lau, R. S., & Cheung, G. W. Estimating and comparing specific mediation effects in complex
latent variable models [J]. Organizational Research Methods, 2012, 15: 3—16.

[2][3][5] 温忠麟，叶宝娟. 中介效应分析：方法和模型发展 [J]. 心理科学进展，2014，22
（5）：731—745.

[4] 方杰，温忠麟，张敏强，孙配贞. 基于结构方程模型的多重中介效应分析 [J]. 心理科
学，2014，37（3）：735—741.

第二章

教师信息技术领导力内涵推演

本章通过对 61 名学校领导和一线教师进行深度访谈，借助 Nvivo.11 对访谈文字稿进行整理，利用开放性编码、主轴编码和选择性编码的数据处理方式探索教师信息技术领导力的内涵与构成要素，建立概念模型，并通过与已有研究进行反复比较，不断完善概念模型，并通过访谈素材改编量表，运用结构方程模型分析法验证理论结构的合理性和科学性。

第一节　编码与分析：揭秘数据深处的智慧

为了将编码步骤和过程尽可能清晰地呈现出来，便于分析、对比与整理，本书采用三级编码体系对数据进行分析，即开放性编码、主轴编码和选择性编码。[①]首先，要将所有的访谈资料全部转化为文本资料，每一个访谈者的访谈数据存放于单独的文档，将具备信息技术领导力的访谈对象依次标记为 F1、F2、F3……F13，将普通教师的访谈对象依次标记为 N1、N2、N3……N33，

---

① 1990 年 Strauss 又和 Corbin 合著《质性研究基础：扎根理论程序与技术》，将扎根理论程序化，称为程序性扎根理论，其中开放性编码与经典扎根理论中的开放性编码性质一致，而主轴性编码则是程序化扎根理论中的引入的一个新概念，是将范畴与次范畴及概念连接起来的过程，从而实现丰富范畴与重新组合资料的过程。

将教育领导者的访谈对象依次标记为 S1、S2、S3……S15。然后，将受访者提及关键信息或者相关信息以 A1、A2、A3……的形式进行标记，表示参考点的顺序。数据编码过程中，笔者邀请相关专业的 1 名博士生，2 名硕士生协助完成访谈资料的筛选和分类。在活动开始，对他们进行培训，熟悉研究的目的和方法，并练习将一些范例归入相应类别。笔者并不排除访谈过程中频频提及的不同内涵的因素，因为这些因素可能会给我们带来意想不到的效果，因为一个项目被提起的频率越高，就越具有普遍意义。

一、开放性编码：拓展理解的第一步

（一）概念凝练：从数据混沌中抽丝剥茧

凝练概念就是对转录后的文本资料（访谈资料）进行打标签（概念化）的过程。为文本中提到的现象（或者描述）提取概念的方式有三种：第一，将受访者口中频繁出现的关键词作为概念进行打标签，这是最接近研究者语义原貌的一种方式，也是概念化编码常用的方式；第二，采用自创整合概念，适用于关键词不能准确表达所抽取的概念时；第三，引用已有文献中出现的学术名词。

首先，对每一个访谈者的访谈内容进行初步筛选，剔除无关材料，对有效材料进行匿名编码。其次，逐词逐句逐行地对转录后的文字材料进行分析，并根据其现象提取概念，对其"打标签"。表 2-1 中 1、2、3、4、5、6……n 表示随机出现的先后顺序，"an"指代原始转录材料中具有代表性的现象或者描述；"A + n"指代经过分析后对现象贴上的标签，即概念化后的名称。下表是以 F1 访谈者作为案例进行概念凝练的过程呈现。

本阶段要对三类访谈对象的访谈文字稿逐字逐句逐行进行分析，分析过程如表 2-1，经过对所有访谈资料的整理，本阶段共提取 629 个参考点（现象标签），具体如图 2-1、图 2-2、图 2-3 和图 2-4 的分支词汇所示。

在概念化的过程中，研究者头脑中一直在考虑这些概念之间的联系，哪些可以归在同一类？以什么样的逻辑归在同一类？这些问题其实就是范畴化的思考过

表 2-1　开放性编码之凝练概念—以访谈者 F12 为例

访谈资料	概念化（标签）
信息技术的应用最开始是基于学校班班有电脑，对于计算机的应用开始有**区域全员培训（A1）**通过培训基本掌握了一些简单的办公软件的应用（A2）。 　　信息技术与教学融合，我是从 2014 年的暑假，我们区成立了小学数学微课制作团队（A3），我荣幸地入选了，先是参加过微课制作的老师给我们培训录课软件的使用，然后就布置微课制作的任务，我利用一个暑假的时间，足不出户一遍又一遍尝试录课软件的使用，对于什么是微课，怎样录制微课不断琢磨（A4），完成了一年级上册 20 个知识点微课的录制任务（A5）。 　　2014 年我 46 岁，可能没有年轻人接受能力强，但是，我很努力（A6）。开学后我上交的作业得到了区领导和长春市电教馆馆长的好评。学会了制作微课后，我开始琢磨怎样使用微课。我结合我班学生的实际情况（我们学校的学生大多数的孩子都是农民工子弟），尝试着翻转课堂，经过四年多的不断学习和尝试，信息技术与课堂教学相融合，班级学生的学习能力和学校方式以及学科成绩都有了很大的提高（A7）。 　　我学会了制作微课以后，特别是在参加了华东师范大学慕课中心举办的第二届微课大赛获得二等奖以后（A8），首先长春市电教馆邀请我给市里的骨干教师进行了培训，培训的内容是录课软件的使用和微课的制作方法（A9）。老师们比较喜欢我录制的微课，很想学会录制（A10）。大多数的老师是不会使用录课软件，包括下载和安装。2014 年我们用的是屏幕录像专家软件，2015 年使用的是 Camtasia Studio，我一步一步指导老师现场安软，以及怎样使用软件，怎样录和编辑、输出（A11）。2015 年，应宽城区进修学校电教室领导的邀请，给全区的骨干教师进行录制优质微课培训。后来应各个学校校长的邀请走进学校，对中小学教师进行全员培训。在我的带领下，我区信息技术与教学融合方面做得很好。（A12） 　　我想就是翻转课堂给学生带来的影响很大。**最大的变化就是学生的学习方式发生了改变（A13）**。以数学为例，学生课下看微视频（A14），课上进行自主或小组探究，然后再小组之间或在全班范围进行协作交流（A15），在交流的基础上，老师加以补充与升华（A16），将信息技术教学融入学科教学之中去。	A1 区域全员培训 A2 办公软件应用 A3 数字化资源建设团队 A4 信息技术能力提升 A5 微课资源 A6 积极进取 A7 翻转课堂教学 A8 参加微课大赛 A9 培训别人 A10 用成果吸引别人 A11 软件操作教学 A12 影响逐渐辐射 A13 混合教学模式 A14 线上观微课 A15 线下探究交流 A16 补充升华

程。由于本研究在搜集数据时就已经开始开放性编码，一边编码一边搜集数据进行验证发展中的概念与范畴，故而概念化与范畴化是相互承接而来的，但是篇幅有限，无法呈现对所有访谈资料进行"打标签"的过程。但是，为了呈现一个完整清晰的序列化过程，在开放编码的第二阶段呈现范畴化的过程以及结果。

（二）发展范畴：从单个概念到知识框架的跃迁

开放性编码的第二步是发展范畴，具体思路是：把资料分析过程中凝练出来的概念（标签）进行归类，而后用同一个上位概念来概括并形成范畴。由于概念化过程中凝练出的词汇过多，在发展范畴时容易出现"千头万绪"的情况，使得范畴发展效率过低，鉴于此，研究者借助 Nvivo.11 软件的聚类分析功能将凝练出来的词汇进行聚类分析（图 2-1、图 2-2、图 2-3 和图 2-4），以此来减轻重复机械的工作量。Nvivo.11 聚类分析的聚类依据有三种，分别为单词相似性、编码相似性、属性值相似性；度量亦有三种，分别为 pearson 相关系数、Jaccard 系数与 sorensen 系数，其中 pearson 是我们熟知的两两相关系数的计算法则，而 Jaccard 系数与 sorensen 系数是群落相似系数计算的两种比较常见的法则，出自生物学，后被推广应用到计算机领域，用于相似性程度较高的聚类分析，比如词汇聚类分析。

Nvivo.11 软件聚类分析功能仅仅能够将相似的词汇或属性特征相似的词汇聚集到一起，并不能做到百分百的智能与准确性，所以其聚类结果只能作为研究者进行发展范畴的参考依据，并在此基础上进行重新调整与归类。由于参考点太多，聚类分析结果无法一次性呈现在文中，故按其聚类结果进行有目的性的人为拆分，拆分成小片段，而后在小片内进行重新调整与归类，并为其命名。

图 2-1 片段 1 呈现的词汇聚类，三级簇共分为四类，大致为积极参与学校教研、利用信息化小工具进行教学与管理、为学校信息化设备采购以及信息化决策建言献策、引导并将信息化教学应用日常；再结合五级簇的概念以及概括性比较高的上位概念，该片段的范畴发展在研究者脑海中大致勾画出一幅比较清晰的图景：通过使用信息技术小工具、参与信息化教研、为学校硬件设备更新以及信息化决策建言献策、参与信息化教学等方式积极营造学校的信息技术

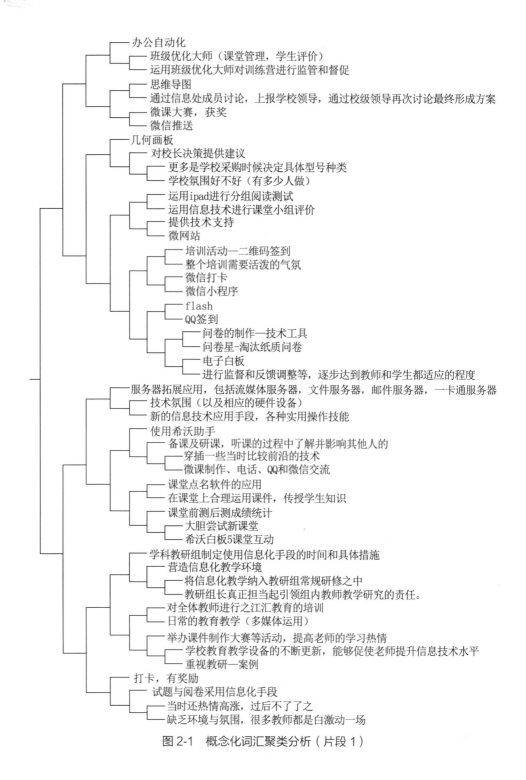

图 2-1　概念化词汇聚类分析（片段 1）

氛围。由此，将本片段中的概念化词汇（或短句）归为四类：使用信息技术小工具、参与信息化教研、为学校硬件设备更新以及信息化决策建言献策、信息化教学常态化。

图2-2片段2呈现的词汇聚类，三级簇共分为四类，从上往下大致为：参与学校信息化规划、用技术手段激发学生学习兴趣、创新信息化教学方法、指

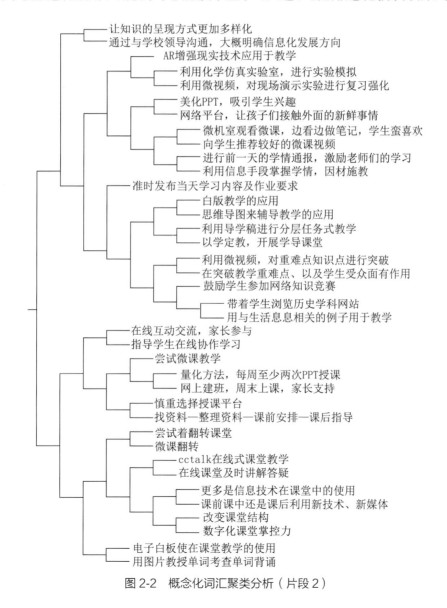

让知识的呈现方式更加多样化
通过与学校领导沟通，大概明确信息化发展方向
AR增强现实技术应用于教学
利用化学仿真实验室，进行实验模拟
利用微视频，对现场演示实验进行复习强化
美化PPT，吸引学生兴趣
网络平台，让孩子们接触外面的新鲜事情
微机室观看微课，边看边做笔记，学生蛮喜欢
向学生推荐较好的微课视频
进行前一天的学情通报，激励老师们的学习
利用信息手段掌握学情，因材施教
准时发布当天学习内容及作业要求
白版教学的应用
思维导图来辅导教学的应用
利用导学稿进行分层任务式教学
以学定教，开展学导课堂
利用微视频，对重难点知识点进行突破
在突破教学重难点、以及学生受众面有作用
鼓励学生参加网络知识竞赛
带着学生浏览历史学科网站
用与生活信息相关的例子用于教学
在线互动交流，家长参与
指导学生在线协作学习
尝试微课教学
量化方法，每周至少两次PPT授课
网上建班，周末上课，家长支持
慎重选择授课平台
找资料—整理资料—课前安排—课后指导
尝试着翻转课堂
微课翻转
cctalk在线式课堂教学
在线课堂及时讲解答疑
更多是信息技术在课堂中的使用
课前课中还是课后利用新技术、新媒体
改变课堂结构
数字化课堂掌控力
电子白板使在课堂教学的使用
用图片教授单词考查单词背诵

图2-2　概念化词汇聚类分析（片段2）

导学生线上线下学习。如"美化 PPT，吸引学生兴趣""网络平台，让孩子们接触外面的新鲜事情""微机室观看微课，边看边做笔记，学生蛮喜欢""向学生推荐较好的微课视频""AR 增强现实技术应用于教学"等可以归类为"用技术手段激发学生学习兴趣"；"尝试微课教学""找资料—整理资料—课前安排—课后指导""用图片教授单词考查单词背诵""利用微视频，对重难点知识点进行突破""利用微视频，对现场演示实验进行复习强化""利用信息手段掌握学情，因材施教""电子白板在教学中的应用""利用导学稿进行分层任务式教学""以学定教，开展导学课堂""在突破教学重难点"等可以归类为"创新信息化教学方法"；"网上建班，周末上课，家长支持""在线互动交流，家长参与""慎重选择授课平台""cctalk 在线式课堂教学""在线课堂及时讲解答疑""指导学生在线协作学习""准时发布当天学习内容及作业要求"等可以归类为"指导学生线上线下学习"。由此，将本片段中的概念化词汇（或短句）归为四类。

图 2-3 片段 3 通过概念化的关键词，可以明显感觉到这个片段所有内容都是陈述"资源与课程"，从技术流的角度出发，可将这个片段大致归纳为三类：指导课件制作、共同开发在线课程、网络资源整合。如："精美课件""基本课件制作""课件修改""多媒体课件应用""制作数学微课""网上下载课件""很多情景可以用动画或者课件形象呈现"等归纳为"课件制作与美化"；"录制一些教学视频""微课制作""微视频""在线课程建设与设计""教学视频修改与改进"等可以归纳为"在线课程建设"；"网络资源收集与下载""电子资源库建设""码书与码卷""充分融入教学内容进行互动""与外面公司合作开发资源"等可以归纳为"网络资源整合"。

图 2-4 片段 4 中，概念化的关键词过多，通过 Nvivo.11 聚类分析自动聚到一起，至少能够说明一个问题，这些词汇有最大的相似性，具有群落特征。仔细观察下图中的三级簇和四级簇，能够明显觉察出片段 4 中所有关键词（或短句）都在围绕"如何影响他人"这个中心。按三级簇，从上往下，大致可以归类为：提高自身技术能力、帮助他人提高信息技术能

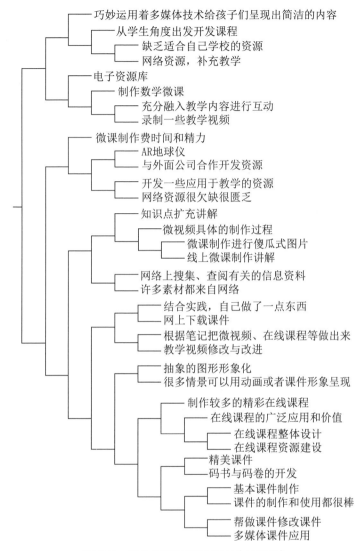

图 2-3　概念化词汇聚类分析（片段 3）

力、利用信息技术吸引并感召他人的能力。如"了解信息技术的一些基础操作""基本的信息技术水平以及教学内容的信息技术表现能力""及时学习跟进当前技术""网上自学培养信息技术应用能力"等归类为"提高自身技术能力"；"经常通过讲座、视频推荐、微信推送等方式将近期前沿的技术分享给老师们""实时在线，为所有老师答疑解惑，指点迷津，检查

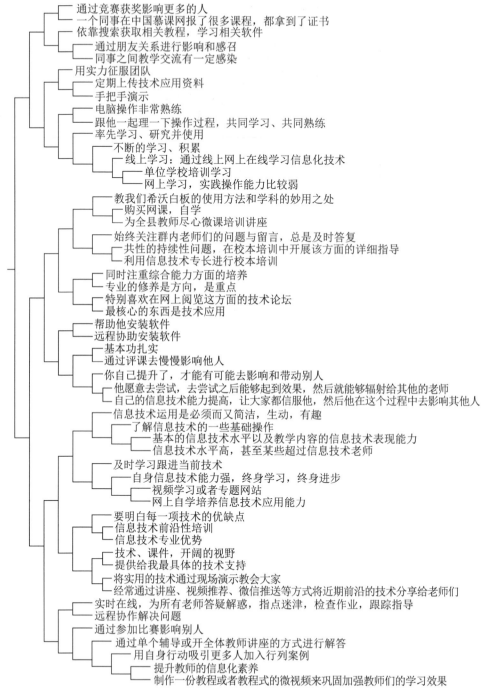

通过竞赛获奖影响更多的人
一个同事在中国慕课网报了很多课程，都拿到了证书
依靠搜索获取相关教程，学习相关软件
通过朋友关系进行影响和感召
同事之间教学交流有一定感染
用实力征服团队
定期上传技术应用资料
手把手演示
电脑操作非常熟练
跟他一起理一下操作过程，共同学习、共同熟练
率先学习、研究并使用
不断的学习、积累
线上学习：通过线上网上在线学习信息化技术
单位学校培训学习
网上学习，实践操作能力比较弱
教我们希沃白板的使用方法和学科的妙用之处
购买网课，自学
为全县教师尽心微课培训讲座
始终关注群内老师们的问题与留言，总是及时答复
共性的持续性问题，在校本培训中开展该方面的详细指导
利用信息技术专长进行校本培训
同时注重综合能力方面的培养
专业的修养是方向，是重点
特别喜欢在网上阅览这方面的技术论坛
最核心的东西是技术应用
帮助他安装软件
远程协助安装软件
基本功扎实
通过评课去慢慢影响他人
你自己提升了，才能有可能去影响和带动别人
他愿意去尝试，去尝试之后能够起到效果，然后就能够辐射给其他的老师
自己的信息技术能力提高，让大家都信服他，然后他在这个过程中去影响其他人
信息技术运用是必须而又简洁，生动，有趣
了解信息技术的一些基础操作
基本的信息技术水平以及教学内容的信息技术表现能力
信息技术水平高，甚至某些超过信息技术老师
及时学习跟进当前技术
自身信息技术能力强，终身学习，终身进步
视频学习或者专题网站
网上自学培养信息技术应用能力
要明白每一项技术的优缺点
信息技术前沿性培训
信息技术专业优势
技术、课件，开阔的视野
提供给我最具体的技术支持
将实用的技术通过现场演示教会大家
经常通过讲座、视频推荐、微信推送等方式将近期前沿的技术分享给老师们
实时在线，为所有老师答疑解惑，指点迷津，检查作业，跟踪指导
远程协作解决问题
通过参加比赛影响别人
通过单个辅导或开全体教师讲座的方式进行解答
用自身行动吸引更多人加入行列案例
提升教师的信息化素养
制作一份教程或者教程式的微视频来巩固加强教师们的学习效果

图 2-4　概念化词汇聚类分析（片段 4）

作业，跟踪指导""远程协作帮助其他教师解决问题""通过单个辅导或开全体教师讲座的方式进行解答""制作一份教程或者教程式的微视频来巩固加强教师们的学习效果"等归类为"帮助他人提高信息技术能力"；"通过参加比赛获奖从而影响别人""用自身行动吸引更多人加入信息化行列""通过效果辐射其他教师"等归类为"利用信息技术吸引并感召他人的能力"。

综上，在发展范畴阶段，利用 Nvivo.11 自动聚类功能，共拆分为 4 个片段，其中每个片段都是原总聚类的一级簇，即代表一个核心范畴，每个核心范畴下又分为若干个子范畴，上述概念化词汇聚类分析的 4 个片段，实质上是在寻找子范畴。通过分析，片段 1 共发展为 4 个范畴：使用信息技术小工具、参与信息化教研、为学校硬件设备更新以及信息化决策建言献策、信息化教学常态化；片段 2 共发展为 4 个范畴：参与学校信息化规划、用技术手段激发学生学习兴趣、创新信息化教学方法、指导学生线上线下学习；片段 3 共发展为 3 个范畴：指导课件制作、共同开发在线课程、网络资源整合；片段 4 共发展为 3 个范畴：提高自身技术能力、帮助同行提高信息技术能力、利用信息技术影响同行教师。

扎根理论最显著的特点就是通过分析原始材料，不断寻找上位概念，不断进行比较、重组和归类。本研究在"打标签"（概念化）阶段怀着开放的心态，唯恐漏掉任何一个关键现象，所以在概念凝练比较全面，以至于概念聚类分析时出现大量词汇（短句），通过聚类词汇的再三考量，对上述已经形成 14 个概念范畴不作删减，详见表 2-2。

表 2-2　开放性编码之发展范畴

聚类片段	发 展 范 畴	代码
聚类分析片段 1	使用信息技术小工具（55）	AA1
	积极参与信息化教研（25）	AA2
	为学校硬件设备更新以及信息化决策建言献策（16）	AA3
	信息化教学常态化（35）	AA4

（续表）

聚类片段	发 展 范 畴	代码
聚类分析片段2	参与学校信息化教学规划（22）	BB1
	用技术手段激发学生学习兴趣（53）	BB2
	创新信息化教学方法（34）	BB3
	指导学生线上线下学习（45）	BB4
聚类分析片段3	课件制作（56）	CC1
	共同开发在线课程（33）	CC2
	网络资源整合（24）	CC3
聚类分析片段4	提高自身技术能力（59）	DD1
	帮助同行提高信息技术能力（40）	DD2
	利用信息技术吸引并感召他人的能力（23）	DD3

至此，经过二层提炼，在开放性编码之发展范畴阶段，最终得到14个范畴。

二、主轴编码：从零散到有序的转变

在访谈过程中，笔者会将新颖观点、新出现的概念、可能发展成的范畴、典型案例等速记下来，而后会在24小时内将"发现"总结下来，形成备忘录。上述14个范畴的发展过程，采用的是Nvivo.11聚类分析功能，也就是说具有群聚特征的范畴和概念才会聚集在一起，之所以会聚集在一起，一定会有某种共同点，再次分析上述概念化词汇聚类分析的4个片段，寻找每个片段的内部关系，并为之命名，形成二级编码（轴心编码）。

片段1形成的4个范畴：信息技术小工具、积极参与信息化教研、为学校硬件设备更新以及信息化决策建言献策、信息化教学常态化，带有明显的正向情感色彩，好像是在营造一种氛围。在访谈中，研究者曾多次速记到"技术氛围"的关键词，并认为学校技术氛围是影响教师使用信息技术教学的积极性的重要因素。通过备忘录回忆（如备忘录4-1*），此片段形成的故事图景是：通过AA1、AA2、AA3、AA4等方式积极营造学校的信息技术氛围，信息技术氛围具有潜移默化的作用，这种氛围一旦形成，则能够在不知不觉中影响更多同行使用信息技术教学。故而，为片段 1 命名为"信息技术氛围领导力"。

备忘录 4-1*　一个新概念的出现："技术氛围"

研究数据（部分）：

受访者 F4：如果没有一个好的环境的话，说实话那些东西当时听的时候很感动很激动，回去之后真的就一动不动了，没有人愿意尝试了。

受访者 F5：如果学校氛围好，有很多人在使用信息技术教学，那么其他也会慢慢跟着一起做。如果氛围不好，尽管有教师愿意去尝试，也会被同行教师冷嘲热讽，静静看着出风头，这对老师的积极性是一种打击。

受访者 N12：整个团队的氛围对教师的影响很重要，如果团队里每个人对信息技术教学都抱有支持的态度，那么就会心往一处使，很容易出成果。

研究者备忘录：

第一，学校的信息技术氛围的营造对教师积极性发挥是一种无形的鼓励，若教师在该方面能够积极引导，则能够体现出巨大影响力。

第二，"技术氛围"可能是一个统领性很强的上位概念。

关于片段 2，"参与学校信息化教学规划""用技术手段激发学生学习兴趣""创新信息化教学方法""指导学生线上线下学习"这 4 个范畴都在围绕一个中心进行发展——信息化教学——描述"影响学生的方式方法"。此外，笔者曾根据受访者启发在备忘录写道："信息化教学领导力"应成为教师信息技术领导力的一种重要组成部分，关注教师利用信息技术影响学生的方式以及路径，是研究教师信息技术领导力的不可或缺的重要领域（如备忘录 4-2*）。由此可以推导片段 2 的故事图景：信息化教学是学校信息化工作的核心，信息化教学的过程就是教师利用信息技术影响学生的过程，而 BB1、BB2、BB3、BB4 则是教师利用信息技术教学影响学生的具体路径和方式。由此，将片段 2 命名为"信息化教学领导力"。

备忘录 4-2*　教育信息化的核心在于教学信息化

研究数据（部分）：

受访者 F2：我比较常在课堂使用多媒体，如播放视频，用图片教授单词考查单词背诵等，还有随机抽取姓名答题等，学生兴趣高，课堂效率高。如使用随机抽取姓名背诵课文或者回答问题（软件抽签，像抽奖），学生感觉很刺激，很有意思，会背的学生被抽到会觉得幸运，不会背的学生被抽到会觉得服气。

受访者 F7：利用化学仿真实验室，进行实验模拟，这样学生可以在课后自行利用软件进行模拟实验，在一定程度上弥补学生课后无法进行化学实验的遗憾。当然，现在有很多学生在网上买实验套盒，也很方便。

受访者 F9：如利用皓骏动态数学软件制作相应积件（可以通过按钮操作），在课堂上让学生上台操作，探究相应的知识。（学生只需简单地点击操作按钮和拖动滑动条）

受访者 F1：主要让知识的呈现方式更加多样化，让微观不可见的东西可视化，比如说在介绍分子结构的时候我采用了 AR 增强现实技术让学生观察，在做一些危险实验的时候我采用手机摄像头同屏技术让教室里每一位学生都能清楚地观察到实验现象。

研究者备忘录：

第一，信息化教学的核心是信息技术以恰当的方式进入课堂，从而影响教学方式与学习方式的变革，以提升教学质量。若信息技术应用得恰当，则能够激发学生的学习，弥补课堂教学的遗憾，激活课堂，实现课堂；信息化教学是教师发挥信息技术优越性的一个情景，能够对学生产生深远的影响。

第二，与校长信息技术领导力相比，教师信息技术领导力更应该将重点放在教学方面，所以"信息化教学领导力"应成为教师信息技术领导力的一种重要组成部分，关注教师利用信息技术影响学生的方式以及路径，是研究教师信息技术领导力的不可或缺的重要领域。

关于片段 3，在访谈中西部教师和校长的时候，他们频频提到"资源匮乏""缺乏资源""数字化教学资源库很重要""没有适合的课件"等关键词，这也反映了数字化资源匮乏以及网络资源整合不力的现状，也反映出教师和校长对优质教学资源的渴求。在第一、二阶段的访谈中，笔者深深意识到了数字化资源的重要性，也在思考教师在数字化资源整合中的影响与引领作用发挥的路径与方法，如备忘录 4-3*：第一，数字化教学资源是痛点，能够解决这个问题的教师将成为同行心中的"英雄"；第二，如果教师掌握了数字化资源开发、整合与建设的方法与技能，则能够为学校信息化建设做出突出贡献，也能因此影响更多的人，比如同行、学生、家长，甚至是学校领导者。

由片段 3 发展而来的 3 个范畴（课件制作、网络资源整合、在线课程建设），分别阐释了数字化教学资源的三个阶段：课件、整合、课程。其中，课件是最简易的资源呈现形式，课件的美化与改良就是资源整合，而非资源生成，在线课程建设则是集课件、整合于一身资源呈现形式，属于比较高级的资源建设方案。课件制作、网络资源整合、在线课程建设是教师发挥技术影响力的三种不同阶段的情景。由此，基本形成了片段 3 的故事图景：由于数字化教学资源在学校教学中的重要性，所以那些掌握了数字化资源开发、整合与建设的方法与技能的教师，能够为学校信息化建设做出突出贡献，也因此影响更多的人。因为，课程是三者之中最为高级阶段资源呈现形式，技术上也涵盖前两者，所以可将片段 3 命名为："数字化课程领导力"。

教育工作是将各种资源整合在教育、教学过程之中，以达到教育的目的。因此，培养教师整合各种资源的能力就显得尤为重要。教师作为资源整合者的角色，亦有其要求：资源开发者、资源获得的引领者、资源分享的协作者、资源管理的引导者。① 在数字化时代，教师作为数字化资源的开发者、引领者、

---

① 舒志定. 教师角色辩护，走向基础教育课程改革［M］.杭州：浙江大学出版社，2006：112—118.

协作者和指导者也是题中之意。

备忘录 4-3*　数字化教学资源对学校的重要性

研究数据（部分）：

访谈者 S5：教育资源，网络资源这一块儿，有时候我们，很欠缺，很匮乏。

访谈者 S8：上海因为它是处在一个经济非常发达，教育资源非常丰富的一个地带。像见到的这种非常丰富的课程、课件等，我们这里比较偏僻，数字化资源也不是特别丰富，这些资源是我们想要的。

访谈者 F13：在线课程的广泛应用和价值，学生可以在周末进行学习，节省时间，效率也高，但是我们没有相关的课程。

访谈者 N22：它是网上平台，有很多课程，补充教学，比如说优质的教学资源，像美术、音乐这些学科，能够通过网络让孩子们接触到一些外面的事情。

研究者备忘录：

数字化教学资源是痛点，资源的获取有两种形式：第一，外部购买，需要资金，但是中西部农村学校的对应资金有限，其次，即使购买到了相应资源，也未必与学校教学完全吻合，必须完成二次修改与加工；第二，学校自己开发，若如此，开发的重任就由教师担起。综上，如果教师掌握了数字化资源开发、整合与建设的方法与技能，则能够为学校信息化建设做出突出贡献，也能因此影响到更多的人，比如同行、学生、家长，甚至是学校领导者。

关于片段 4，提高自身技术能力、帮助他人提高信息技术能力、利用信息技术吸引并感召他人的能力，这 3 个范畴，可以递进地理解为：首先，提高自身信息技术能力，"你自己提升了，才能有可能去影响和带动别人"；其次，在自身信息技术能力的基础上帮助其他人解决教学中遇到的基本技术问题；最后，通过自身技术魅力、比赛获奖、教学效果等吸引并感召更多的人使用信息技术教学。笔者在访谈中，多次注意到这样一句话"你自己提升了，才能有可能去影响和带动别人"，这句话的内涵很深刻，对笔者的触动很大，也有一些新的想法，详见备忘录4-4*：信息技术能力的培养与提升，是发挥自身影响力的基础；在日常教学中，帮助其他教师解决信息技术问题是发挥影响作用的一种途径，也是常见的途径；通过自身技术魅力或者信息化教学成效吸引更多的人加入自身行列，是比较高级的感召能力体现。由此，形成一整条完整的故事线：提升自己—帮助他人—感召他人，所以，可将片段4命名为："信息技术专业引领力"。

备忘录4-4*　提升自己—帮助他人—感召他人

研究数据（部分）：

访谈者S5：一个同事在中国慕课网报了很多课程，都拿到了证书，信息技术能力很强，学校里的很多同事遇到技术问题都去找他，他就是我学校的技术权威，但有意思的是，他原来并不是学计算机的，和信息技术也不沾边儿。

访谈者F12：一个偶然机会，学校派我参加了一个微课制作的培训班，我原来对视频剪辑、PPT美化等不是专业，都是从头学起。别人休息的时候，我在学习，回到家以后也在学习，后来参加了级别比较高的微课大赛，获奖了，这个奖项对我的激励很大，也让我这个"门外汉"找到了自信。然后，学校和教育局对我获奖的事情进行表彰，把我立为标杆，后来通过全校培训以及区级培训的形式，我将微课制作的方法以及心得分享给了更多教师。另外，很多人看到我的课堂以及我的教学效果后，又有一部分人加入了我的行列，一块探讨信息化教学方法与模式。

研究者备忘录：

信息技术能力的培养与提升，是发挥自身影响力的基础；在日常教学中，帮助其他教师解决信息技术问题是发挥影响作用的一种途径，也是常见的途径；通过自身技术魅力或者信息化教学成效吸引更多的人加入自身行列，是比较高级的感召能力体现。

综上，开放性编码阶段形成的 14 个范畴，可根据聚类分析的 4 个片段依次凝练为：信息技术氛围领导力、信息化教学领导力、数字化课程领导力、信息技术专业引领力，详见表 2-3。

表 2-3　主轴编码结果呈现

发 展 范 畴	主 轴 编 码
积极使用信息技术小工具	信息技术氛围领导力
积极参与信息化教研	
积极为学校硬件设备更新以及信息化决策建言献策	
倡导信息化教学常态化	
参与学校信息化教学规划	信息化教学领导力
用技术手段激发学生学习兴趣	
创新信息化教学方法	
指导学生线上线下学习	
课件制作指导	数字化课程领导力
在线课程建设指导	
网络资源整合指导	
提高自身技术能力	信息技术专业引领力
帮助同行提高信息技术能力	
利用信息技术吸引并感召他人的能力	

注：基于 TPACK（整合技术的学科教学知识）[1] 将学科内容知识（Content Knowledge）、教学法知识（Pedagogical Knowledge）和技术知识（Technological Knowledge）三分法的结构框架，本研究中"数字化课程领导力"中的"课程"特指学科内容知识，"信息化教学领导力"中的"教学"特指教学方法和手段。

---

[1] Schmidt D A, Baran E, Thompson A D, et al. Technological Pedagogical Content Knowledge（TPACK）: The Development and Validation of an Assessment Instrument for Preservice Teachers[J]. Journal of Research on Technology in Education, 2009, 42（2）: 123—149.

三、选择性编码：理论精华的提炼

选择性编码是在所有已发现的概念类属中经过系统的分析以后选择一个"核心类属"，然后通过一个整合图式或故事线，将各种理论要素（类属、属性、假设）整合起来。[①] 依据研究题目的核心主题，界定出核心类别，并将所有的概念与核心类别做关联，无关的概念则舍去。该过程的主要步骤和任务包括第一，明确资料的故事线；第二，对主类属、次类属及其属性和维度进行描述；第三，检验已经建立的初步假设，填充需要补充或发展的概念类属；第四，挑选出核心概念类属；第五，在核心类属与其他类属之间建立起系统的联系。[②] 选择性编码中的资料分析与主轴编码差别不大，只不过它所处理的分析层次更为抽象。其中前三个步骤，上述主轴编码过程中已经完成，所以此处的任务为挑选出核心概念类属，在核心类属与其他类属之间建立起系统的联系，并由此再次形成更为抽象的故事线。

通过对 14 个范畴的继续考察，尤其是对在此基础上形成的信息技术氛围领导力、信息化教学领导力、数字化课程领导力、信息技术专业引领力等4 个主范畴及其故事线深入分析，同时结合原始资料记录进行互动比较、提问，发现可以用"信息技术领导力"这一核心范畴来分析其他所有范畴，详见表 2-4。

表 2-4　选择性编码—核心范畴的确定

主轴编码	选择性编码
信息技术氛围领导力	
信息化教学领导力	信息技术领导力
数字化课程领导力	
信息技术专业引领力	

[①] 陈向明 . 扎根理论在中国教育研究中的运用探索［J］. 北京大学教育评论，2015，13（1）：2—15.

[②] 陈向明 . 扎根理论的思路和方法［J］. 教育研究与实验，1999（4）：58—62.

围绕该核心范畴的故事线可以概括为：教师不断提升自身信息技术能力，具备信息技术的专业权威，在学校数字化课程与资源整合、信息化教学法设计与实施，以及日常信息化办公等情境中发挥积极作用，自觉寻求对同事、学生和学校管理者等的正向影响，最终促进学校信息化工作良性循环与数字化创新人才培养。

第二节　教师信息技术领导力内涵

领导力是领导者在特定的情境中吸引和影响被领导者与利益相关者并持续实现群体或组织目标的能力[①]，涉及领导情境（在特定的情境中）、领导过程（吸引和影响）、追随者（被领导者与利益相关者）、领导目标（持续实现群体或组织目标）。因而，教师信息技术领导力也不例外。教师领导力的实践形态是具有多样性的，不同的教师领导者，面临的领导情境不同，影响他人的方式可能是不一样的，产生的领导行为也不尽相同。下文通过教师信息技术领导行为概念地图将其领导过程和领导行为尽可能地呈现。

一、领导行为概念地图

通过开放性编码、主轴编码以及选择性编码，教师信息技术领导力的内涵已经初步呈现：领导情境是技术氛围营造、信息化教学、数字化课程、信息技术专业引领等；追随者为同行教师、学生、学校管理者、家长等，且不同的领导情境中，追随者也会不同，比如信息化教学情境下的追随者主要为学生，信息技术专业引领情景下的追随者主要为其他教师；领导目标，最终促进学校信息化工作良性循环与数字化创新人才培养。

故事线已经相对比较清晰，但仅描绘出领导情境以及领导目标，尚未明

---

① 苗建明，霍国庆. 领导力五力模型研究［J］. 领导科学，2006（9）：20—23.

确描绘出领导行为与领导过程，故需要在此基础上再次回顾访谈资料寻找相应概念，着重梳理访谈中经常出现的具有行为指向的动词，比如"参与""引领""吸引""指导""答疑""评价"等，如图2-5。为了方便整理尚不清晰的理论框架并将其可视化，帮助理解理论的假设、局限以及它与研究目标之间的关系，故借助概念地图工具来理顺访谈中已经出现的行为指向动词。概念地图更多的是作为一种发展研究概念框架的工具[1]，首先，根据访谈笔记进行回忆，锁定具体的行为动词；然后，将行为动作与动作指向对象进行一一联系；最后，根据已有的联系，验证联系的覆盖面是否重叠，能否重叠以及如何重叠，以此帮助发现未预料到的联系，或者发现理论中不足和相互矛盾的地方，并想办法解决它们。

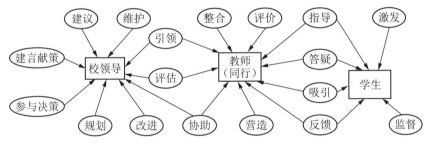

图 2-5　教师信息技术领导行为及行为指向

图中圆形表示访谈内容中出现频率较高的词或者笔者认为比较重要的词，即领导行为；方形表示动词的行为指向，即领导对象；箭头表示领导力作用方向。

"建言献策""参与决策""提供建议""参与规划"等关键词，表示教师参与到学校信息化教学愿景的构建与规划、为学校信息化硬件设备购买与建设建言献策、向家长传达解释学校信息化教学目标与规划等。在实践中，牵涉校级决策层面的内容，并未被高频率提起，仅被具有行政职位的教师提起过（一般普通教师并未提及），但是它的影响作用、力度和范围较大，故着重在概念地

---

[1]　Maxwell J A. Qualitative Research Design: An Interactive Approach［M］. Thousand Qaks, CA: Sage, 1996. 64—65.

图中显示出来。此外，参与学校信息化规划，评估、改进学校信息化方案，并利用自身技术特长对校领导或者学校管理者产生影响作用，这些领导行为大多数出现在"营造信息技术氛围"的领导情境之中。

"引领""指导""吸引"等词，是指日常教学中通答疑、操作演示等指导同行学习信息技术，指导其他教师使用信息技术进行教学，帮助他们解决信息技术问题，以自身信息化教学效果吸引更多的同行加入信息化教学的队伍中来，这些领导行为大多数出现在"信息技术专业引领"的领导情境之中。

"整合""评估""协助""指导"等词汇，是指在数字化资源整合、微课开发设计、微课应用与评价等过程中相互协助、配合等，并在此过程中对同行教师产生引领和感召作用，其目的在于完善和改进数字化课程，以便更好地应用教学。这些领导行为大多数出现在"数字化课程"的领导情境之中。

而"监督"激发"答疑"等词汇，更多的是偏重于对学生的影响，即教师通过线上线下、课内课外等监督与指导学生的泛在学习，为学生答疑解惑，同时加强与家长的沟通交流，更深刻地掌握学生的学习情况。这些领导行为大多数出现在"信息化教学"的领导情境之中。

综上，这些"动词"转换为领导学的概念术语，即参与决策、动员、指挥、组织、沟通、协调、团结、控制和反馈等，这就是领导过程的各个具体行为方面。就是这些具体的领导行为构成了具体的领导过程，使之更加有血有肉，更加富有内涵，亦即构成了领导，它们就是教师信息技术领导的真实内容和本来面目。

二、教师信息技术领导力的内涵

概念界定必须包含"种概念""种差"与"临近属概念"，即类似于"×××是○○○的※※※"这样的格式，其中"×××"是种概念，即被定义的概念；"○○○"是种差，即本质属性；"※※※"是临近属概念，即大范围的概念。"属＋种差"定义法，既用来描述被定义的所属又可体现其与其他事物的区别。因此逻辑上定义术语的过程分为两步，第一步将要定义的术语放入最相近的类别当中，第二步确定其余同类中其他事物的不同特性①，即第一，找准临近属概念；第二，明确"本质属性"，找种差。

（一）找准临近属概念

教师信息技术领导力和教师领导力，这二者的属概念都源自领导力，故而厘清"领导力"的内涵界定，即可找到教师信息技术领导力的临近属概念。

在访谈中，部分教师和校长将领导力界定为一种"才能""才干""能力"等。此外，通过学术层面的文献梳理与总结，详见表2-5，众多学者将领导力界定为"能力"，与访谈结果吻合。

表2-5　领导力内涵整理表②

时间	学　者	领导力的定义
1950	斯托格迪（Stodill）	领导力是针对组织目标、完成目标、并影响群体活动的能力。
1974	麦克法兰（McFarland）	领导力是一个人影响他人的能力，使其愿意为一定目标而工作。
1974	休斯（Huse）	领导力是说服他人做好某项工作的能力。
1974	蒂德（Tead）	领导力是一个人诱使他人达成某一任务所需拥有的特质的综合。
1992	沙因（Schein）	领导力是能超越文化限制，进行具有更强适应性的革命性变革的能力。
1998	罗宾（Robbins）	领导力是一种影响群体达成目标的能力。
2002	丘拉（Ciulla）	领导力是领导者向追随者表达意愿并要求服从、尊重、忠诚及合作的能力。
2005	梅奥和诺利亚（Mayo&Nohria）	领导力是进行组织变革的能力。

所以，本书将教师信息技术领导力的"属概念"界定为"能力"，可以是单一的能力，也可以是多种能力的综合，是由多维度形成的合力。此外，关

① ［美］D. Q. 麦克伦尼. 简单的逻辑学［M］. 赵明燕，译. 杭州：浙江人民出版社，2002：44—46.
② 王斌，李改，李敏. 青少年领导力发展模式研究［M］. 北京：教育科学出版社，2012：2.

于"领导力"的研究大多源自国外,"Leadership"在国内被翻译成"领导"或者"领导力"。本书认为二者具有差异性,从属概念来看,领导可以视为一种过程,而领导力则主要表示的是一种能力或能力体系。

（二）明确种差

种差是指在同一属概念中,某一个种概念不同于其他种概念的那些本质属性方面的差别。种差可以是某对象的现有属性,也可以是某对象的发生、发展的过程,还可以是某对象的功能,又可以是对象之间的关系。[1]

首先,从"某对象的现有属性"分析,相对于教师领导力而言,教师信息技术领导力被赋予了信息技术属性,即教师在信息技术专业范围内影响他人的能力。

其次,从"某对象的发生、发展过程"分析,教师信息技术领导力的发生前提是信息技术素养与应用能力,然后是领导过程,具体领导行为包括"建言献策""参与决策""提供建议""参与规划""引领""指导""吸引""监督"激发"答疑"等,这些行为说明教师信息技术领导力的作用范围更加聚焦,主要集中在课程与教学,而校长信息化领导力则更加关注全校信息化的顶层设计与规划。

再次,从"某对象的功能或对象之间的关系"分析,教师信息技术领导力的发挥更加依靠于教师自身专业权威和个人魅力,而校长则多了一层行政职位赋予的科层权威。研究发现,在实践中,全校信息技术氛围的营造,大多情况下取决于极个别教师依靠自身的技术热情与教学成果对其他教师进行技术引领、吸引,而非靠行政力量强制推进。

综上所述,基于"种差"的分析,教师信息技术领导力在同一属概念中不同于其他种概念的那些本质属性方面的差别有三个方面,第一,领导力发挥的基础更加依靠信息技术专业能力以及个人魅力,即上述的"信息技术专业引领力";第二,领导行为以"引领""感召""吸引""激发"等为主。第三,作用

---

① 逻辑学大辞典 . 上海辞书出版社 .2010.

范围更加聚焦，主要关注对教师以及学生的影响，体现在日常办公与教学氛围之中，即上述"数字化课程领导力""信息化教学领导力""信息技术氛围领导力"。

（三）精简语句形成概念

利用"被定义者＝种差＋临近属概念"的公式，将上述临近属概念和种差融入该公式，用精简语言将其表述出来，即教师信息技术领导力的概念和内涵。表述过程即整合成单句的过程，是将被定义者、种差、临近属概念，用"是""叫"等一类连接词连接起来，使之简洁通畅，符合语句语序原则。其中，整合单句过程中，需要注意的是众多属性组成的种差是多项定语，如何有逻辑、有顺序地排列这些定语就需要深入分析"种差"材料，寻找其中的陈述线索，是时间顺序、空间顺序，还是逻辑顺序，以便选择一种语言呈现结构，更好地定义概念。基于此，为了更好地理清思路，故绘制了"被定义者＝种差＋临近属概念"列表（见表2-6），便于组织语言，形成重点突出且涵盖全面的概念内涵。

表2-6 "被定义者＝种差＋临近属概念"列表

被定义项	种 差	临近属概念
教师信息技术领导力	技术属性（技术魅力、技术素养、技术能力等）	能力、能力体系
	领导行为（领导活动或者领导过程）	
	领导情境（作用范围）	
	领导对象	

根据表2-6以及上述关于"种差"的分析，本书将教师信息技术领导力定义为：教师在不断提升信息技术素养的基础上，将信息化思维与技能逐步融入教学、课程以及日常办公，通过参与决策、感召、吸引、激发、答疑等行为发挥引领作用，自觉寻求对同事、学生和学校管理者等影响力的不断进阶，以便促进学校信息化工作良性循环与数字化创新人才培养的能力。将这个定义与教育领导学相关联并加以解释如下：

第一，信息技术素养的提升是教师信息技术领导力的基础。在教育领导学中，这涉及持续的专业发展和学习，以及如何将这些新技能和知识整合到教学实践中。

第二，信息化思维与技能的融合，这一点强调教师需要将信息技术整合到教学、课程设计和日常工作中。在教育领导学中，这体现了领导者如何推动和实施变革，以及如何创新和适应新的教育方法和技术。

第三，参与决策和影响力，这部分强调教师在学校决策过程中的作用，以及他们如何影响同事、学生和管理者。在教育领导学中，这关联到权力动态、组织文化和领导者在塑造学校政策和实践中的作用。

第四，激发、答疑和感召行为，是教师领导力的具体表现。在教育领导学中，这些行为与领导者的沟通技巧、激励策略和角色建模有关。

第五，促进学校信息化工作的良性循环与数字化创新人才培养，是教师信息技术领导力的终极目标。在教育领导学中，这涉及如何在机构层面推动和支持创新，以及如何培养具有数字时代所需技能和素质的学生。

总的来说，这个定义强调了教师作为教育技术领导者的多重角色，包括是一个终身学习者、变革推动者、决策参与者、沟通者和激励者，以及如何将这些角色融合到推动学校整体信息技术进步的过程中。

第三节　教师信息技术领导力构成要素

为了更有条理地呈现教师信息技术领导力的构成维度，本研究采用"领导情景"解构依据，即将教师信息技术领导力分为四个维度：信息技术专业引领力、信息化教学领导力、数字化课程领导力、信息技术氛围领导力。此种解构的原因有三：第一，"技术氛围""数字化课程""信息化教学""技术引领"等四个维度，与访谈内容三级编码结果一致；第二，反映了实践中教师发挥技术领导力应重点关注的领域，为教师信息技术领导力的培养指明了方向；第三，每一种情景中，教师领导行为不尽相同。

一、教师信息技术专业引领力

教师信息技术专业引领力指的是教师在个人专业发展中主动获得、更新和应用信息技术知识和技能的能力，以及在此基础上通过教学实践、同事协作和社区参与中展示和转移这些技能的能力。具体来说，包括三个方面。

（一）个人技术精进

教师不断自我教育，以掌握和应用最新的信息技术工具和方法，以保证自己在信息技术领域的专业能力始终处于领先状态。包括：教师不断学习新的信息技术基础操作，保持与时俱进的技术知识；定期参与培训和工作坊，以提升教学内容中的信息技术表现能力；自主在线学习和实践，以培养对信息技术应用的深入理解和技能；确保能够及时掌握并应用当前教育领域内的前沿技术。

（二）同伴技术提升

教师积极参与同事的技术发展，不仅分享知识，还通过培训、一对一指导等方式，帮助他们提升在教学中的信息技术应用能力。包括：通过举办讲座、分享视频和微信推送等方式，向同事传授最新的技术知识；实时在线支持同事，提供技术答疑解惑服务，帮助他们解决在信息技术应用中遇到的问题；远程或面对面协作，帮助同事克服在信息技术使用上的障碍；制作并分享教程或微视频，帮助同事加强对信息技术的理解和应用。

（三）影响力扩散

教师通过展示信息技术在教育中的积极成效，以自身为例，激励和感召学生、同事及社区成员更广泛地接受和利用信息技术。包括：展示通过信息技术获得的成就，如比赛获奖，以此激励他人参与和学习信息技术；通过个人在信息技术应用中的积极行动，鼓励更多人加入信息化进程；利用自身的信息技术应用成效影响和辐射其他教师，创造正面的示范效应。

信息技术专业引领力，这个定义强调了教师个人在信息技术专业领域的自我增长，与同事之间的专业分享和合作，以及对外界的积极影响和吸引力，从而区别于信息化教学领导力的课堂应用、数字化课程领导力的课程内容创新，以及信息技术氛围领导力的文化建设职责。

二、教师信息化教学领导力

教师信息化教学领导力是指教师在规划、实施和评估学校信息技术整合进教学和学习过程的能力和影响力，侧重于教师在信息化教学过程中的规划、激励、创新和指导作用。这种领导力表现为四个方面：

（一）策略性规划与实施

教师在学校信息化教学的战略规划阶段发挥积极作用，为学校信息技术资源的配置、教学工具的选取和教育技术政策的制定提供专业见解和建议。

（二）激发学生学习兴趣与动机

教师运用信息技术创造吸引学生的学习环境、工具或者资料，如通过视觉和互动技术增强教学材料的吸引力，以提高学生的学习积极性和参与度；如通过美化 PPT、使用网络平台和 AR 技术等手段，增加教学内容的吸引力，激发学生的学习热情；如推荐优质的微课视频和互动学习材料，让学生接触更广泛的知识和信息。

（三）教学方法创新

教师开发和实践新的信息化教学方法，包括运用微课程、分层次教学和个性化学习路径，以促进学生对知识的深入理解和技能的掌握；利用 VR、元宇宙等进行沉浸式实验教学，激发学习欲望；设计任务驱动型的教学活动，如利用信息技术进行学情分析，以实现因材施教，满足学习兴趣。

（四）学习过程指导

教师指导学生如何整合线上资源和线下活动，包括家长在学习过程中的参与，确保学生能够在多样化的学习环境中取得进步。指导学生如何有效地利用在线教育平台进行自主学习和协作学习，包括家长在内的全方位参与。确保在线答疑的互动性和及时性，及时发布学习内容和要求，促进学生的课后复习和巩固。

三、教师数字化课程领导力

教师数字化课程领导力是指教师通过吸引同事参与数字化课程的创意和开

发，激发他们对使用新技术和方法的兴趣，引导团队共同探索和实现教育技术的融合，感召学生和教师团队对数字资源建设的热情，以及影响学校教育决策者对于教育技术投资和政策的支持。

教师能够吸引和整合跨学科的资源，创造并激发对数字化课程资源的需求和兴趣；能够引导同事和学生有效使用这些资源以提升教学和学习的质量；通过感召和示范，推动同事在数字化课程开发中采取创新行动；并影响教育决策者支持和投资于这些资源的建设和整合。

具体来说，教师数字化课程领导力体现为：一是，资源创造与吸引力。教师能识别和创造高质量的数字化课程资源，并通过吸引力和可访问性促使教师积极利用这些资源。二是，技术应用与激发。教师通过示范和培训，激发同事运用新技术和多媒体工具来提高课件制作的效果和学习体验的质量。三是，团队协作与引导。教师领导团队合作项目，引导同事共同参与在线课程和微课的开发，确保教学设计满足教育目标和学生需求。四是，创新推广与感召。教师通过自己的创新实践感召其他教师参与数字化教学资源的开发和使用，建立一种向学习创新开放的教育文化。五是，教育政策与影响。教师能够影响学校和教育机构的决策过程，确保数字化课程和资源的建设获得必要的支持和资金。

这个定义将教师的数字化课程领导力视为一种促进技术和教育融合的动态过程，涉及资源创新、技术应用、团队合作、创新推广和政策影响等多个方面。

四、教师信息技术氛围领导力

教师信息技术氛围领导力是指教师在校园内外创建、维护和增强信息技术使用文化的能力和感染力。

（一）吸引并参与信息化教研

吸引同事参与信息化教育研究，共同探讨和实践将信息技术融入教学的最佳方法；通过组织研讨会和工作坊等活动，激发身边的人对于信息技术在教学中应用的兴趣和热情。

（二）引导利用信息化小工具

引导同事和学生日常使用各种信息化小工具，体验信息技术带来的快捷，以提高教学和管理效率；通过示范和培训，感召他人掌握这些工具的使用，确保技术工具被充分利用以优化教学过程。

（三）倡导常态化信息化教学应用

倡导并实践信息技术在日常教学中的常态化应用，将其作为教学和学习的标准组成部分；通过不断地实践和反馈，建立起一个支持和鼓励信息技术使用的学习环境。

通过这个定义，教师信息技术氛围领导力被视为一系列策略和行为的集合，它们不仅涵盖了技术工具的选择和应用，还包括了参与决策、组织研究和推动教育实践方面的能力和影响力。这种领导力旨在通过教师的积极参与和影响力，形成一种积极的、支持性的信息技术环境，促进教育创新和学习效果的提高。

第四节　教师信息技术领导力特征

对教师信息技术领导力的特征进行分析，有利于更好地把握教师信息技术领导力的概念和内涵。结合上述教师信息技术领导力概念推演、构成要素以及相关研究的讨论，本书认为教师信息技术领导力特征主要有以下几个方面：

一、基于分布式领导的动态性

分布式领导是为一个组织或团体中的多个成员随工作任务、个人特点和能力以及情境的不同而动态地承担领导角色[①]，换句话说，在信息技术应用于教学和教学管理这个特定情境下，不同的教师会因工作任务、个人特点和能力在

---

① 张晓峰.分布式领导：缘起、概念与实施［J］.比较教育研究，2011，33（9）：44—49.

不同时期呈现出动态的领导角色，领导角色并不是固定不变，也并不是每个人都必须具备教师信息技术领导力。

领导角色并不是固定不变的，单一的领导者不能提供所有情景下的领导。我们永远都需要领导者，但是，领导者是形形色色的，究竟哪类领导者能满足我们的需要，要看当时的具体情况。[①] 首先，在教育信息化过程中，技术情景也分很多种类，比如信息化顶层设计与规划、数字化课程开发、信息化教学与管理、信息技术氛围营造、前沿信息技术引领等，不同的教师在不同情景中各有擅长，发挥着不同的领导力；其次，在不同的时期，技术情景也会呈现出阶段性变化，比如在教育信息化初期需要的信息化理念的更新与推广，而后需要建设数字化课程资源库，重视课程资源的建设，再然后需要信息技术与教学的深度融合，强调信息技术在教学中的科学应用，等等。因而不同的教师在各个技术情景下或者不同时期所表现出的领导力亦不相同，呈现出动态变化的特点。

并不是每位教师都必须具备教师信息技术领导力，而是因人而异，取决于当时特定的情景、个人特点、能力和领导意愿。有学者认为所有的教师都有权利、能力和责任成为领导者[②]，也有学者认为所有的教师都可以承担领导角色[③]，我们应该认识到所有的教师都具有领导的潜能[④]。但是，对于信息技术领导力这个概念，其中有一个特定的信息技术情景的限制，这也就决定了并非每位教师都可能具备信息技术领导力。在学校中每个教师都具有不同的专长，当面临信息化问题时，由谁领导，则取决于谁有能力来解决这个问题并带领大家

① ［美］玛格丽特·惠特利.领导力与新科学［M］.简学，译.北京：中国人民大学出版社，2008：21.

② Lambert. L. Leadership Redefined: An Evocative Context for Teacher Leadership ［J］. School Leadership & Management, 2003, 23（4）: 421—430.

③ Boles, K, & Troen, V. Teacher Leadership in a Professional Development School ［C］. Paper Presented at the Annual Meeting of the American Education Research Association, New Orleans, LA, 1994.

④ Frost, D. From Professional Development to System Change: Teacher Leadership and Innovation ［J］. Professional Development in Education, 2012, 38（2）: 205—227.

共同进步，教师领导角色是根据任务情景以及教师的专长和兴趣，在不同的事情而动态变化的。

二、基于实践共同体的协作性

学校组织成员，由于工作任务的不同，处于不同的共同体之中，在教育信息化这个特定任务中，也会呈现出相应的信息化共同体。在信息化共同体之中，各自对他人施加影响，或受他人的影响，根据上述所言，在教育信息化实践共同体之中，不同的教师具备不同的特长和技能，因此领导者也呈现出多元化。在信息化实践共同体之中，具备不同技能的领导者之间的协作，能够更好地实现共同体的效益最大化，从而更好地促进学校教育信息化进程。

教师信息技术领导更多地体现为一种非正式领导，与非正式属性相一致，教师领导是一种基于教育信息化实践共同体的领导。学校其他组织成员之所以受到教师领导者的影响，是因为双方共处在一起，进行互动与交流信息技术问题、信息化教学问题、数字化课程问题等，从而构成一个实践共同体。教师领导者的这种影响是一种非权力性影响，基于共同体的属性，因而也是自然发生的，对他人不具有强制性。[①]

基于教育信息化实践共同体的教师领导是协同性行为，不是由哪一个人单独拥有或行使，而是由一群人所实施。教师领导在本质上是协作性质的，协作是领导的功能之一[②]，在教育信息化实践共同体里没有显性的科层式的领导者，甚至无法明辨谁是领导者，教师领导者和其他教师是合作的关系，在一些情境下一些教师成为领导者，而在另一些情景下，别的一些教师成为领导者[③]。所以，在信息化实践共同体之中，具备不同技能的领导者之间的协作，是教师信息技术领导力的一个特征。

---

① 张晓峰.教育管理的研究变迁［M］.北京：教育科学出版社，2020：235.

② Forster, E. M. Teacher Leadership: Professional Right and Responsibility［J］. Action in Teacher Education, 1997, 19（3）: 82—94.

③ Cody, A. Two ways to lead［J］. Educational Leadership, 2013, 71（2）: 68—71.

三、技术与领导兼容性

教师之所以能够影响他人，在于其所拥有高超的专业素养和高尚的情操品性。[①] 而教师信息技术领导力，则需要教师拥有较强的信息技术能力、教学专业素养和高尚的情操品行。换言之，如果教师要很好地发挥信息技术领导力，则需要同时具备信息技术能力和领导才能，当然，这是理想状态。在教育信息化实践中，经常看到"外行领导内行"的情况，也就是领导学校信息化改革的人往往不是信息技术背景出身或者仅对信息技术一知半解；此外，在教育信息化实践中，也经常看到这样的情况：懂信息技术的人，往往缺乏领导才能，即沟通交流、组织管理、协调合作等方面往往力不从心。

所以，技术与领导的兼容性就显得格外重要，即优秀的信息技术领导者，需要同时兼具信息技术能力和领导才能。此外，抛开教师个体而言，从领导共同体的角度进行分析，一个优秀的教育信息化领导共同体的组建，也需要考虑共同体成员信息技术能力和领导才能的兼容性，即有些成员须具备较强的信息技术能力，能够在技术层面引领其他教师，而有些成员则须具备领导才能，在信息化工作中能够更好地凝聚其他同行教师。

四、基于教师个体的自觉性

教师信息技术领导，并非强制性的，而是发自内心的自觉与自愿。从教师岗位职责和任务来看，并无任何一条规定要求教师必须成为领导者。换言之，真正的教师领导是自愿的、非正式的，教师领导者的权威不是来自任命的角色或者职位，而是在工作中赢得的。[②]

教师信息技术领导者不同于任命的教师领导，是根据教师的专业兴趣和团队中的工作自然产生的，是教师谋求进步的表现。教师领导的浮现应该是来自

---

① 张晓峰. 教育管理的研究变迁［M］. 北京：教育科学出版社，2020：235.

② Denielson, C. Teacher Leadership That Strengthens Professional Practice［M］. Alexandria VA: Association for Supervision and Curriculum Development, 2006: 1.

教师自己，而不是任命的角色。[①] 教师领导是教师识别问题或者抓住机会主动自觉地承担领导角色。[②]

基于教师个体而言，并非每个教师都愿意做岗位职责以外的事情，这是教师个人的选择，学校领导无法强制性要求，信息技术领导也同样如此。访谈过程中，笔者也了解到并不是每个教师都有领导意愿，也存在一些教师喜欢"沉浸在自己的世界里"，兢兢业业完成本职工作，对信息技术领导不感兴趣，拒绝学校给予的信息化管理职位。此外，很多教师在无意识的情况下已经发挥了信息技术领导力，而他本身却未意识到罢了，因为学术层面的教师领导与实践中被任命的正式领导存在差异，教师本人对此存在误解。

真正的教师信息技术领导者，大多数具有较强的领导意愿，发自内心地愿意做"领导"，具有上进心，能够主动识别教育信息化过程中存在的问题或者机会，主动、自觉、自愿地承担领导角色，而非管理者委派或者任命教师承担领导职位或角色。

---

① Odell, s. J. Preparing Teachers for Teacher Leadership [J]. Action in Teacher Education, 1997, 19（3）: 120—124.

② Deniclson, C. Teacher Leadership That Strengthens Professional Practice [M]. Alexandria VA: Association for Supervision and Curriculum Development, 2006: 19.

第三章

教师信息技术领导力量表发展与理论模型检验

通过对教师信息技术领导力的概念结构以及与已有研究的比较分析，教师信息技术领导力由信息技术专业引领力、信息化教学领导力、数字化课程领导力、信息技术氛围领导力等四部分构成。为了验证该结构是否能够得到实践数据的支持，本章将采用结构方程模型进行检验，以便于更好地修正模型。此外，本章的另外一个目的，则是在验证的过程中发展正式量表，为后续教师信息技术领导力的现状调研分析奠定基础。

第一节　精准定位：发展与验证教师信息技术领导力量表

本节将使用结构方程模型通过调研数据对上述概念结构进行验证，验证工具选取 Amos.22 软件，具体步骤为量表选取与改编—数据收集与处理—验证性因子分析。

一、量表的选取与改编

聚焦该领域较权威的量表，根据上文开放性编码与主轴编码的结果对量表进行改编（增加与研究目的相关的题项、删除无关题项、对题项陈述进行修订等）。

第一，根据开放性编码阶段的发展范畴（使用信息技术小工具、积极参与信息化教研、为学校硬件设备更新以及信息化决策建言献策、信息化教学常态化），本书从孙祯祥研究团队开发的有关信息化环境氛围量表、信息化文化领导力量表、信息化学习环境建设量表中，选取题项FW1、FW2、FW3、FW4、FW5、FW6、FW7、FW8、FW9，共9题组成教师信息技术氛围领导力量表。

第二，根据开放性编码阶段的发展范畴（参与学校信息化教学规划、用技术手段激发学生学习兴趣、创新信息化教学方法、指导学生线上线下学习），本研究从孙祯祥研究团队开发的有关信息化教学量表中，选取题项JX1、JX2、JX3、JX4、JX5、JX6、JX7、JX8、JX9，共9题组成教师信息化领导力量表。

第三，由于未找到适切的教师数字化课程领导力量表，本研究参照课程领导力的研究范式进行自编量表。题项根据开放性编码阶段的发展范畴（指导课件制作、共同开发在线课程、网络资源整合）进行设计，同时参照上述领导行为概念地图，将"参与决策""带领""组织""整合""评价"等融入题项，共设计9道题：KC1、KC2、KC3、KC4、KC5、KC6、KC7、KC8、KC9。

第四，根据开放性编码阶段的发展范畴（提高自身技术能力、帮助同行提高信息技术能力、利用信息技术吸引并感召他人的能力），本研究从孙祯祥研究团队开发的教师自身信息化素养量表、教师信息化专业发展领导力量表中的若干题项（ZY1、ZY2、ZY3、ZY4、ZY5），同时自编ZY6、ZY7，共7题组成教师信息技术专业引领力量表。量表详见表3-1。

表 3-1　量表题项发展表

发展范畴	主轴编码	题项	测量指标	参考依据	修正后
使用信息技术小工具 积极参与信息化教研 为学校硬件设备更新以及信息化决策建言献策 信息化教学常态化	信息技术氛围领导力	FW1	积极营造校园信息化学习氛围	孙祯祥改编	保留
		FW2	积极地将信息化运用于日常工作和生活		剔除
		FW3	积极在教学中使用学到的信息化新知识、新方法、新技术		删除
		FW4	积极参与学校信息化教研活动		保留
		FW5	积极引导其他教师组建网络学习共同体		保留
		FW6	积极引导学生在信息化学习环境中有效地学习		保留
		FW7	积极为学校信息化设备的采购和网络设置提供建议		保留
		FW8	积极协助学校管理者评估学校信息化发展		剔除
		FW9	积极执行并维护学校信息化规划或计划		保留
参与学校信息化教学规划 用技术手段激发学生学习兴趣 创新信息化教学方法 指导学生线上线下学习	信息化教学领导力	JX1	能够参与到学校信息化教学愿景的构建与规划之中	孙祯祥 改编	剔除
		JX2	能够向学生与家长传达解释学校信息化教学目标与规划		剔除
		JX3	能够配合学校的信息化教学愿景制定信息化教学计划		保留
		JX4	能够指导其他教师使用信息技术进行教学		保留
		JX5	能够指导学生利用信息化工具进行课堂学习和课下自学		保留
		JX6	善于运用信息技术教学手段激发学生的学习兴趣		保留
		JX7	能够规划好信息化教学前后的活动安排，知识内容的呈现方式，练习与反馈、测试等		保留
		JX8	能够利用信息技术工具有效地管理教学过程，监督学生学习活动并适时给予指导		剔除
		JX9	能够根据学生与家长的反馈进行信息化教学过程的评估和改进		保留

（续表）

发展范畴	主轴编码	题项	测量指标	参考依据	修正后
课件制作 在线课程建设 网络资源整合	数字化课程领导力	KC1	能为学校数字化课程愿景构建建言献策	自编	删除
		KC2	能召集其他教师建立一个数字化课程开发团队		保留
		KC3	能带领其他教师起草课程开发团队的关键步骤并决定实施规则		剔除
		KC4	能通过信息技术手段将学校背景与特色融入课程开发之中		保留
		KC5	能够与其他教师共同商议信息技术整合课程内容的切入点		保留
		KC6	能够借助互联网资源优化、充实课程内容		剔除
		KC7	能带领其他教师讨论数字化课程在教学中遇到的问题并提出改进方法		保留
		KC8	能吸纳家长、社区的资源，共同整合数字化课程资源		保留
		KC9	能评价数字化课程实施的效果，并进行反思与改进		保留
提高自身技术能力 帮助同行提高信息技术能力 利用信息技术吸引并感召他人的能力	信息技术专业引领力	ZY1	希望了解教育信息技术的前沿科技	孙祯祥 改编	剔除
		ZY2	经常运用信息化工具通过自学来更新学科专业知识		保留
		ZY3	积极寻求提升自己信息技术能力的方法和途径		保留
		ZY4	能够将手机或电脑变成学习工具而不仅仅是娱乐工具		剔除
		ZY5	有不断提升自身信息化水平的意识，促进自身的专业发展		保留
		ZY6	通过自己信息技术教学成就影响其他教师，驱动他们的信息化学习		保留
		ZY7	通过信息技术教学的优越性，带动同事信息技术学习的热情		保留

量表题项来源参考：

孙祯祥.学校信息化领导力研究：理论与实践［M］.杭州：浙江大学出版社，2016：475—495.

孙祯祥.教育信息化进程中的教师领导力［M］.成都：电子科技大学出版社，2018：269—288.

二、预测试与量表修订

预测试是提高量表信度和效度的一个有效手段，能够帮助研究者改进量表题项，以形成正式量表。预测试以后，需要进行项目分析、效度检验和信度检验，以作为编制正式量表的依据。[①] 本书遵循如下的评价程序：第一步，项目分析，通过项目分析计算每一个测量题项的 P 值与 T 值，通过删除 CITC 值小于 0.5 的题项；第二步，在第一步的基础上采用探索性因子分析，将因子载荷较低或因子结构不清的题项删除；第三步，进行信度评价，计算最终项目内部一致性信度即 Cronbach's Alpha 系数值。

（一）预试样本情况

问卷预试采用随机抽样的方式，为了更加有效地开发问卷，抽样时有意识地对性别比例、区域分布比例、城乡分布比例、学段比例等加以控制，使其满足统计要求，使样本更具有代表性。预试对象人数以问卷中包括最多题项的"分量表"的 3—5 倍人数为原则 [②]，但也不局限于此，样本量越多越好；本研究用到的量表共计 34 题（信息技术氛围领导力量表 9 题、信息化教学领导力量表 9 题、数字化课程领导力量表 9 题、信息技术专业引领力 7 题），最多题项分量表的题项为 9 题，预试样本量应该在 27—45 之间，而本研究共收集有效预试样本 163 个，远大于"3—5 倍"的人数推荐值。此外，也有学者指出，如果量表的题项数少于 40 题，中等样本数约是 150 人，较佳的样本数是 200人 [③]，本研究预试样本亦在推荐值范围之内。预测试样本具体情况，如表 3-2 预测试样本具体情况描述（N = 163）所示，其中男女比例为 47.2∶52.8，西部、中部和东部比例 33.7∶41.1∶25.2，城区学校和农村学校比例为 55.2∶44.8，年龄

① 吴明隆. 问卷统计分析实务——SPSS 操作应用［M］. 重庆：重庆大学出版社，2015：158.

② 吴明隆. SPSS 统计应用实务——问卷分析与应用统计［M］. 北京：科学出版社，2003：24.

③ Comrey, Andrew L. Factor-analytic methods of scale development in personality and clinical psychology.［J］. J Consult Clin Psychol, 1988, 56（5）：754—761.

分布在 20—35 岁、35—50 岁、50 岁及以上三个年龄段之比为 30.1∶61.3∶8.6，小学、初中和高中教师比例为 41.7∶27.6∶30.7。

表 3-2　预测试样本具体情况描述（N = 163）

人口学变量	选项	频率	百分比	有效百分比	累计百分比
性别	男	77	47.2%	47.2%	47.2%
	女	86	52.8%	52.8%	100.0%
区域	西部	55	33.7%	33.7%	33.7%
	中部	67	41.1%	41.1%	74.8%
	东部	41	25.2%	25.2%	100.0%
城乡分布	城区学校	90	55.2%	55.2%	55.2%
	农村学校	73	44.8%	44.8%	100.0%
年龄分布	20—35	49	30.1%	30.1%	30.1%
	35—50	100	61.3%	61.3%	91.4%
	50 岁及以上	14	8.6%	8.6%	100.0%
学段	小学	68	41.7%	41.7%	41.7%
	初中	45	27.6%	27.6%	69.3%
	高中	50	30.7%	30.7%	100.0%

（二）项目分析

项目分析的主要目的是检验编制问卷的适切或可靠程度，项目分析的结果可作为题项筛选和修改的依据。[①]

项目分析主要是通过 t 值与 p 值来评价题项是否具有鉴别力，$|t| < 1.96$ 或 $p > 0.05$ 则表示题目不具有鉴别力，则认为其收敛效度较差，应予以删除。具体执行步骤：第一，求出受试者在量表上的总分，并按高低分排序；第二，找出 27 与 73 分位数的值（频率表）；第三，数据分为低分组与高分组两组（用 1 和 2 表示）；第四，分别进行每一构面题目之高低分两组独立样本 T 检验；第五，

[①]　吴明隆.问卷统计分析实务——SPSS 操作与应用［M］.重庆：重庆大学出版社，2009：158.

均值差异显著（p < 0.05）表示题目具有鉴别力，反之则无，应予以删除。①

按照以上评价方法和程序，采用项目分析法对信息化教学领导力、数字化课程领导力、信息技术专业引领力、信息技术氛围领导力等 4 个维度的题项鉴别力进行评价。如表 3-3 所示，各个维度中题项的 p 值皆显著，且 |t| > 1.96，表示所有题目均具有鉴别力，无需删除任何题目，即各分量表的收敛效度较好。

表 3-3　教师信息技术领导力预测试项目分析

量表	题项	平均值等同性 t 检验			高低分组	平均值	标准差
		t	p	均值差			
数字化课程领导力	KC1	−8.47	0	−1.08	1	2.01	0.80
					2	3.09	0.78
	KC2	−11.19	0	−1.36	1	2.46	0.80
					2	3.82	0.71
	KC3	−10.67	0	−1.46	1	2.35	0.83
					2	3.81	0.87
	KC4	−9.15	0	−1.26	1	2.19	0.73
					2	3.45	0.97
	KC5	−9.69	0	−1.16	1	2.00	0.57
					2	3.16	0.89
	KC6	−4.6	0	−0.49	1	1.90	0.59
					2	2.39	0.74
	KC7	−9.48	0	−1.19	1	2.20	0.74
					2	3.39	0.83
	KC8	−10.16	0	−1.24	1	2.18	0.71
					2	3.42	0.81
	KC9	−9.74	0	−1.12	1	2.01	0.58
					2	3.14	0.83

---

① 　吴明隆 .SPSS 统计应用实务：问卷分析与应用统计［M］.北京：科学出版社，2003：41.

（续表）

量表	题项	平均值等同性 t 检验			高低分组	平均值	标准差
		t	p	均值差			
信息化教学领导力	JX1	−10.21	0	−1.16	1	1.85	0.50
					2	3.01	0.88
	JX2	−9.77	0	−1.06	1	2.05	0.47
					2	3.11	0.85
	JX3	−11.17	0	−1.06	1	1.90	0.34
					2	2.96	0.78
	JX4	−11.7	0	−1.25	1	1.90	0.51
					2	3.15	0.80
	JX5	−10.45	0	−1.02	1	1.98	0.42
					2	3.00	0.77
	JX6	−10.64	0	−0.99	1	1.79	0.41
					2	2.78	0.72
	JX7	−9.65	0	−1.01	1	1.88	0.46
					2	2.89	0.82
	JX8	−11.34	0	−1.12	1	1.94	0.36
					2	3.06	0.80
	JX9	−11.62	0	−1.15	1	2.00	0.50
					2	3.15	0.73
信息技术专业引领力	ZY1	−4.38	0	−0.41	1	1.63	0.55
					2	2.04	0.61
	ZY2	−9.99	0	−1.04	1	1.77	0.62
					2	2.81	0.66
	ZY3	−6.57	0	−0.62	1	1.71	0.57
					2	2.33	0.59
	ZY4	−5.51	0	−0.54	1	1.61	0.60
					2	2.15	0.61
	ZY5	−7.35	0	−0.62	1	1.62	0.49
					2	2.24	0.55
	ZY6	−9.63	0	−0.95	1	1.75	0.58
					2	2.70	0.65
	ZY7	−9.81	0	−0.95	1	1.75	0.55
					2	2.70	0.65

（续表）

量表	题项	平均值等同性 t 检验			高低分组	平均值	标准差
		t	p	均值差			
信息技术氛围领导力	FW1	−10.82	0	−1.14	1	1.73	0.58
					2	2.86	0.72
	FW2	−7.8	0	−0.81	1	1.74	0.56
					2	2.55	0.73
	FW3	−8.63	0	−0.86	1	1.68	0.54
					2	2.55	0.71
	FW4	−8.78	0	−0.96	1	1.73	0.58
					2	2.68	0.77
	FW5	−12.3	0	−1.33	1	1.95	0.71
					2	3.29	0.60
	FW6	−11.18	0	−1.16	1	1.74	0.49
					2	2.89	0.79
	FW7	−11.29	0	−1.38	1	1.94	0.67
					2	3.32	0.84
	FW8	−14.1	0	−1.47	1	1.88	0.58
					2	3.35	0.71
	FW9	−12	0	−1.33	1	1.86	0.57
					2	3.20	0.81

注：高低分组中 1 代表低分组，2 代表高分组；p 值显著（p < 0.05），表示每个题目都要保留。

（三）因素分析

因素分析的目的主要是建构问卷的"结构效度"，采用因素分析可抽取变量间的共同因素，较少的构念代表原较为复杂的数据结构。[①] 在量表发展阶段，一般通过探索因子分析中题项载荷因子来评价量表区分效度。在因子分析中筛选题项的标准有 3 个：第一，一个题自成一个因子时，则予以删除，因为其没

---

① 吴明隆．问卷统计分析实务——SPSS 操作与应用［M］．重庆：重庆大学出版社，2009：194.

有内部一致性；第二，每个题项所属因子的负荷量必须大于 0.5（有些学者认为是 0.4），则认为具有收敛效度，否则删除；第三，每一个题项所对应的因子负荷必须接近于 1，但在其他成分的因子载荷必须接近于 0，这样才具有区分效度，所以若该题项所有因子的负荷量都小于 0.5，或在两个以上因子上是大于 0.5，也就是横跨两个因子，则删除此题。此外，若出现因素归属与原假设不一致题项，则删除。①

利用探索因子分析查看教师信息技术领导力四个维度的因子载荷与成分结构是否清晰。

第一次探索因子分析，JX1、JX2 自成一个因子，且 JX1 载荷较低，为 0.52，故相继删除 JX1、JX2；此外 KC1、KC3、FW2、ZY1，载荷因子低于 0.5，不具有收敛效度，多次探索，最终予以全部删除。②

第二次探索因子分析，KC6、FW8 在两个因子结构上载荷都大于 0.5，横跨两个因子，不具有区分效度，故而删除。

第三次探索因子分析，ZY4 载荷因子低于 0.5，收敛效度较差；而 FW3 在两个因子上的载荷均大于 0.5，结构不清晰，区分效度较差。最终，ZY4、FW3 被逐一删除。

第四次探索因子分析，所有题项载荷均在 0.5 以上，且不存在横跨两个因子的情况，各个题项均落在预设维度之内，表明问卷已经具有较高的区分效度，基本可以投入使用，详见表 3-4。

（四）信度检验

在因素分析之后，为进一步了解问卷的可靠性和稳定性，对问卷进行了信度检验。问卷信度，也称内部一致性，反映的是各题间的相关程度，通常用 Cronbach's Alpha 系数测量，α 系数值越大表示题间的相关性越好，信度越高，也就代表问卷越稳定。根据已有研究所普遍采用标准，若该变量的

---

① Lederer A.L, Sethi V. Guidelines for Strategic Information Planning［J］. Journal of Business Strategy, 1991, 12（6）: 38—43.

② 注：每次仅删除一个题项，删除一个题项后再进行探索因子分析，多次反复操作。

表 3-4　教师信息技术领导力预测试探索因子分析

旋转后的成分矩阵 a					构　面
题项	1	2	3	4	
KC4	0.803				数字化课程领导力
KC7	0.763				
KC2	0.738				
KC8	0.731				
KC9	0.714				
KC5	0.693				
JX7		0.765			信息化教学领导力
JX9		0.754			
JX5		0.748			
JX6		0.712			
JX3		0.661			
JX4		0.577			
FW7			0.746		信息技术氛围领导力
FW5			0.704		
FW9			0.698		
FW6			0.687		
FW1			0.640		
FW4			0.625		
ZY5				0.774	信息技术专业领导力
ZY6				0.720	
ZY2				0.707	
ZY3				0.699	
ZY7				0.681	

注：提取方法：主成分分析法。

　　旋转方法：凯撒正态化最大方差法。

　　a.旋转在 6 次迭代后已收敛。

Cronbach's Alpha 内部一致性值均大于 0.6 才保留 [1]，同时，若发现将某一题目删除后反而会显著提高内部一致性，则该题亦删除不用。

通过项目分析和因素分析之后，按照问卷发展流程，一些鉴别力低且因子结构不清晰的题目会被删除，而最后一步的信度检验，则是对剩余题项再次检验，提高问卷的稳定性。首先，将剩余题项导入 SPSS 进行 Cronbach's Alpha 检验，得到总的 α = 0.949，且每个维度的 α 系数在 0.865—0.907 之间，远大于 0.6 的标准值；其次，各项与总计相关性在 0.629—0.767 之间，均大于 0.5，表明题目具有较高的内在一致性；最后，删除后的 α 系数并没有显著提高，说明所有题目均无需删除，详见表 3-5。

表 3-5　教师信息技术领导力预测试 Cronbach's Alpha 信度检验

题项	删除项后的标度平均值	删除项后的标度方差	修正后的项与总计相关性	删除项后的Cronbach's Alpha	Cronbach's Alpha
KC2	13.379	14.915	0.709	0.886	
KC4	13.740	14.760	0.733	0.882	
KC5	13.944	15.620	0.701	0.887	0.900
KC7	13.755	15.111	0.754	0.879	
KC8	13.729	15.034	0.728	0.883	
KC9	13.963	15.282	0.752	0.879	
JX3	11.717	10.174	0.699	0.881	
JX4	11.625	9.795	0.671	0.887	
JX5	11.680	9.771	0.756	0.873	0.896
JX6	11.784	9.983	0.726	0.877	
JX7	11.762	9.869	0.739	0.875	
JX9	11.599	9.614	0.737	0.875	
ZY2	8.134	4.863	0.683	0.839	
ZY3	8.361	5.567	0.629	0.850	
ZY5	8.476	5.691	0.646	0.847	0.865
ZY6	8.167	4.938	0.723	0.826	
ZY7	8.156	4.826	0.766	0.815	

[1]　Nunnally JC. Psychometric Theory 2nded［M］. New York: McGraw Hill, 1978: 3—10.

（续表）

题项	删除项后的标度平均值	删除项后的标度方差	修正后的项与总计相关性	删除项后的Cronbach's Alpha	Cronbach's Alpha
FW1	11.896	13.422	0.729	0.892	
FW4	11.959	13.554	0.703	0.896	
FW5	11.513	12.900	0.765	0.887	0.907
FW6	11.862	13.552	0.750	0.890	
FW7	11.524	12.444	0.753	0.890	
FW9	11.654	12.712	0.767	0.887	

（五）形成正式量表

经过项目分析，所有题项 T 值与 P 值均在标准范围之内，所有题项均予以保留；经过多次探索因子分析，JX1、JX2、KC1、KC3、FW2、ZY1、KC6、FW8、ZY4、FW3 等题项存在载荷因子较低、因子结构不清晰等问题，故予以删除；将剩余题项进行信度检验，各维度 Cronbach's Alpha 均在标准范围之内，删除后的 α 系数并没有显著提高，说明所有题项均无需删除。经过研究者逐个核验剩余题项以及其形成的问卷结构，尚能满足研究需要，故而形成正式量表，可作为后续研究之用，详见附录 1。

第二节　数据洞察：正式施测与量表应用的深度分析

为了能够使数据更具有代表性，在问卷发放时特别关注了三点：第一，兼顾东、中、西部地区，同时考虑到南北的差异，尽量在全国范围内做到分布广泛；第二，兼顾城乡分布，直辖市、大城市、中等城市、小城市、县城、乡村均有涉及；第三，兼顾高中、初中和小学三个学段，尽量做到学段上分布均匀。鉴于以上三点，调研选择了北京、上海、广州、厦门、浙江、江苏、河北、河南、湖北、安徽、甘肃、西藏、广西、四川、新疆、青海等 10 多个省市的中小学教师进行问卷发放。数据收集采用网络填写与纸质填写相结合的方式，以网络填写为主，纸质填写为辅，共收集问卷1802份，经数据清洗后，得到真实有效问卷1596份，有效率为88.6%。

本书采用结构方程模型分析法，结构方程模型是大样本的统计分析，取样样本越多，则统计分析的稳定性与各项指标的适应性也就越佳，问卷项目数和样本数的比例至少在1:10—1:15之间①，这也符合相关统计的首要规则，亦即每一个观察变量至少10个样本，或者20个样本②。按此要求，教师信息技术领导力正式量表项目数为23，所需样本量应230—345之间，此次得到真实有效问卷1596份，远大于此，符合结构方程模型对样本量的要求。

正式样本的详细情况如表3-6所示，男女样本比例47.9:52.1，基本满足1:1比例要求；地域分布，中部居多，西、中、东的比例29.3:41.6:29.1，中部地区人口众多，故所占比例略大，满足调研要求；城区学校与乡村学校的比例，也54.8:45.2，基本满足1:1比例要求；老、中、青三代比例10.7:56.5:32.8，满足中青年教师使用信息技术教学者居多的实际情况；小、初、高三个学段比例44.4:29.4:26.3，满足实践中小学居多高中居少的实际情况。

表3-6 正式量表抽样样本分布状况（N = 1596）

题项	选项	频率	百分比（%）	有效百分比（%）	累计百分比（%）
性别	男	765	47.9	47.9	47.9
	女	831	52.1	52.1	100.0
地域	西部	467	29.3	29.3	29.3
	中部	664	41.6	41.6	70.9
	东部	465	29.1	29.1	100.0
城村	城区学校	875	54.8	54.8	54.8
	农村学校	721	45.2	45.2	100.0

---

① Thompson, B. Ten Commandments of Structural Equation Modeling. In L. Grimm, & P. Yarnold（Eds.），Reading and Understanding More Multivariate Statistics［M］. Washington DC: American Psychological Association. 2000, 261—284.

② 吴明隆. 结构方程模型——AMOS 操作与应用［M］. 重庆：重庆大学出版社，2009：5.

（续表）

题项	选项	频率	百分比（%）	有效百分比（%）	累计百分比（%）
年龄	20—35	524	32.8	32.8	32.8
	35—50	901	56.5	56.5	89.3
	50岁及以上	171	10.7	10.7	100.0
学段	小学	708	44.4	44.4	44.4
	初中	469	29.4	29.4	73.7
	高中	419	26.3	26.3	100.0
	总计	1596	100.0	100.0	

调研样本在学科分布上，语数外等学科教师占据半数以上（响应百分比54.0%，个案百分比59.3%），理化生政史地等学科教师的个案百分比为25.9%，音体美等学科教师个案百分比为5.4%，信息技术教师个案百分比为11.7%，详见表3-7。此外，关于下表中"其他"学科的说明，这些样本，有一部分曾当过教师，现在为行政领导；有一些是当地学校特设学科，未隶属表中任何学科。

表3-7　正式量表样本学科分布状况（N = 1596）

学　科	响应次数	响应百分比（%）	个案百分比（%）
信息技术	187	10.7	11.7
语数外	946	54.0	59.3
音体美	95	5.4	6.0
理化生政史地	413	23.6	25.9
其他	111	6.3	7.0
总计	1752	100.0	109.8

注：此题是多项选择题，统计时采用多重响应分析的统计方法，故统计结果分别按相应百分比与个案百分比进行呈现，其中响应百分比 = 选项响应次数 / 总响应次数，个案百分比 = 选项响应次数 / 样本量，故个案百分累计相加会出现大于 1 的情况。

为了检验问卷的结构效度，需进一步采用探索性因子分析对大样本数据进行结构探索。分析结果表明，KMO 值为 0.956，Bartlett 球形检验的 χ^2 值为 24283.758，p < 0.001，表明在 p < 0.001 的置信水平上有显著性差异，

KMO > 0.9 表示题项变量间的关系是极佳的，研究数据极适合进行下一步的因子分析①，详见表3-8。

表3-8 正式量表KMO和巴特利特检验

KMO 和巴特利特检验		
KMO 取样适切性量数		0.956
巴特利特球形度检验	近似卡方	24283.758
	自由度	253
	显著性	0.000

基于特征值大于1，以最大方差法旋转和主成分分析法进行因子结构萃取与探索，旋转在6次迭代后已收敛，得如表3-9所示的分析结果，在被提取的4个共同因子中，所有题项的因子载荷均大于0.60；累积解释变量为67.456%，高于60%的标准。

表3-9 正式量表因子分析结果摘要表（N = 1596）

维度	题项	成分 1	成分 2	成分 3	成分 4
数字化课程领导力	KC7	0.769			
	KC4	0.759			
	KC8	0.748			
	KC9	0.736			
	KC5	0.734			
	KC2	0.696			
信息技术氛围领导力	FW7		0.740		
	FW9		0.733		
	FW5		0.731		
	FW6		0.706		
	FW1		0.686		
	FW4		0.675		

① 吴明隆.问卷统计分析实务——SPSS 操作与应用［M］.重庆：重庆大学出版社，2010：208.

（续表）

维度	题项	成分 1	成分 2	成分 3	成分 4
信息化教学领导力	JX6			0.764	
	JX7			0.763	
	JX5			0.760	
	JX9			0.710	
	JX3			0.653	
	JX4			0.616	
信息技术专业引领力	ZY5				0.756
	ZY3				0.754
	ZY2				0.726
	ZY6				0.664
	ZY7		0.451		0.606

注：关于 ZY7，该题项存在轻微的因子交叉载荷现象，在两个因子上的载荷都超过了 0.4，但在"成分 4"的载荷远高于在"成分 2"上的载荷，综合考察题项描述，更适合于归类到"成分 4"。

教师信息技术领导力量表各维度以及整体的 Cronbach's Alpha 系数在 0.863—0.905 之间，折半系数在 0.795—0.887 之间，表明本问卷所使用的量表具有较高的内部一致性，详见表 3-10。

表 3-10　正式量表的信度统计情况（N = 1596）

维　　度	Cronbach's Alpha	折半系数	题项
数字化课程领导力	0.905	0.877	6
信息技术氛围领导力	0.904	0.887	6
信息化教学领导力	0.898	0.877	6
信息技术专业引领力	0.863	0.795	5
指标整体	0.950	0.860	23

综上，探索性因子分析结果显示，题项均落在了预定结构维度之内，与量表设定的结构相符合，也初步用实践数据印证了上述有关教师信息技术领导力结构划分的合理性。量表各维度以及整体的 Cronbach's Alpha 系数与折半系

数均较高，表明本问卷所使用的量表具有较高的内部一致性，可以作为后续研究之用。

第三节　结构解码：一阶四因素斜交模型的实证检验

结构方程模型基本上是一种验证性的方法，必须有理论或经验法则支持，在理论引导的前提下才能建构假设模型图。即使是模型的修正，也必须依据相关理论而来，它特别强调理论的合理性。[①] 本研究运用扎根理论研究法已经形成了理论结构，即教师信息技术领导力包含四个构成要素，故可以利用结构方程模型验证该理论是否能够得到实际调研数据的支持。

根据教师信息技术领导力内涵推演过程中确定下来的理论，教师信息技术领导力由数字化课程领导力、信息技术氛围领导力、信息化教学领导力、信息技术专业引领力等构成，据此绘制教师信息技术领导力四因素结构模型，此外，在预调研的过程中，本研究发现教师信息技术领导力的四个构成要素存在相关性，故绘制一阶有相关的四因素斜交模型图，具体如图 3-1。

极大似然法（ML）是使用最为广泛的结构模型估计方法，在大样本且假设观察数据符合多变量正态性，使用极大似然法（ML）最为合适[②]，本次收集样本 1596 份，属于大样本，且样本数据符合多变量正态性，故采用极大似然法（ML）进行估计，模型可以收敛识别，图 3-2 为标准化估计值模型图。

"违犯估计"检验，在评鉴模型拟合度之前，必须检查"违犯估计"（offending estimates），来检验估计系数是否超出可接受的范围。[③] "违犯估计"检验，主要指参数的显著性检验（C.R. > 2，p < 0.05）和合理性检验（参数估

①② 　吴明隆 . 结构方程模型——AMOS 操作与应用［M］. 重庆：重庆大学出版社，2009：2，24.

③ 　荣泰生 .AMOS 与研究方法［M］. 重庆：重庆大学出版社 .2009：118—119.

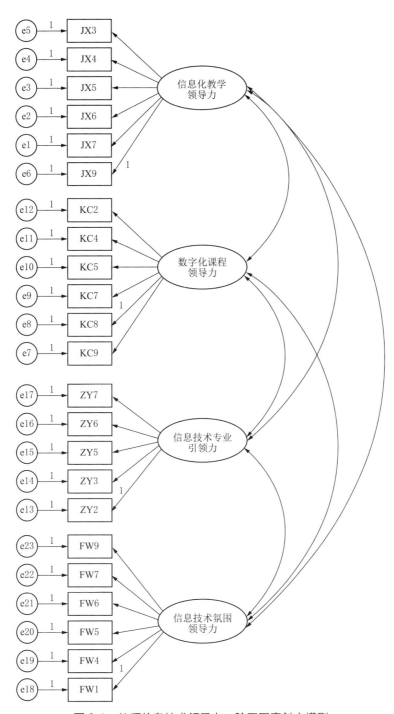

图 3-1　教师信息技术领导力一阶四因素斜交模型

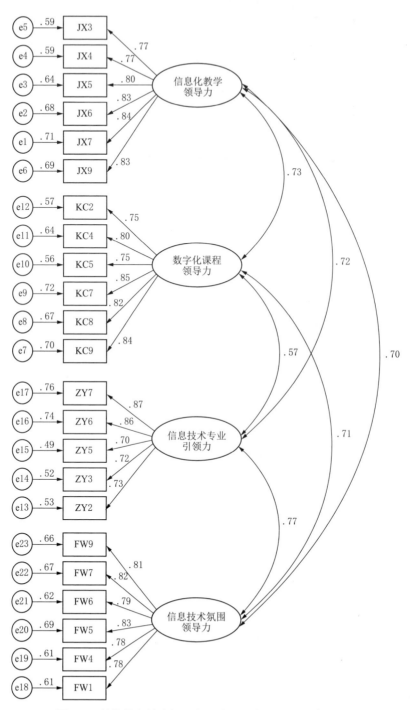

图 3-2　教师信息技术领导力一阶四因素斜交模型（STD）

计的方差、标准误差要大于 0，标准化路径系数不能超过或太接近于 1 等）。①
通过图 3-2 以及输出结果（见表 3-11）的检查，未发现负数误差变异量，因子
负荷在 0.70—0.87 之间（符合因子载荷的理想值 > 0.7），且因子载荷未有过高
值（接近 1），没有很大的标准误（标准误 SE 在 0.02—0.04 之间），且临界值
C.R. 在 25.60—38.93 之间，均大于 2，p 值均小于 0.001，值"违犯估计"的
检验结果均已通过，详见表 3-12。综合表 3-11 与表 3-12 的各项指标显示教师
信息技术领导力一阶四因素模型的基本适配指标均达到检验标准，表示估计结
果的基本适配指标良好，没有违反模型辨认规则。

表 3-11　模型参数估计摘要表

路　　径			UNSTD	S.E.	C.R.	p	STD
JX7	<---	信息化教学领导力	0.95	0.03	38.93	***	0.84
JX6	<---	信息化教学领导力	0.92	0.03	32.94	***	0.83
JX5	<---	信息化教学领导力	0.97	0.03	34.87	***	0.80
JX4	<---	信息化教学领导力	1.00	0.03	29.79	***	0.77
JX3	<---	信息化教学领导力	0.89	0.03	32.08	***	0.77
KC7	<---	数字化课程领导力	1.01	0.03	37.44	***	0.85
KC5	<---	数字化课程领导力	0.84	0.03	30.66	***	0.75
KC4	<---	数字化课程领导力	0.97	0.03	33.51	***	0.80
KC2	<---	数字化课程领导力	0.95	0.03	30.63	***	0.75
ZY2	<---	信息技术专业引领力	1.00	—	—	—	0.73
ZY3	<---	信息技术专业引领力	0.84	0.03	28.29	***	0.72
ZY5	<---	信息技术专业引领力	0.75	0.03	25.60	***	0.70
ZY6	<---	信息技术专业引领力	1.16	0.04	29.16	***	0.86
FW1	<---	信息技术氛围领导力	1.00	—	—	—	0.78
FW4	<---	信息技术氛围领导力	0.98	0.03	33.93	***	0.78
FW5	<---	信息技术氛围领导力	1.16	0.04	33.19	***	0.83

---

① 尹睿，徐欢云 . 在线学习投入结构模型构建——基于结构方程模型的实证分析［J］. 开
放教育研究，2017，23（4）：101—111.

（续表）

路　　径			UNSTD	S.E.	C.R.	p	STD
FW6	<---	信息技术氛围领导力	1.02	0.03	31.24	***	0.79
FW7	<---	信息技术氛围领导力	1.25	0.04	31.38	***	0.82
KC8	<---	数字化课程领导力	1.00	—	—	—	0.82
FW9	<---	信息技术氛围领导力	1.11	0.04	30.90	***	0.81
ZY7	<---	信息技术专业引领力	1.17	0.04	28.48	***	0.87
JX9	<---	信息化教学领导力	1.00	—	—	—	0.83
KC9	<---	数字化课程领导力	0.94	0.02	38.69	***	0.84

注：*** 表示 $p < 0.001$，** 表示 $p < 0.01$，* 表示 $p < 0.05$；UNSTD = 非标准化系数，STD = 标准化系数，C.R. = 临界比（相当于 T 值），S.E. = 估计参数的标准误。

表 3-12　违犯估计检验摘要表

评价项目	检验结果数据	模型适配判断
是否没有负的误差变异项	均为正数	是
因子负荷量是否介于 0.5—0.95 之间	0.70—0.87	是
是否没有很大标准误	0.02—0.04	是

模型整体配适度检验，一般通过绝对配适指数、增值配适度指数和简约配适度指数来观察整体配适度。重点观测卡方 / 自由度（χ^2/df）、近似误差均方根（RMSEA）和拟合优度指数（GFI）等拟合指标，由表 3-13 可知，除 χ^2/df 外，其余指标均已达到推荐值。$\chi^2/df < 3$，被认为是比较合适的拟合指数，但是 χ^2 对样本量非常敏感，使用真实世界的数据评价理论模型时，χ^2 统计通常的实质帮助作用不大，因为 χ^2 值受估计参数和样本数影响很大。[1][2] 本书样本量 1596，属于大样本，故 χ^2/df 只能作为参考指标考虑，并不能直接决定绝对模型优劣，还需要考虑其他指标进行综合判断。综合考量绝对适配指标、增值适配指标以及简约适配指标，除 χ^2/df 之外，所有适配指标值均达模型可接受

---

[1]　Iacobucci D. Structural equations modeling; Fit indices, sample size, and advanced topics [J]. Journal of Consumer Psychology, 2010, 20（1）: 91.

[2]　吴明隆 . 结构方程模型——AMOS 操作与应用 [M]. 重庆：重庆大学出版社，2009：41.

的标准，表示模型的外在质量较佳，模型与实际观察数据的适配情形良好。

表 3-13　整体模型配适度检验摘要表

统计检验量		适配的标准或临界值	检验结果数据	模型适配判断
绝对适配度指标	χ^2/df	<3	5.516	否
	GFI	> 0.90	0.933	是
	AGFI	> 0.90	0.917	是
	RMR	<0.05	0.024	是
	RMSEA	<0.08	0.053	是
增值适配度指标	NFI	> 0.90	0.935	是
	RFI	> 0.90	0.926	是
	IFI	> 0.90	0.943	是
	TLI	> 0.90	0.936	是
	CFI	> 0.90	0.943	是
简约适配度指标	PGFI	> 0.50	0.739	是
	PCFI	> 0.50	0.831	是
	PNFI	> 0.50	0.824	是

　　模型内在质量检验，主要检验题项信度系数、组合信度与结构效度，如表 3-14 和表 3-15 所示，各项指标均已达到要求。首先，信度系数 = 1 − 因子载荷量^2，因此，因子载荷量若高于 0.7，则信度系数大于 0.5；本研究各题项信度系数在 0.510—0.757 之间，满足信度系数大于 0.5 的要求[①]。其次，组合信度（Composite Reliability），又称 CR，是指由多个变量而生成的新变量的信度；在因素分析中以 Cronbach's Alpha 系数作为各构念或各层面的信度系数，而结构方程模型分析中，则以组合信度作为模型潜在变量的信度系数[②]；本研究的组合信度在 0.884—0.918 之间，满足不低于 0.7 的衡量标准[③]。最后，收敛效

①② 吴明隆.结构方程模型——AMOS 操作与应用［M］.重庆：重庆大学出版社，2009：237，227.

③ Bagozzi R P. Evaluating Structural Equation Models with Unobservable Variables and Measurement Error: A Comment［J］.Journal of Marketing Research, 1981, 18（3）: 375—381.

度和区分效度共同反映结构效度。平均变异数萃取量（AVE）是与组合信度类似的指标，是反映收敛效度的一种有效指标，是潜在变量可以解释其题项变异量的比值，其数值愈大，表示题项愈能有效反映其共同因素构念的潜在特质。[1] 本研究各个维度的平均变异数萃取量（AVE）在 0.606—0.651 之间，满足大于 0.5 的衡量标准[2]，表明模型具有较好的收敛效度。此外，如下 3-15 所示，四个潜在变量（FW = 教师信息技术氛围领导力，ZY = 教师信息技术专业引领力，KC = 教师数字化课程领导力，JX = 教师信息化教学领导力）的 $\sqrt{AVE}$（表 3-15 对角线加粗数字）均大于相应行列非对角线上的值（皮尔森相关系数），说明量表具有较好的区分效度。[3] 综合而言，题项信度系数、组合信度以及结构效度皆达到标准，说明模型的内在质量较为理想。

表 3-14　模型信度系数、测量误差、组合信度与平均变异数萃取量

测量指标	因子载荷量	信度系数	测量误差	收敛效度[4]	
				CR	AVE
JX9	0.829	0.687	0.313		
JX7	0.844	0.712	0.288		
JX6	0.826	0.682	0.318	0.918	0.651
JX5	0.801	0.642	0.358		
JX4	0.771	0.594	0.406		
JX3	0.767	0.588	0.412		

---

[1]　吴明隆.结构方程模型——AMOS 操作与应用［M］.重庆：重庆大学出版社，2009：227—228.

[2][3]　Fornell, C. and Larcker, D.F. Structural Equation Models with Unobservable Variables and Measurement Error: Algebra and Statistics［J］. Journal of Marketing Research, 1981（18）：382—388, 39—50.

[4]　因平均变异数萃取量（AVE）与组合信度同属类似指标，故经常用组合信度和平均变异数萃取量共同反映收敛效度。

（续表）

测量指标	因子载荷量	信度系数	测量误差	收敛效度	
				CR	AVE
KC7	0.846	0.716	0.284		
KC5	0.750	0.563	0.438		
KC4	0.798	0.637	0.363	0.915	0.643
KC2	0.753	0.567	0.433		
KC8	0.821	0.674	0.326		
KC9	0.836	0.699	0.301		
FW1	0.780	0.608	0.392		
FW4	0.781	0.610	0.390		
FW5	0.831	0.691	0.309	0.915	0.643
FW6	0.785	0.616	0.384		
FW7	0.821	0.674	0.326		
FW9	0.812	0.659	0.341		
ZY2	0.728	0.530	0.470		
ZY3	0.719	0.517	0.483		
ZY5	0.700	0.510	0.490	0.884	0.606
ZY6	0.861	0.741	0.259		
ZY7	0.870	0.757	0.243		

注：CR = 组合信度，AVE = 平均变异数萃取量。

表 3-15　模型区分效度表

	FW	ZY	KC	JX
FW	**0.80**			
ZY	0.77	**0.78**		
KC	0.71	0.57	**0.80**	
JX	0.70	0.72	0.73	**0.81**

注：上表对角线加粗数字为 $\sqrt{AVE}$；下三角为皮尔森相关系数；FW = 教师信息技术氛围领导力，ZY = 教师信息技术专业引领力，KC = 教师数字化课程领导力，JX = 教师信息化教学领导力。

综上，教师信息技术领导力一阶四因素斜交模型，通过了"违犯估计"检验，表示估计结果的基本配适指标良好，没有违反模型辨认规则；在整体模型适配度检验方面，绝对配适指数、增值配适度指数和简约配适度指数均达到了模型可接受的标准，表明模型的外在质量较高。此外，模型题项信度系数、组合信度以及结构效度皆达到标准，表明模型具有较高的内在质量。从"违犯估计"检验、各项拟合指标反映的模型外在质量、信度和效度反映的模型内在质量等，表明教师信息技术领导力一阶四因素斜交模型与实际观察数据的适配情况良好，同时说明教师信息技术领导力四要素结构模型的科学性和合理性。

第四节　高阶构建：二阶模型验证与理论架构的完善

二阶验证性分析模型是一阶验证性分析模型的特例，若二阶模型能够成立的话，则能够使模型更加简洁与精练。笔者之所以会提出二阶验证性分析模型，乃是在一阶验证性分析模型中发现原先的一阶因素构念之间有中高度的关联程度，且一阶验证性分析模型与样本数据可以适配，此时笔者可进一步假定一阶潜变量在测量更高阶的因子构念，即原先的一阶因素构念均受一个较高阶潜在特质的影响，也可说某一高阶结构可以解释所有的一阶因素构念。[①]

如上所述，一阶四因素斜交模型验证分析过程中，研究者发现潜在变量之间存在中高度关联程度，两两相关系数分别为 0.73、0.72、0.70、0.71、0.77、0.58，且一阶四因素斜交模型与样本数据可以适配，此时笔者可以进一步假定四个一阶因子在测量更高一阶的因子概念，即原先的一阶四因子均受到一个较高阶潜在特质的影响，也可说某一高阶结构可以解释所有一阶因子。

第一，绘制二阶验证性因子分析模型图，如图 3-3，将调研数据导入，进行运算估计，模型可以顺利收敛识别。非标准化估计值未出现负的误差变

---

① 吴明隆.结构方程模型——AMOS 操作与应用 [M].重庆：重庆大学出版社，2009：246.

异，表示模型界定没有问题。标准化估计值，四个一阶因子载荷分别为 0.87、0.83、0.86、0.89，四个一阶因子的信度指标值分别为 0.76、0.68、0.74、0.78，说明"教师信息技术领导力"这个二阶因子对四个一阶因子的解释力均很高。

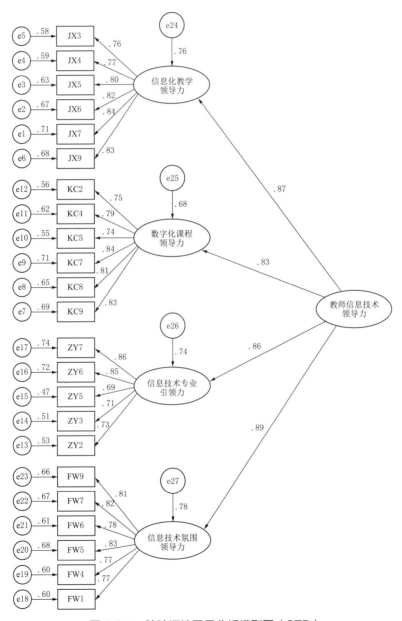

图 3-3　二阶验证性因子分析模型图（STD）

第二，"违犯估计"检验，通过图 3-3 以及输出结果（见表 3-16）的检查，未发现负数误差变异量；因子负荷在 0.69—0.872 之间（极近因子载荷理想值 > 0.7），且因子载荷未有过高值（接近 1）；没有很大的标准误（标准误 SE 在 0.025—0.043 之间）；且临界值 C.R. 在 22.849—38.633 之间，均大于 2；p 值均小于 0.001；值"违犯估计"的结果均已通过检验。

表 3-16　二阶模型参数估计摘要表

路　径		UNSTD	S.E.	C.R.	p	STD
信息化教学领导力	<--- 教师信息技术领导力	1	—	—	—	**0.872**
数字化课程领导力	<--- 教师信息技术领导力	1.12	0.043	25.857	***	**0.826**
信息技术专业引领力	<--- 教师信息技术领导力	0.858	0.038	22.849	***	**0.861**
信息技术氛围领导力	<--- 教师信息技术领导力	0.96	0.039	24.414	***	**0.886**
JX7	<--- 信息化教学领导力	0.957	0.025	38.633	***	0.843
JX6	<--- 信息化教学领导力	0.914	0.028	32.53	***	0.821
JX5	<--- 信息化教学领导力	0.964	0.028	34.473	***	0.797
JX4	<--- 信息化教学领导力	1.002	0.034	29.599	***	0.77
JX3	<--- 信息化教学领导力	0.882	0.028	31.749	***	0.764
KC7	<--- 数字化课程领导力	1.027	0.029	35.974	***	0.84
KC5	<--- 数字化课程领导力	0.853	0.029	29.527	***	0.743
KC4	<--- 数字化课程领导力	0.97	0.03	31.963	***	0.787
KC2	<--- 数字化课程领导力	0.968	0.033	29.506	***	0.745
ZY2	<--- 信息技术专业引领力	1	—	—	—	0.73
ZY3	<--- 信息技术专业引领力	0.825	0.03	27.899	***	0.715
ZY5	<--- 信息技术专业引领力	0.719	0.029	25.007	***	0.686
ZY6	<--- 信息技术专业引领力	1.11	0.039	28.649	***	0.851
FW1	<--- 信息技术氛围领导力	1	—	—	—	0.772
FW4	<--- 信息技术氛围领导力	0.982	0.03	33.121	***	0.773
FW5	<--- 信息技术氛围领导力	1.157	0.036	32.379	***	0.826

（续表）

	路　径		UNSTD	S.E.	C.R.	p	STD
FW6	<---	信息技术氛围领导力	1.043	0.034	30.764	***	0.784
FW7	<---	信息技术氛围领导力	1.268	0.041	30.796	***	0.819
KC8	<---	数字化课程领导力	1	—	—	—	0.809
FW9	<---	信息技术氛围领导力	1.146	0.038	30.541	***	0.813
ZY7	<---	信息技术专业引领力	1.111	0.04	27.994	***	0.862
JX9	<---	信息化教学领导力	1	—	—	—	0.827
KC9	<---	数字化课程领导力	0.969	0.026	37.276	***	0.832

注：*** 表示 $p < 0.001$，** 表示 $p < 0.01$，* 表示 $p < 0.05$；UNSTD = 非标准化系数，STD = 标准化系数，C.R. = 临界比（相当于 T 值），S.E. = 估计参数的标准误。

第三，模型整体适配度检验，如表 3-17，相比一阶四因素斜交模型，除了简约适配度指标略有优化（PGFI、PCFI、PNFI 指标皆有小幅度提升），其他大部分指标则未出现优化现象，反而出现指标下滑的情况（如 χ^2/df、RMSEA、RMR、NFI、RFI、IFI、TLI、CFI 等）。理论上讲，二阶模型拟合指数往往会比一阶模型稍差，根据目标系数（一阶斜交模型 χ^2/ 二阶模型 χ^2）越接近 1，二阶模型就越符合理论模型的要求[①]，本研究的目标系数为 0.90，接近 1，表明说明二阶模型较为优秀。

表 3-17　一阶模型与二阶模型拟合指数对比表

统计检验量		适配的标准或临界值	一阶检验结果	模型适配判断	二阶检验结果	模型适配判断
绝对适配度指标	χ^2/df	< 3	5.516	否	6.336	否
	GFI	> 0.90	0.915	是	0.922	是
	AGFI	> 0.90	0.894	是	0.905	是
	RMR	<0.05	0.024	是	0.042	是
	RMSEA	<0.08	0.053	是	0.058	是

---

① Marsh, Herbert W, Hocevar, Dennis. Application of confirmatory factor analysis to the study of self-concept: First and higher order factor models and their invariance across groups [J]. Psychological Bulletin, 97（3）: 562—582.

（续表）

统计检验量		适配的标准或临界值	一阶检验结果	模型适配判断	二阶检验结果	模型适配判断
增值适配度指标	NFI	> 0.90	0.935	是	0.923	是
	RFI	> 0.90	0.926	是	0.914	是
	IFI	> 0.90	0.943	是	0.932	是
	TLI	> 0.90	0.936	是	0.923	是
	CFI	> 0.90	0.943	是	0.932	是
简约适配度指标	PGFI	> 0.50	0.739	是	0.755	是
	PCFI	> 0.50	0.831	是	0.832	是
	PNFI	> 0.50	0.824	是	0.825	是

目标系数 $=$ 一阶斜交模型 χ^2 / 二阶模型 $\chi^2 = 1284.76/1431.83 = 0.90$

第四，模型内在质量检验，着重观测组合信度与平均变异数萃取量（AVE）。本研究各个维度的 AVE（平均变异数萃取量）在 0.596—0.742 之间，且组合信度在 0.88—0.92 之间（详见下表 3-18），根据 AVE 标准值大于 0.5[1] 和 CR 组合信度不低于 0.7[2] 的衡量标准，表明二阶模型具有较高的收敛效度；虽然，测量指标 ZY5 的信度系数同一阶验证时一样，未达 0.5 的标准，仅说明测量指标的测量误差项之间并非完全独立无关联，对本研究并不会造成影响。整体而言，模型的内在质量尚称理想。

表 3-18　二阶模型信度系数、组合信度与平均变异数萃取量

维　度	测量指标	因子载荷	SMC	1-SMC	CR	AVE
信息化教学领导力	JX9	0.827	0.684	0.316		
	JX7	0.843	0.711	0.289	0.916	0.647
	JX6	0.821	0.674	0.326		

---

[1]　Fornell, C. and Larcker, D.F. Structural Equation Models with Unobservable Variables and Measurement Error: Algebra and Statistics. Journal of Marketing Research, 1981（18）: 382—388.

[2]　Bagozzi R P. Evaluating Structural Equation Models with Unobservable Variables and Measurement Error: A Comment［J］. Journal of Marketing Research, 1981, 18（3）: 375—381.

（续表）

维　度	测量指标	因子载荷	SMC	1-SMC	CR	AVE
信息化教学领导力	JX5	0.797	0.635	0.365	0.916	0.647
	JX4	0.77	0.593	0.407		
	JX3	0.764	0.584	0.416		
数字化课程领导力	KC7	0.84	0.706	0.294	0.911	0.63
	KC5	0.743	0.552	0.448		
	KC4	0.787	0.619	0.381		
	KC2	0.745	0.555	0.445		
	KC8	0.809	0.654	0.346		
	KC9	0.832	0.692	0.308		
信息技术氛围领导力	FW1	0.772	0.596	0.404	0.913	0.637
	FW4	0.773	0.598	0.402		
	FW5	0.826	0.682	0.318		
	FW6	0.784	0.615	0.385		
	FW7	0.819	0.671	0.329		
	FW9	0.813	0.661	0.339		
信息技术专业引领力	ZY2	0.73	0.533	0.467	0.88	0.596
	ZY3	0.715	0.511	0.489		
	ZY5	0.686	0.471	0.529		
	ZY6	0.851	0.724	0.276		
	ZY7	0.862	0.743	0.257		
教师信息技术领导力	信息化教学领导力	0.872	0.76	0.24	0.92	0.742
	数字化课程领导力	0.826	0.682	0.318		
	信息技术专业引领力	0.861	0.741	0.259		
	信息技术氛围领导力	0.886	0.785	0.215		

注：SMC＝信度系数，1-SMC＝测量误差，CR＝组合信度，AVE＝平均变异数萃取量。

综上，教师信息技术领导力二阶模型，通过了"违犯估计"检验，在整体模型适配度指数皆在可接受范围之内，且本研究的目标系数为 0.90，接近 1，表示笔者提出的高阶模型与实际数据可以契合，二阶理论模型可以被接受。整体而言，教师信息技术领导力二阶模型与实际观察数据的适配情况良好，即模型的内在质量佳，测量模型的收敛效度佳。通过一阶因子信息化教学领导力、数字化课程领导力、信息技术专业引领力、信息技术氛围领导力的载荷系数、组合信度以及平均变异数萃取量的数值观察，一阶因子在高阶因子的负荷量均非常理想，而且收敛效果甚好，所以一阶四因子之上存在一个高阶因子的猜想得到了证明，这个高阶因子为其命名为"教师信息技术领导力"。

第四章

教师信息技术领导力实践现状分析

本章对调研数据进行分析，既用到问卷调查数据，也会用到访谈资料和案例分析，量化与质性相结合使用，旨在了解现阶段我国中小学教师的信息技术领导力水平与实践现状，包含在性别、年龄、地域、城乡分布、职务、学段等方面的差异情况；同时运用多案例研究归纳总结我国中小学教师的信息技术领导力的多元实践形态。

第一节　教师信息技术领导力的整体状况

本节通过对中小学教师的问卷调查和访谈来呈现教师信息技术领导力发挥的整体现状，采用基本的描述性统计分析法，利用问卷调研数据和访谈数据对教师信息技术领导力总体现状特征进行分析。

一、教师信息技术领导力总体水平较差

在总体层面，1596 名教师的教师信息技术领导力所得的总体平均分为 M = 2.365，标准差 SD = 0.584，其中，高于均分的教师人数为 728 人，占比 45.6%，

低于均分的教师人数为 868 人，占比 54.4%。所有教师在一级维度方面的均分 M、标准差 SD、高于均分的人数 N1、低于均分的人数 N2，详见表 4-1 所示。

表 4-1　教师信息技术领导力整体水平统计及单样本 T 检验（N = 1596）

维　度	M	SD	T	p	N1（高于均分）	N2（低于均分）
总体均分	2.36	0.58	—	—	728（45.6%）	868（54.4%）
信息化教学领导力	2.29	0.64	−4.13	0.00	689（43.2%）	907（56.8%）
数字化课程领导力	**2.72**	0.79	18.35	0.00	730（45.7%）	866（54.3%）
信息技术氛围领导力	2.32	0.71	−2.36	0.02	**765（47.9%）**	831（52.1%）
信息技术专业引领力	2.07	0.59	−19.52	0.00	691（43.3%）	905（56.7%）

注：M = 平均值，SD = 标准差，检验值 = 2.36。

根据李克特五级量表，1 表示与题项实际情况描述"非常不符合"，2 表示"不符合"，3 表示"不一定"，也就是中立态度，4 表示"符合"，5 表示"非常符合"。为了比较准确地理解数据统计背后的含义，更好区分教师信息技术领导力的总体状况，笔者以 0.5 为界限，来显示出数值更加趋向于哪个效标，其中 2.5 为中间值，大于 2.5 则表示正向值（表示教师信息技术领导力发挥较好），小于 2.5 则表示负向值（表示教师信息技术领导力发挥较差）。如表 4-1，教师信息技术领导力整体 M 值为 2.36，小于中间值 2.5，表示教师信息技术领导力整体水平较低，有待提升。此外，值得一提的是，通常来说，问卷填写时，很多人会考虑到自身利害关系（比如自己的短板不想被人知道，问卷内容可能会被领导看到等因素），因此收集上来的数据具有一定"膨大"效应，即调研数据略高于实际情况。在"膨大"效应的影响下，此次问卷调查的 M 值为 2.36，依然未超过中间值，由此可见，教师信息技术领导力在实践中整体水平可见一斑。

根据表 4-1 教师信息技术领导力四维度单样本 T 检验（检验值 = 2.36），结果显示，四个维度 T 值均达显著性（所有 p ≤ 0.05），即四维度与整体平均值（2.36）呈现显著性差异，信息化教学领导力、信息技术氛围领导力、信息技术专业引领力等三个维度显著低于整体平均值，而数字化课程领导力则显著高于整体平均值。

需要注意的是，教师信息技术领导力的四维度在实践中的重要性不同，也就是权重值不同，就像是一只手的五根手指头，长短不一，但各有用途和优点，所以对教师信息技术领导力的四个构成要素的评价和判断仅根据平均值进行比较分析，并不具有太大参考价值。但是，通过高于均分和低于均分的人数比较，如图 4-1，可以直观地发现，参与调查的教师在教师信息技术领导力一阶维度，以及信息化教学领导力、数字化课程领导力、信息技术氛围领导力、信息技术专业引领力等四个二级维度的低分组人数都比高分组人数多。这说明，低分组人数的教师占据多数，我国教师的信息技术领导力亟待提高，与上述分析得出的观点一致。

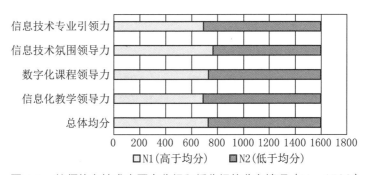

图 4-1　教师信息技术水平高分组和低分组的分布情况（N = 1596）

综上，利用平均值比较、单样本 T 检验以及高低分组人数比较等三种统计方式，得出一致结论：教师信息技术领导力总体均分为 2.36，领导力各维度均分在 2.07—2.72 之间，且其中三个维度低于总体均分，表明我国教师信息技术领导力处于较低水平。教师信息技术领导力四个维度得分的高低排序依次为：数字化课程领导力、信息技术氛围领导力、信息化教学领导力、信息技术专业引领力。

在相关研究中，亦有类似结论，如"我国中小学教师偶尔发挥领导作用，教师领导总体表现水平较低"[1]。从教师信息技术领导力的四个维度的调查结果

① 娄元元.学校发展中的教师领导研究［D］.上海：华东师范大学，2015：129.

可知，其中教师信息化教学领导力、信息技术专业引领力、信息技术氛围领导力等皆低于平均水平，其中教师信息技术专业引领力严重低于平均水平，因此在三个维度皆低于平均水平的情况，教师信息技术领导力的总体水平表现不理想也在所难免。此外，除此之外，笔者深入调查发现校长和教师信息化意识薄弱也是导致教师信息技术领导力总体表现不佳的一个主要原因。

信息化意识薄弱，教师对于应用信息技术辅助教学的意愿不强烈，导致了教师信息技术领导力"土壤的流失"。大多数校长或者教师对信息化教学效果持观望或怀疑态度，不能看到信息技术辅助教学的优越性，也有一部教师排斥信息化教学，因此教师信息技术领导力就失去了赖以生存的土壤，也就谈不上信息技术领导力了。

> 学校的校级领导，很多校长的观念也是比较陈旧，比如一些校长只关心成绩，担心信息化教学会影响学生成绩，因而故步自封，不敢尝试。另外，还有一些校领导，对信息化教学认识不足，看不到信息技术辅助教学的优越性，对教师使用信息技术教学的态度模棱两可，既不支持，也不反对。（S1，教师发展中心主任）

> 在这几年的培训当中，我最深的感受就是这种信息化的这种东西，老师们的观念是最重要的。如果老师认识到这种信息技术的重要性，就会去探索，就会去使用；但是，实际情况却是很多教师还是习惯于原来的"粉笔和黑板"的传统教学方法，不愿走出自己的舒适区。（S2，中心校副校长）

> 想想真的不是敷衍了事作答的，真的是实话实说。我是一个固执的人，骨子里非常排斥语文老师变成放映员一样，语文课就应该有语文老师的文化理解和心得分享。所以除了有些资料外，一般不爱把语文教学制成科技制作片。（N17，普通一线教师）

以上是来自不同身份的访谈者的心声，从三个角度说明了实践中学校领导者和教师对信息技术的态度，不管是什么原因，总之出现了"信息化意识薄弱""信息技术应用意愿不强烈"的情况，从而使得教师信息技术领导力无用武之地，故而调研结果显示教师信息技术领导力总体水平较差。

二、信息技术专业引领略显困难

如表 4-1 所示，教师的信息技术专业引领力 M 值最低，仅 2.07，远低于其他三个维度；高分组人数占比较低，仅 43.3%。这两组数字表明教师在信息技术方面引领同行的能力普遍较弱。

此外，为了更加深入分析教师信息技术引领力的实际情况，笔者将该维度下的 5 个题项进行了描述性统计，这 5 个题项的 M 值分别为 2.20、1.98、1.86、2.16、2.16，均远低于中间值（2.5），其中 ZY3 与 ZY5 的均值甚至低于2，详见表 4-2。

表 4-2　教师信息技术引领力五题项均值与标准差（N = 1596）

	ZY2	ZY3	ZY5	ZY6	ZY7
平均值（M）	2.20	1.98	1.86	2.16	2.16
标准差（SD）	0.791	0.679	0.613	0.783	0.777

"经常运用信息化工具通过自学来更新学科专业知识"，题项 ZY2 调查显示，66.9% 的教师抱否定态度，28.1% 教师的态度中立不定，仅 4.9% 的教师抱肯定态度，详见表 4-3。

"积极寻求提升自己信息技术能力的方法和途径"，题项 ZY3 调查显示，82.1% 的教师抱否定态度，16.2% 教师的态度中立不定，仅 1.8% 的教师抱肯定态度，详见表 4-3。

"有不断提升自身信息化水平的意识，促进自身的专业发展"，题项 ZY5调查显示，89.7% 的教师抱否定态度，9.3% 教师的态度中立不定，仅 1% 的教师抱肯定态度，详见表 4-3。

ZY5、ZY2、ZY3，这三题的综合含义是教师利用信息化思维和手段促进自身专业发展的意识、方法和路径，很显然，调查结果显示，在信息技术领域，追求自身进步的意识不足、动力不足、方法不当，信息技术与学科的融合能力较弱，所以，教师信息技术素养和能力较弱。

表 4-3　教师信息技术引领力五题项描述性统计表（N = 1596）

题　　项	选　项	频率	百分比	累计百分比
ZY2：经常运用信息化工具通过自学来更新学科专业知识	1 非常不同意	294	18.4	18.4
	2 不同意	774	48.5	66.9
	3 不一定	449	28.1	95.1
	4 同意	79	4.90	100
	5 非常同意	0	0	100
ZY3：积极寻求提升自己信息技术能力的方法和途径	1 非常不同意	351	22	22
	2 不同意	959	60.1	82.1
	3 不一定	258	16.2	98.2
	4 同意	25	1.6	99.8
	5 非常同意	3	0.2	100
ZY5：有不断提升自身信息化水平的意识，促进自身的专业发展	1 非常不同意	400	25.1	25.1
	2 不同意	1031	64.6	89.7
	3 不一定	149	9.3	99
	4 同意	13	0.8	99.8
	5 非常同意	3	0.2	100
ZY6：通过自己信息技术教学成就影响其他教师，驱动他们的信息化学习	1 非常不同意	293	18.4	18.4
	2 不同意	830	52	70.4
	3 不一定	400	25.1	95.4
	4 同意	66	4.1	99.6
	5 非常同意	7	0.4	100
ZY7：通过信息技术教学的优越性，带动同事信息技术学习的热情	1 非常不同意	285	17.9	17.9
	2 不同意	849	53.2	71.1
	3 不一定	388	24.3	95.4
	4 同意	67	4.2	99.6
	5 非常同意	7	0.4	100

"通过自己信息技术教学成就影响其他教师，驱动他们的信息化学习"，题项 ZY6 调查显示，70.4% 的教师抱否定态度，20.1% 教师的态度中立不定，仅 4.5% 的教师抱肯定态度，详见表 4-3。

"通过信息技术教学的优越性，带动同事信息技术学习的热情"，题项 ZY7 调查显示，71.1% 的教师抱否定态度，24.3% 教师的态度中立不定，仅 4.6% 的教师抱肯定态度，详见表 4-3。

综上，题项 ZY6、ZY7 调查的内容很相似，即影响、带领、带动其他教师使用信息技术教学的能力，调查结果也十分相似，从数据分析来看，两个题项中否定态度的教师占比都在 70% 以上，分别为 70.4% 与 71.1%，故教师影响、带动、带领其他同行使用信息技术教学在实践中表现并不理想。

结合文献以及访谈数据，本研究认为教师信息技术专业引领略显困难的原因有三个。

第一，信息技术能力有限，心有余而力不足。有最新研究对浙江、河南、宁夏等东、中、西部多个省份的 17015 位中小学教师信息素养现状开展初步调查，发现当前中小学教师存在信息甄别意识较弱、对信息应用现状了解不足、信息技术应用层次较浅、信息化教学创新不够等突出问题。[①] 因而，会出现"我喜欢接受新事物，也喜欢尝试，更愿意帮新事物分享给同事，但是无奈自己非计算机专业出身，信息技术能力有限，指导别人时更是'胆战心惊''惴惴不安'，唯恐出现什么问题（F4，初中英语教师）"。

第二，不愿意引领别人。有一些教师的信息技术能力很强，但是出于"害羞（F12，小学数学教师）""不愿出风头（F4，初中英语教师）""不好意思（F7，高中地理教师）""枪打出头鸟（F5，初中化学教师）""校长不支持（F11，小学信息技术教师）"等原因，不愿意站出来指导、带领、引导其他同行教师。

---

① 吴砥，周驰，陈敏."互联网＋"时代教师信息素养评价研究［J］.中国电化教育，2020（1）：56—63.

第三，不愿意被引领。受传统观念的影响，有一些教师总是在思想上论资排辈，甚至不愿意接受信息技术这些新事物，"当有懂信息技术的年轻教师站出来帮助同行指导信息化教学时，总是遭到他们的抵触，不愿意接受指导和影响，或者是不好意思接受指导（S12，教研室主任）"。

三、信息化决策参与度低

参与决策，是教师领导力的重要方面。[1] 教师参与决策对学校改革有重要作用。[2] 研究表明，当教师参与学校决策时，进行教学变革的可能性就变大。[3] 因此，从学校教育信息化发展的角度来讲，必须调动教师参与学校规划的积极性和主动性，重视教师的参与，将教师的建议纳入重点参考范围，毕竟信息化规划方案最终要由教师具体执行和实施，教师参与决策至少能够保持全校思想统一，能够较快较顺利地推广实施。

有关信息化决策的调查题项分布在各个维度之中，初始问卷设计有5道题反映教师参与学校信息化决策的情况，预测试后仅保留了2道有效题项，分别为JX3（配合学校的信息化教学愿景制定信息化教学计划）与FW7（为学校信息化设备的采购和网络设置提供建议）。

调查结果显示（见表4-4），关于JX3，仅有6.9%（5.6% + 1.3%）的教师能够参与学校信息化教学愿景的构建与规划之中；而关于FW7，仅有17.8%（14.2% + 3.6%）的教师能够为学校信息化设备的采购和网络设置提供建议。由此观之，教师在学校信息化决策方面参与度较低。

---

① ［美］韦恩·K.霍伊，塞西尔·G.米斯克尔著，范国睿译.教育管理学：理论·研究·实践（第七版）[M].北京：教育科学出版社，2007：290.

② Taylor, D. L., & Bogotch, I. E. School-Level Effects of Teacher's Participation in Decision Making [J]. Educational Evaluation and Policy Analysis, 1994, 16（3）: 302—319.

③ Doyle, L. H. Leadership for Community Building: Changing How We Think and Act [J]. The Clearing House: A Journal of Educational Strategies, Issues and Ideas, 2004, 77（5）: 196—201.

表4-4　参与信息化决策相关题项描述性统计表（N = 1596）

题　项	选　项	频　率	百分比	累计百分比
JX3：能够参与到学校信息化教学愿景的构建与规划之中	1 非常不同意	172	10.8	10.8
	2 不同意	997	62.5	**73.2**
	3 不一定	318	19.9	93.2
	4 同意	89	**5.60**	98.7
	5 非常同意	20	**1.30**	100.0
FW7：为学校信息化设备的采购和网络设置提供建议	1 非常不符合	197	12.3	12.3
	2 不符合	711	44.5	**56.9**
	3 说不准	404	25.3	82.2
	4 符合	227	**14.20**	96.4
	5 非常符合	57	**3.6**	100.0

此外，访谈中，很多教师也反映出上述一致的结论。在访谈提纲中有一道"您觉得自己在学校信息化教学和管理中，具有发言权吗？是否参与信息化决策？是怎么参与的？"的题目，将13位优秀的教师信息技术领导者关于此题的描述进行归纳整理，详见表4-5。

其中有6位明确表示"没有发言权"，一位教师还提到"没有太多的发言权，更不能参与信息化决策"。在7位表示"有发言权"的教师中，其中兼职学校行政职位的有4人，还有2位是信息技术学科教师；也就是说，非领导职位的教师参与决策的机会较少，非信息技术学科教师参与决策的机会也较少。

表4-5　教师信息技术领导者关于"决策参与"的观点描述

编号	性别	学科	行政职位	城市	决策参与的文字描述
F1	女	信息技术	信息处主任	嘉兴	在学校信息化教学和管理中基本具有发言权，参与信息化决策，通过与学校领导沟通，大概明确信息化发展方向，然后通过信息处成员讨论，上报学校领导，通过校级领导再次讨论最终形成方案。
F2	女	信息技术	学校中层	杭州	作为学校的信息技术老师，在技术上有一定的建议权，有时也会参与一些决策，比如网络拓扑设计等技术方面，遗憾的是对前沿的接触不够。

（续表）

编号	性别	学科	行政职位	城市	决策参与的文字描述
F3	女	数学	校务办副主任	平湖	在学校信息化教学和管理中，具有发言权，但决策权在领导手里，主要自己觉得技术水平比较差。
F4	男	英语	无	青岛	我不觉得自己有发言权，我主要在自己掌控的课堂中按教学安排使用信息化技术。
F5	男	化学	无	常州	学校想让我当信息办主任，我拒绝了，我只想当好教师，做好我的教学；我只关注我的化学课堂，其他事情不参与，需要什么工具自己花钱，不麻烦学校了。
F6	男	物理	无	宁波	有一定的发言建议权。为校长决策提供建议。
F7	男	地理	无	北京	在学校的信息化教学和管理中，没有太多的发言权，更不能参与信息化决策，但是我经常积极参与信息化教学的实践。
F8	男	数学	无	重庆	没有发言权。
F9	男	信息技术	无	六安	有，更多是学校采购时候决定具体型号种类。
F10	男	数学	副校长	太原	基本上没有发言权，极少时候，校长会象征性地咨询一下关于×××的看法。
F11	男	信息技术	无	嘉兴	还是有一定的发言权的，主要是目前学校的信息化教学和管理人员比较少，本人参加工作年限也不短了。决策权一般都是校领导进行的。
F12	女	数学	无	长春	有吧，因为我爱学习，与时俱进，每个学期学校教科研方面会安排我给全校的老师进行单项的培训。
F13	男	数学	无	许昌	没有发言权；觉得自己在信息技术教学方面有些优势，学校购买设备时从没有征求过我的意见，买回来的设备又不好用。

综上，结合问卷调查和访谈结果显示，教师在学校信息化规划或决策层面的参与度较低，体现在数字化课程规划、信息化教学规划、硬件设备采购、学校整体信息化规划等方面的参与度。

其实，教师决策参与度较低，是国内众多学校普遍存在的现象，如"教师在参与学校事务决策过程中不具有相应影响力"[①]，"教师参与学校决策是教师

---

① 胡继飞，古立新. 我国教师领导力现状及其影响因素的调查研究——以广东省为例[J]. 课程·教材·教法，2012，32（5）：111—116.

领导三个维度中得分均值最低的维度，从数据中我们可以看出教师很少参与学校决策制定"①，"教师参与学校决策的机会不多"②，"很多骨干教师对决策的过程和结果均无从置喙"③。这与国内教师在学校中的定位有关，即强化其对专业的示范引领，淡化其对政策制定的参与。此外，本研究又存在特殊性，毕竟有"信息技术"因素在内，在访谈中，笔者发现教师在学校信息化决策方面参与度较低还存在其他原因。

第一，在较大一部分学校没有制定过信息化发展规划（或尚未开展学校信息化规划工作），故一定会有一部分教师必定不可能参与学校的信息化决策。在某高校一次"CIO 培训班"④ 中，研究者对 58 位学员（校长、副校长、信息化主任）进行了调查，约有 1/2 的学校还未曾有过正规的学校信息化发展规划，即使有，也是小范围的校领导碰头商议性质，普通教师更是无缘参加，由此推测的全国大范围内，可见一斑。

第二，学校领导倾向于求助于外部教育技术公司力量而忽视学校内部教师的力量。"现在外面的在线教育公司发展很快，对国家发布的教育信息化政策反应敏感，而学校则反应很慢，一个信息化政策出台很久了，学校领导还没有听说过。那些教育信息技术公司往往会根据政策倡导而提供产品或者服务，因此有很多教育局也在和教育信息技术企业合作。（S4，教师发展中心副主任）"。而且类似观点，也被其他访谈者提到过，比如 S5、F7 等。在线教育公司（信息技术企业）在国内教育信息化领域走在前端，为众多地市教育局或者学校提供服务。因此，存在一大部分学校在学校信息化决策与发展规划上，求助于外部力量而忽视学校内部教师的力量，从而造成教师参与学校信息化决策的机会减少。

① 娄元元.学校发展中的教师领导研究［D］.上海：华东师范大学，2015：114—115.
② 金建生.中小学教师领导研究［D］.兰州：西北师范大学，2007：65.
③ 王绯烨，洪成文.骨干教师对教师群体的作用和影响——基于教师领导力视角的个案探讨［J］.首都师范大学学报（社会科学版），2019（4）：168—177.
④ CIO，Chief Information Officer，首席信息官，正式出现在 2019 年《中小学教师信息技术应用能力提升工程 2.0》政策文件中，指出"由校领导担任学校首席信息官（CIO），组建由校长领衔、学校相关管理人员构成的学校信息化管理团队"。

四、数字化课程领导力相对突出

如表4-1所示，教师的数字化课程领导力均值为2.72，是唯一一个高出中间值（2.5）的维度，而且远高于其他三个维度的均值，也高于教师信息技术领导力整体的均值（2.36）。由此可以发现，教师在数字化课程领导力这个维度表现突出。

测量量表中反映教师数字化课程领导力的题项有6个，如表4-6，其M值分别为3.11、2.74、2.55、2.66、2.78、2.52，皆超过了总体均值2.36，初步说明，教师数字化课程领导力水平相对较高。

表 4-6　数字化课程领导力题项均值与标准差（N = 1596）

	KC2	KC4	KC5	KC7	KC8	KC9	总体均值
M	3.11	2.74	2.55	2.66	2.78	2.52	2.36
SD	1.045	0.986	0.893	0.955	0.988	0.912	0.58

此外，值得注意的是，该维度下标准差值均较大，意味着数据离散程度较大，即高低分极端值较多。为了弄清楚高分离散程度大，还是低分离散程度大，特绘制直方图，便于直观观察离散程度。如图4-2，图中"1"的高度略显突兀，且"2"的高度最高，由此判断离散程度大的原因，有较大一部分人给出了最小值1，即"非常不同意"。

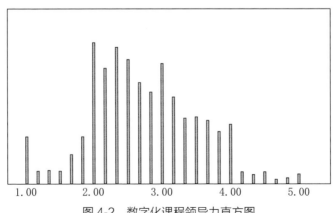

图 4-2　数字化课程领导力直方图

此外，如表4-7所示，从具体题项进行分析，KC2"能召集其他教师建立一个数字化课程开发团队"的调查，抱否定态度的教师比例仅占 **28.3%**，说明教师在召集组建数字化课程开发团队方面的影响力相对较大。其余观测指标，否定态度的教师占比分别为 **46.4%**、**55.5%**、**49.4%**、**44.2%**、**57.0%**，均在 50% 附近，说明实际情况不容乐观。

表 4-7　数字化课程领导力题项描述性统计表（N = 1596）

题　　项	选　　项	频率	百分比	累计百分比
KC2：能召集其他教师建立一个数字化课程开发团队	1 非常不符合	116	7.3	7.3
	2 不符合	335	21.0	**28.3**
	3 说不准	520	32.6	60.8
	4 符合	513	32.1	93.0
	5 非常符合	112	7.0	100.0
KC4：能通过信息技术手段将学校背景与特色融入课程开发之中	1 非常不符合	123	7.7	7.7
	2 不符合	618	38.7	**46.4**
	3 说不准	465	29.1	75.6
	4 符合	336	21.1	96.6
	5 非常符合	54	3.4	100.0
KC5：能够与其他教师共同商议信息技术整合课程内容的切入点	1 非常不符合	120	7.5	7.5
	2 不符合	765	47.9	**55.5**
	3 说不准	463	29.0	84.5
	4 符合	213	13.3	97.8
	5 非常符合	35	2.2	100.0
KC7：能带领其他教师讨论数字化课程在教学中遇到的问题并提出改进方法	1 非常不符合	126	7.9	7.9
	2 不符合	662	41.5	**49.4**
	3 说不准	482	30.2	79.6
	4 符合	278	17.4	97.0
	5 非常符合	48	3.0	100.0
KC8：能吸纳家长、社区的资源，共同整合数字化课程资源	1 非常不符合	110	6.9	6.9
	2 不符合	595	37.3	**44.2**
	3 说不准	501	31.4	75.6
	4 符合	320	20.1	95.6
	5 非常符合	70	4.4	100.0

（续表）

题 项	选 项	频率	百分比	累计百分比
KC9：能评价数字化课程实施的效果，并进行反思与改进	1 非常不符合	142	8.9	8.9
	2 不符合	768	48.1	**57.0**
	3 说不准	438	27.4	84.5
	4 符合	211	13.2	97.7
	5 非常符合	37	2.3	100.0

综上分析，教师在数字化课程领导力的突出表现只是相对的，在实践中却不容乐观，仍有较大的提升空间。

通过反思近几年有关数字化课程建设的过程和发展速度，本研究认为教师在数字化课程领导力的表现突出的原因在于：微课程的出现，突破了教师们对传统课程认识的局限性，让更多的教师有机会参与课程开发设计，也让教师通过信息化手段对家长和学生产生了更大的影响。

第一，"微课热潮"的出现，让更多教师有了数字化课程开发设计的参与机会，同样也增加了在课程开发中引领他人的机会。2012 年被看作国内微课建设和发展的"元年"，微课程随着"翻转课堂""混合学习"等教育创新项目在全球迅速走红而成为教育界关注的热点话题。[①] 微课程的出现，在教育领域掀起了轩然大波，也引发了一波波的"微课热潮"。[②] 微课程成为区域教育信息资源建设的新方向[③]，同样从 2014 年开始，微课程成为课程研究领域最新凸显的研究主题。[④] 在实践中，各地相继举办微课制作以及相关的培训讲座，部分省市还举办了各种形式的微课大赛，以期通过这种形式，让教师了解微课、制作

① 胡铁生，黄明燕，李民 . 我国微课发展的三个阶段及其启示 [J]. 远程教育杂志，2013（4）：36—42.

② 郑小军，张霞 . 微课的六点质疑及回应 [J]. 现代远程教育研究，2014（2）：48—54.

③ 胡铁生 . "微课"：区域教育信息资源发展的新趋势 [J]. 电化教育研究，2011（10）：61—65.

④ 任明满，李倩 . 近二十年来课程领域研究热点及发展趋势探析 [J]. 课程 · 教材 · 教法，2019，39（3）：36—42.

微课、使用微课，进而在教师群中推广微课。① 此外，在过去几年时间里，大部分省市都在通过微课竞赛的形式组建本地区的微课资源库，微课大赛获奖证书也被用于教师评优评奖评职称的材料，此外也有部分地区强制教师参加微课大赛，这无形中为教师提供了更多的课程开发的机会，同样也增加了在课程开发中引领同行的机会。

第二，教师录制微课，传给学生观看学习，在这过程中对家长和学生产生了巨大影响，也是一种领导力的体现。与传统课程开发相比，微课程的开发与应用，则相对更加简易、更加实用，教师参与的频率也较高。传统课程的开发与设计，需要遵守各种条条框框，比如国家、地方和学校三级课程相协调、遵守课程管理制度和课程标准，因而导致很多学校不曾有过课程开发的经历，更不用说教师参与课程开发了。而微课程则体现出教学时间较短、教学内容较少、资源容量较小、草根研究、趣味创作等特点。在微课程开发上，主要围绕教学需求进行，主题突出、内容具体、灵活性强，不必遵循正规的课程标准与制度，因而传播性极强。2014 年"微课热潮"，则让更多校长和教师认识到了它的便利性和实用性，制作起来也不难，采用简单的录屏技术或者拍摄技术即可完成。因此很多教师开始尝试微课的开发与应用，比如在疫情期间，很多教师自行录制微课（知识点讲解、习题讲解、重难点辨析等），然后通过微信群或者直播课让学生观看学习，在这过程中对家长和学生产生了深远影响。

五、技术和领导力兼容较低

通过对"她/他有什么样的特点呢?""她/他具有什么样的领导才能?""如果对他/她进行信息技术领导才能的培养，您有什么好的建议或意见吗?"这些问题的访谈，众多访谈者（一线教师以及学校管理者等）对教师信息技术领导者的评价，绕不开诸如性格、人格、品质、爱好、特长、技术等范畴，基于此，

---

① 戴晓华，陈琳. 我国中小学微课发展现状及其优化策略研究［J］. 中国电化教育，2014（9）：78—83＋119.

将这些特征归结在一起，试图描绘出理想的教师信息技术领导者画像。

（一）领导者画像

综合48位一线教师以及教育领导者[①]的访谈，笔者将访谈中经常出现的与领导特质、技术技能相关的词汇，进行了归类整理，如好奇心理（12）、内驱力特别强（16）、有事业心（21次）、探究心理（6）、追求进步（22次）、善于探索（13），学习能力强（24）、爱学习（33次）、善于钻研（31次）、技术迷（32次）、服务意识强（8）、行动力强（16）、善于沟通（40次）、愿意提升自己（12）、主动学习（24）、求知欲强（13）、协作能力强（23次）、有活力（9）、技术敏感（28）、责任心较强（26次）、有感染力（13）、专业能力强（29）、技术能力强（40）、助人为乐（24次）、平易近人（30）、脾气温和（17）、主动性强（22）、有耐心（29次）、善于倾听（8）、善于表达（21）、包容心（11）、接地气（4）、敬业精神（12）、善聊（3）、长得帅（4）、幽默感（15）、喜欢接受新事物（20次）、喜欢创新（21）、亲和力（12）、乐于助人（12）、技术兴趣（21）、眼界开阔（5）、执行力（7）、前沿思想（12）、乐于分享（11）。

这些词汇在访谈中并不总是以"积极形态"出现的，也有"负面"评价，比如"她不懂得分享""他技术很好，但脾气阴晴不定，要是能平易近人一点就更好了""他自己摸索技术，搞微课，也不和别人交流""他是信息化主任，但是对信息技术的应用不怎么懂"，等等。这些"负面"评价的反面，恰好呈现了信息技术领导者在一线教师眼中应该呈现出的理想面貌。

这些词汇生动地描绘了教师信息技术领导者的画像，如图4-3，既有关于技术特质的词汇，如技术迷、爱好技术、技术敏感、技术兴趣、技术前沿等，也有领导特质的词汇，如沟通、协作、善于表达、包容、服务意识、乐于分享

---

① 注：研究者选择33位一线普通教师以及15位教育领导者（校长、副校长、主任、教师发展中心主任等）的访谈素材进行总结，故意避开13位教师信息技术领导者，目的在于通过第三方视角，刻画"外人"心中比较理想的教师信息技术领导者应具备的特质。

等，更有一些较为平凡的优秀特质，比如求
知欲、助人为乐、敬业、执行力等。正是这
些具体的特征才拼凑出有血有肉、栩栩如生
的信息技术领导者画像，如善于钻研、追求
进步、接受新事物、技术迷、善于钻研、乐
于助人、善于沟通、思想前沿，有魅力等。

从图4-3可以看出，理想的教师信息技术
领导者应具有较强信息技术特质，也要具备
较强的领导特质，只有同时具备二者，才能
成为理想的教师信息技术领导者，将领导效
能发挥到最大。

技术特质和领导特质是影响有效领导的
两个变量，其中，领导特质包括：人格因素、
需求、价值观、精力与活动水平、任务与人
际关系能力、智力因素与人格魅力等。[①]本书
主题为"教师信息技术领导力"，涉及两个关
键因素：技术和领导。从领导特质论的角度
进行思考，同时兼具信息技术特质和领导特
质的人，能够表现出较高的领导效能。[②]但
遗憾的是，在实践中，"二缺一"的现象经常
出现。

图4-3　教师信息技术领导者画像

（二）忽视领导特质的反面案例

信息技术技能是教师发挥信息技术领导力的基础，通过信息技术权威，能
够帮助、指导、吸引、引领一些人，但是领导特质方面的缺陷又可将这些人推

---

①② ［美］霍伊，米斯克尔.教育管理学：理论·研究·实践（第7版）［M］.范国睿主
　　译.北京：教育科学出版社，2007：366—370.

到对立面。

领导特质和技术特质，缺一不可，但是实践中依仗技术特长而忽视领导特质的反面案例却常常出现，最终导致因技术而追随的同行教师而慢慢远离。表4-8是具体的案例。

表 4-8　N21 访谈记录

访 谈 内 容	研究者笔记
我所任教的学校是青海省教育相对落后的地区的双语（藏汉双语）普通高中，在学校教学中信息技术的应用也是相对比较滞后，如信息技术设备的配置、人员配置等，但经过这么多年的努力，最基本的设备人员都已到位，每个教室都装备了没有联网的电子白板、投影仪，多媒体电脑教室里可以用多媒体课件上课。	背景介绍，教育信息化硬件以及人员配置较为完善。
在我们的运用信息技术教育手段当中确实有那么一位老师是起了很大的引领作用的。在我们学校刚开始运用信息技术设备的时候，许多老师，尤其是中老年教师存在畏惧情绪，对于新的教学工具不用也是不想用，怕麻烦，觉得还是传统的老办法省事，这种情况下，这位老师坚持在课堂上开展信息技术教育手段与高中物理学科的整合，他们的课堂直观、有趣、有吸引力，课堂效果越来越好，而教师也比较轻松，于是越来越多的教师加入这个行列。我也是向他学习试着把自己所任教的历史学科与信息技术教育手段融合，用 PPT课件上课；带着学生浏览历史学科网站，参加网络历史课程培训，鼓励学生参加网络知识竞赛等，这些行为都是从我们这位老师的身上学来的。	这位教师在实践中起到了引领作用，通过课堂效果吸引更多教师加入行列，同样也吸引到了 N21。
他除了上课之外有时候会受学校委托，组织老师进行信息技术与学科整合培训，指导一些有潜力的老师参加各种竞赛，但他这个人脾气有点不好，很容易情绪化，尽管工作认真负责，但很多人还是认为他难以接近，请教问题时要看他的心情，心情好能解决，反之，就难了。	存在问题：性格缺陷，脾气不好，易怒，难以接近等。

教师领导力的发挥靠的就是专业权威和人格魅力，二者缺一不可。上述案例中的"难以接近""情绪化""脾气不好""易怒"等人格特质方面的缺陷，必定会降低其人格魅力，从而降低自身的影响力，即信息技术领导力大打折扣。

其实，像这样的案例有很多，比如 N11（男，初中数学教师）提道，"他平时喜欢看计算机和信息技术方面的书籍，喜欢拆装计算机、投影仪等，通过跟他接触我知道了很多信息技术方面的知识自己也慢慢对这方面有了兴趣。但他不善于表达、处理事情能力较弱，有几次遇到技术问题咨询他，来来回回很多次，也不知道他在说些什么，没有条理。后来和他接触的次数就少了"。再比如，N6（女，初中英语教师）谈及"在做课件等方面，她对我有一点帮助作用。但是她包容心不够，让我们很不爽。很多人不愿意和她一起做事"。N28（女，小学语文兼英语教师）提道，"他曾在微课大赛中获过奖，领导很重视他，但是他唯恐别人超过他，向他索取一些软件或者课件什么的，他都不给，不愿意分享"。

研究中共访谈了 33 位一线教师，但是超过 50%（17 人）的人提到教师信息技术领导者存在领导特质方面或多或少的问题。这些案例让我们意识到一个现状，实践中能够同时兼具技术特质和领导特质的人着实较少，兼容度太低。

（三）技术和领导力兼容较低的原因剖析

第一，"技术迷"不善交际、领导意愿不强，比较喜欢沉浸在自己的"世界"里。在访谈中，众多证据显示，"技术迷"在领导才能方面相对欠缺。

> 他这个人脾气有点不好，很容易情绪化，尽管工作认真负责，但很多人还是认为他难以接近，请教问题时要看他的心情，心情好能解决，反之，就难了。（N12，男，初中物理教师）
>
> 学校想让我当信息办主任，我拒绝了，我只想当好教师，做好我的教学；我只关注我的化学课堂，其他事情不参与，需要什么工具自己花钱，不麻烦学校了。（F5，男，初中化学教师）
>
> 他钻研信息技术是一把好手，但是不善于表达，处理事情能力较弱，如果单纯让他解决技术问题还可以。（N23，女，小学数学教师）

第二，信息技术能力较强者，大部分都是年轻教师，缺乏威望；具有威望的教师，一般具有实践阅历，年龄稍微偏大，且大多数对信息技术不感兴趣。由此形成交集面积较小的现状。

我们学校使用信息技术上课的，基本上是刚毕业的小年轻儿，大学里学过电脑，也懂PPT什么的，但是如果让他们引领全校教师，现实情况下存在一定困难，因为一些老教师喜欢论资排辈，看不上，也不会听从的。（N27，男，小学科学教师）

如果说起领导这个事情，老教师有教学经验，说起话来，有分量；但是说起信息技术，就不行了，两眼一抹黑。（N20，女，高中语文教师）

综上，从概率学统计上来分析，那些"技术迷"人际沟通能力往往较弱，那些威望高且教学专业强的人往往年龄较大且对技术不太感兴趣，且这两类人在中小学教师群体中占据绝大多数，相反，能够同时兼具领导特质和技术特质的人就相对较少，因而会出现技术和领导兼容度较低的现象。

第二节　教师信息技术领导力的人口学差异

人口学变量上的差异，也是反映中小学教师信息技术领导力的重要方面。根据对样本的数据处理和分析，结合访谈内容，研究者从性别、年龄、地域、学段、校长领导风格，校长态度等方面对教师信息技术领导力及各维度的差异情况进行分析。

一、不同性别教师信息技术领导力水平差异

在1596位教师中，女性教师831名，男性教师765名，为了探究教师性别差异对教师信息领导力的影响差异性，选用独立样本T检验，在总均分方面，男性教师（M = 2.34，SD = 0.59）和女性教师（M = 2.39，SD = 0.57）不存在显著性差异，显著水平 p = 0.06 > 0.05，详见表4-9。

在二级维度，信息化教学领导力、信息技术氛围领导力、信息技术专

业引领力三个方面，男女教师得分也均无显著性差异，p > 0.05。在数字化课程领导力方面，男女具有显著性差异，p = 0.03 < 0.05，即女性教师显著高于男性教师。男女教师在四个维度上的均分、标准差、F 值和 p 值，详见表 4-9。

表 4-9　不同性别教师信息技术领导力及四维度的 T 检验

维度	性别	N	M	SD	M 值 95% CI		Levene 检验		T 检验	
					下限	上限	F	p	T	p
总均分	1 男	765	3.34	0.59	−0.11	0.00	0.43	0.51	−1.93	0.06
	2 女	831	2.39	0.57	−0.11	0.00			−1.93	0.06
JX	1 男	765	2.27	0.66	2.23	2.32	0.92	0.34	−1.25	0.21
	2 女	831	2.31	0.62	2.27	2.36			−1.25	0.21
KC	1 男	765	2.68	0.82	2.62	2.74	4.18	0.04	−2.17	**0.03**
	2 女	831	2.77	0.77	2.71	2.82			−2.17	**0.03**
FW	1 男	765	2.35	0.72	2.24	2.34	0.00	0.96	1.65	0.10
	2 女	831	2.29	0.71	2.30	2.39			1.65	0.10
ZY	1 男	765	2.09	0.59	2.01	2.10	0.37	0.55	1.25	0.21
	2 女	831	2.05	0.59	2.05	2.13			1.25	0.21

　　注：JX = 信息化教学领导力，KC = 数字化课程领导力，FW = 信息技术氛围领导力，ZY = 信息技术专业引领力；M = 平均值，SD = 标准差，N = 个案数；Levene 检验为方差同质性检验，如果其 F 值显著（p ≤ 0.05），此时应查看第二行的 T 值的显著性与否；否则，查看第一行。[①]

　　综上，男女教师在信息技术领导力总均分方面不存在显著差异；但在数字化课程领导力方面存在显著差异，女性教师显著高于男性教师；其余三个维度不存在显著性差异。但从均值来看，女性教师更擅长在信息化教学领导力、数字化课程领导力等方面发挥作用，男性教师更擅长在信息技术氛围领导力、信息技术专业引领力等方面发挥作用。

---

① 吴明隆.问卷统计分析实务——SPSS 操作与应用［M］.重庆：重庆大学出版社，2010：335.

男女教师在信息技术领导力总均分方面不存在显著差异，与"不同性别的教师在教师领导总体表现、教学领导方面不存在显著差异"① 的结论一致。此外，在信息化教学领导力、数字化课程领导力等维度用到更多的是包容性、人际关系、权力分享、信息共享等关系导向方面的特质，侧重的是"教书"，也符合"女教师教书男教师管理"② 的常见现象，故女教师稍占优势，所以女教师在这两个维度的均值分较高。在技术氛围领导力、信息技术专业引领力等维度，则更加偏重技术特质和"管校"，而男教师在信息技术钻研方面占据天然优势，故而，男教师在这两个维度的均值分较高。

关于性别与领导力的关系，国内外学者进行了较多探讨，有学者认为女性更多情况下不合适承担领导角色③，在男女搭配的团队中，不论领导风格或领导水平如何，女性几乎不可能成为团队的领导者④。但也有研究指出，女性领导力优于男性⑤，女生比男生更易于获得领导职位。而且，现代女性拥有比男性更多的作为领导者所必需的领导技能和领导素养，比如领导活动过程中在达成共识、包容性、人际关系、权力分享、信息共享等方面，女性比男性更具有独特的优势。⑥ 女性的交往多是建立人际的联系，属关系导向，为更好地与他人建立联系，会有较多积极的行为产生，如沟通、分享、合作等。⑦ 此外，

---

① 娄元元.学校发展中的教师领导研究［D］.上海：华东师范大学，2015：135.

② 张新平."女人教书男人管校"现象探析——女性在学校管理中的应为与难为［J］.教育发展研究，2010（8）：30—36.

③ Van Linden, J.A. & Fertman, C.I. Youth leadership: a guide to understanding leadership development in adolescents［M］. San Francisco, CA, Jossey Bass, 1998, 243.

④ Monaco, S.R, & Gaier, E.L. Single-sex versus coeducational environment and achievement in adolescent females［J］. Adolescence, 1992, 27: 579—593.

⑤ Zhao Y., Tan A. G., Urhahne D. Chinese students' perception and conditions of leadership［J］. Procedia-Social and Behavioral Sciences, 2011, 15: 165—172.

⑥ 舒丽丽.性别视角下谈领导者的产生与发展［J］.中共铜仁地委党校学报，2009（3）：56—59.

⑦ 李改.中学生领导力：结构及其相关影响因素的作用机制［D］.武汉：华中师范大学，2014：78.

也有研究指出性别不是影响领导力的关键因素。[1] 分析已有相关研究可知，目前对于领导力的性别差异未形成统一定论，各执一词。

在国内的基础教育系统中，女性教师的数量明显多于男性教师，学段越低，女教师比例就越高。此外，由于受传统观念以及部分研究结果的影响，普遍认为男女教师的数字技术能力有较大差异，并且在技术应用类教师岗位的招聘中，用人单位相对倾向于男性求职者。[2] 但是，教师信息技术领导力并不仅仅关注教师的技术特质，还要关注教师的领导特质。

二、不同年龄教师信息技术领导力水平差异

为了探究年龄段对教师信息技术领导力的影响差异性，问卷设计了有关年龄段的题项，20—35 岁、36—50 岁、50 岁以上等三个年龄段[3]。调查数据显示，年龄在 20—35 岁之间的教师为 524 名，年龄在 36—50 岁之间的教师为 901 名，年龄在 51 岁及以上的教师为 171 名，其中以年龄在 36—50 岁之间的教师居多，占比 56.5%。由于是三群之间的差异检验，故采用单因素 ANOVA 方差分析。分析数据显示，三个年龄段教师的信息技术领导力总均分不存在显著性差异，$F(2, 1593) = 2.015$，$p = 0.134 > 0.05$，详见表 4-10。

此外，为了更加直观地分析教师信息技术领导力与年龄的关系，特绘制了图 4-4，如图所示，教师信息技术领导力随着年龄的增大而略显下降，每个年龄段的下降幅度并不明显（从 2.40 至 2.36，从 2.36 至 2.29）。其中 20—35 岁的教师得分高于整体平均值 2.36，35—50 岁的教师得分大约等于整体平均

① Cassel, R.N. & Standifer, T. Comparing the leadership development between high school JROTC cadets and beginning college school administrator students [J]. Education 2000, 120（3）: 422—437.

② 郑旭东. 面向我国中小学教师的数字胜任力模型构建及应用研究 [D].上海：华东师范大学，2019: 182—183.

③ 很多相关研究采用教龄进行调查分析，主要目的在于分析与教师专业发展的关系；而本研究采用年龄，主要受"不同年龄段对信息技术的敏感程度不同"的影响，此外，也希望验证该结论。

值 2.36，而 50 岁以上的教师得分低于整体平均值 2.36。

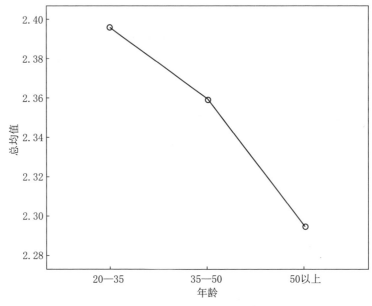

图 4-4　不同年龄教师信息技术领导力得分趋势图

在教师信息技术领导力的 4 个构成维度上，教师信息化教学领导力，$F_{(2, 1593)} = 1.96$，$p = 0.14 > 0.05$；数字化课程领导力，$F_{(2, 1593)} = 2.43$，$p = 0.09 > 0.05$；信息技术领导力，$F_{(2, 1593)} = 1.78$，$p = 0.17 > 0.05$；信息技术专业引领力，$F_{(2, 1593)} = 0.17$，$p = 0.84 > 0.05$；总之，4 个维度在不同年龄段的 p 皆大于 0.05，即均不具有显著性差异，详见表 4-10。

表 4-10　不同年龄教师信息技术领导力四维度 ANOVA 检验

维度	年龄	N	M	SD	M 值 95% CI 区间		F	p
					下限	上限		
总均分	20—35	524	2.40	0.60	2.34	2.45	2.02	0.13
	35—50	901	2.36	0.58	2.32	2.40		
	50 以上	171	2.29	0.54	2.21	2.38		
JX	20—35	524	2.31	0.66	2.26	2.37	1.96	0.14
	35—50	901	2.30	0.64	2.26	2.34		
	50 以上	171	2.20	0.55	2.12	2.29		

（续表）

维度	年龄	N	M	SD	M 值 95% CI 区间		F	p
					下限	上限		
KC	20—35	524	2.78	0.81	2.71	2.85	2.43	0.09
	35—50	901	2.71	0.78	2.66	2.76		
	50 以上	171	2.64	0.8	2.52	2.76		
FW	20—35	524	2.36	0.72	2.3	2.42	1.78	0.17
	35—50	901	2.31	0.71	2.26	2.36		
	50 以上	171	2.24	0.68	2.14	2.35		
ZY	20—35	524	2.08	0.6	2.03	2.14	0.17	0.84
	35—50	901	2.07	0.58	2.03	2.11		
	50 以上	171	2.06	0.56	1.97	2.14		

注：M = 平均值，SD = 标准差，N = 个案数；JX = 信息化教学领导力，KC = 数字化课程领导力，FW = 信息技术氛围领导力，ZY = 信息技术专业引领力。

综上，教师信息技术领导力总均分在 20—35 岁、35—50 岁、50 岁以上等三个年龄段不存在显著性差异，但随着年龄的增大存在下滑趋势；教师信息技术领导力四维度在年龄段上不存在显著性差异。

此外，访谈材料也印证了上述调研结论，众多受访者认为老教师在信息技术应用于教学方面的影响力不一定低于年轻教师。

访谈者 S5（某知名教育信息科技公司教师培训部高管）则认为："在微课制作、信息化教学等方面，具有一定教学经验的教师比年轻教师要更加优秀，因为年龄偏大，有专业权威和威望。相同的时间，相同的内容，在培训中，年轻老师表现出来的成果展示远没有年纪大的老师表现出来的优异。"

访谈者 F11（男，初中数学教师）认为："教师信息技术领导力，与教师信息技术能力或者信息技术应用能力，是两个不同的概念，前者强调领导力，后者强调技术能力；随着教师年龄的增长而增长，而并非随着年龄增长而下滑。"访谈者 S6（男，校长）认为："虽然信息技术能力是信息技术领导力的基础，但并非具备了信息技术能力就能发挥信息技术影响力。"

此外，访谈中也多次谈到这样的案例："很多教师信息技术能力很强，很多软件玩得很溜，基本上平时遇到的技术问题，他／她都能解决，但是他／她脾气不好，孤僻，不擅长交际，所以大家和他／她的关系走得不是那么近。"由此可知，并非技术能力强就能发挥出技术领导力。

访谈者 S1（男，中心校副校长）认为："现在信息技术发展的趋势就是'傻瓜化'，越来越简单，所以很多年龄偏大的教师学习起来也不困难；此外，一些年龄偏大的教师，专业基础过硬，教学经验丰富，经历过人世沧桑，对世界、事物、他人等都有比较客观的看法，且不轻易发怒，平易近人，容易得到他人的好感。故而，教师信息技术领导力会随着年龄的增长而增长。"

所以，本书认为教师信息技术领导力在 20—35 岁、35—50 岁、50 岁以上等三个年龄段不存在显著性差异的调研结论，是具有一定合理性和科学性的。此研究结论也印证了其他相关研究，教师的信息技术能力和素养跟其年龄密切相关，大多数人认为年龄越大，信息技术就越不敏感，信息技术应用能力就越差，如教师的信息技术应用能力与年龄呈负相关关系[1]，50 岁以上年龄段教师比其他年龄段教师的信息化资源整合能力差[2]，青年教师在智慧技术支持下的教学技能发展明显高于中年教师[3]。年龄在 50 岁以上的教师在各方面的表现均明显逊色于其他年龄阶段的教师[4]。

三、不同地域教师信息技术领导力水平差异

本书将地域差异按照两个维度进行划分，"西部、中部和东部"与"城区与乡村"。

① 马安琪，姜强，赵蔚.教师 ICT 应用能力的影响因素及预测研究——基于人·技术·知识的统合视角［J］.现代远距离教育，2018（6）：21—33.
② 姜凤春，司炳月.信息技术驱动下大学英语教师自主教学能力多维度研究［J］.外语研究，2017，34（6）：53—59。
③ 张菲菲.基于智慧教室的高校教师教学技能提高及有效性研究［J］.现代教育技术，2015，25（5）：110—114.
④ 马欣研.中小学教师信息素养研究［D］.上海：华东师范大学，2019：192.

（一）西部、中部和东部教师的信息技术领导力差异

分析和验证教师工作地区与其信息技术领导力水平的关系，牵涉三个群体之间的差异分析，故使用 ANOVA 方差分析方法，对来自国内西部（467 人）、中部（664）和东部（465）的数据进行分析。其中教师信息技术领导力总均分在三个区域上存在显著差异，$F_{(2, 1593)} = 5.62$，$p = 0.00 < 0.05$；数字化课程领导力（$p = 0.00$）、信息技术氛围领导力（$p = 0.00$）、信息技术专业引领力（$p = 0.01$）等三个维度在地域上东部、中部、西部等三个地域上也存在显著性差异，详见表 4-11。

表 4-11　不同地域教师信息技术领导力及四维度 ANOVA 检验

维度	地区	N	M	SD	M 值 95% CI 区间		F	p
					下限	上限		
总均分	1 西部	467	2.33	0.61	2.39	2.50	5.62	0.00
	2 中部	664	2.34	0.54	2.29	2.38		
	3 东部	465	2.44	0.61	2.27	2.38		
JX	1 西部	467	2.28	0.65	2.26	2.38	0.71	0.49
	2 中部	664	2.28	0.61	2.23	2.33		
	3 东部	465	2.32	0.66	2.22	2.34		
KC	1 西部	467	2.64	0.84	2.75	2.90	6.41	0.00
	2 中部	664	2.72	0.75	2.66	2.77		
	3 东部	465	2.82	0.80	2.57	2.71		
FW	1 西部	467	2.29	0.76	2.36	2.49	7.91	0.00
	2 中部	664	2.26	0.66	2.21	2.31		
	3 东部	465	2.43	0.72	2.23	2.36		
ZY	1 西部	467	2.06	0.61	2.08	2.20	4.42	0.01
	2 中部	664	2.04	0.55	2.00	2.08		
	3 东部	465	2.14	0.61	2.00	2.11		

注：M = 平均值，SD = 标准差，N = 个案数；XJ = 教师信息技术领导力，JX = 信息化教学领导力，KC = 数字化课程领导力，FW = 信息技术氛围领导力，ZY = 信息技术专业引领力。

事后多重比较检验显示，如表 4-12，第一，中部和东部地区的教师在各个维度上均无显著性差异；第二，教师信息技术领导力总均分方面，东部地区教师显著高于西部地区教师。第三，在数字化课程领导力方面，东部地区教师显著高于西部地区教师；第四，在信息技术氛围领导力与信息技术专业引领力方面，东部和中部地区的教师显著高于西部地区的教师。

表 4-12　不同地区教师信息技术领导力及四维度 ANOVA 事后多重检验

因变量	检定模式	I	J	M 差值（I-J）	SD	p	95% CI 区间	
							下限	上限
XJ	图基HSD	1 西部	2 中部	0.10439*	0.04	0.01	0.02	0.19
			3 东部	0.11124*	0.04	0.01	0.02	0.20
		2 中部	1 西部	−0.10439*	0.04	0.01	−0.19	−0.02
			3 东部	0.01	0.04	0.98	−0.08	0.09
		3 东部	1 西部	−0.11124*	0.04	0.01	−0.20	−0.02
			2 中部	−0.01	0.04	0.98	−0.09	0.08
	雪费	1 西部	2 中部	0.10439*	0.04	0.01	0.02	0.19
			3 东部	0.11124*	0.04	0.01	0.02	0.20
		2 中部	1 西部	−0.10439*	0.04	0.01	−0.19	−0.02
			3 东部	0.01	0.04	0.98	−0.08	0.09
		3 东部	1 西部	−0.11124*	0.04	0.01	−0.20	−0.02
			2 中部	−0.01	0.04	0.98	−0.09	0.08
JX	图基HSD	1 西部	2 中部	0.04	0.04	0.50	−0.05	0.13
			3 东部	0.04	0.04	0.62	−0.06	0.14
		2 中部	1 西部	−0.04	0.04	0.50	−0.13	0.05
			3 东部	0.00	0.04	0.99	−0.10	0.09
		3 东部	1 西部	−0.04	0.04	0.62	−0.14	0.06
			2 中部	0.00	0.04	0.99	−0.09	0.10
	雪费	1 西部	2 中部	0.04	0.04	0.53	−0.05	0.14
			3 东部	0.04	0.04	0.65	−0.06	0.14
		2 中部	1 西部	−0.04	0.04	0.53	−0.14	0.05
			3 东部	0.00	0.04	0.99	−0.10	0.09
		3 东部	1 西部	−0.04	0.04	0.65	−0.14	0.06
			2 中部	0.00	0.04	0.99	−0.09	0.10

（续表）

因变量	检定模式	I	J	M 差值（I-J）	SD	p	95% CI 区间 下限	95% CI 区间 上限
KC	图基 HSD	1 西部	2 中部	0.11	0.05	0.07	−0.01	0.22
			3 东部	0.18499*	0.05	0.00	0.06	0.31
		2 中部	1 西部	−0.11	0.05	0.07	−0.22	0.01
			3 东部	0.08	0.05	0.22	−0.03	0.19
		3 东部	1 西部	−0.18499*	0.05	0.00	−0.31	−0.06
			2 中部	−0.08	0.05	0.22	−0.19	0.03
	雪费	1 西部	2 中部	0.11	0.05	0.09	−0.01	0.22
			3 东部	0.18499*	0.05	0.00	0.06	0.31
		2 中部	1 西部	−0.11	0.05	0.09	−0.22	0.01
			3 东部	0.08	0.05	0.25	−0.04	0.20
		3 东部	1 西部	−0.18499*	0.05	0.00	−0.31	−0.06
			2 中部	−0.08	0.05	0.25	−0.20	0.04
FW	图基 HSD	1 西部	2 中部	0.16623*	0.04	0.00	0.07	0.27
			3 东部	0.13294*	0.05	0.01	0.02	0.24
		2 中部	1 西部	−0.16623*	0.04	0.00	−0.27	−0.07
			3 东部	−0.03	0.04	0.72	−0.13	0.07
		3 东部	1 西部	−0.13294*	0.05	0.01	−0.24	−0.02
			2 中部	0.03	0.04	0.72	−0.07	0.13
	雪费	1 西部	2 中部	0.16623*	0.04	0.00	0.06	0.27
			3 东部	0.13294*	0.05	0.02	0.02	0.25
		2 中部	1 西部	−0.16623*	0.04	0.00	−0.27	−0.06
			3 东部	−0.03	0.04	0.74	−0.14	0.07
		3 东部	1 西部	−0.13294*	0.05	0.02	−0.25	−0.02
			2 中部	0.03	0.04	0.74	−0.07	0.14
ZY	图基 HSD	1 西部	2 中部	0.10227*	0.04	0.01	0.02	0.19
			3 东部	0.08	0.04	0.08	−0.01	0.17
		2 中部	1 西部	−0.10227*	0.04	0.01	−0.19	−0.02
			3 东部	−0.02	0.04	0.85	−0.10	0.06
		3 东部	1 西部	−0.08	0.04	0.08	−0.17	0.01
			2 中部	0.02	0.04	0.85	−0.06	0.10

（续表）

因变量	检定模式	I	J	M 差值（I-J）	SD	p	95% CI 区间	
							下限	上限
ZY	雪费	1 西部	2 中部	0.10227*	0.04	0.02	0.02	0.19
			3 东部	0.08	0.04	0.10	−0.01	0.18
		2 中部	1 西部	−0.10227*	0.04	0.02	−0.19	−0.02
			3 东部	−0.02	0.04	0.87	−0.11	0.07
		3 东部	1 西部	−0.08	0.04	0.10	−0.18	0.01
			2 中部	0.02	0.04	0.87	−0.07	0.11

注：* 表示平均值差值的显著性水平为 0.05；M = 平均值，SD = 标准差，N = 个案数；图基 HSD 和雪费是两种检验的方法，目前在 SPSS 中是比较常用的两种相互印证的 ANOVA 事后检验方法。

此外，访谈资料也印证了"中部和东部地区的教师信息技术领导力在各个维度上均无显著性差异"的结论。比如"东部一线城市的教育信息化，眼花缭乱，今天是这个，明天是那个，然后呢，也有国际化的视野啊，教师们也是什么都碰一碰，什么都不精；而中西部教师较为朴实，也虚心接受，成效会更高一点，并且东部地区的教师压力大、比较忙，没有时间搞信息技术，中西部教师则相对没那么多琐碎的事情，所以他们有时间钻研信息技术。从这个来说，我们中部地区的教师并不一定低于东部发达地区的教师（S5）。"

此外，众多学者研究发现教育信息化具有显著的地域差异，如中小学信息技术教学应用效果具有显著的区域差异性，即东部发达地区要显著好于中西部地区[①]；与西部地区的中小学教师相比，东部地区中小学教师的信息化教学信念与能力显著高于前者。[②] 在调查结论中，教师信息技术领导力东部地区显著高于西部地区的结论，与已有研究基本一致。但是中部和东部地区的教师在各个维度上均无显著性差异的结论，与已有研究的结论不一致，原因有四。

---

① 刘楚，徐显龙，任友群 . 中小学信息技术教学应用效果区域比较研究——以东、中、西部部分省会城市学校为例 [J]. 中国电化教育，2018（11）：1—8.

② 李毅，王钦，吴桐，张晓辉 . 中小学信息化教学关键影响因素的多维度比较研究 [J]. 中国电化教育，2017（10）：44—50.

第一，教师信息技术领导力，不仅强调技术领导者的技术特质，也强调领导特质，调研结论与信息技术教学相关调查的结论不一致，也在所难免。

第二，学校有较先进的信息化硬件设备、信息化教学资源、技术的支持也并不代表教师和学生能高效地应用。[①]

第三，近些年，受一系列教育信息化相关政策的影响，比如《教育信息化十年发展规划（2011—2020）》《中小学教师信息技术应用能力标准（试行）》《教育信息化"十三五"规划》《教育信息化 2.0 行动计划》《中小学数字校园建设规范（试行）》等，加大了对中西部教师信息技术能力的培训要求，中部教师的信息化应用能力稍有提升，信息化意识的逐渐觉醒，并起到了重要的引领与带动作用，因此与东部之间的差异逐渐缩小。

第四，东部地区教师信息技术应用并未达到理想状态，比如上海 2013 的 TALIS 报告公布，上海中学教师作为全世界最优秀的职业群体之一，多个方面测试结果表明其国际前列的领先地位，却只有 15% 的教师鼓励学生用信息技术手段去完成任务或解决问题，远低于 OECD 的 38% 的均值[②]，这说明东部教师信息技术应用能力没有达到理想要求。

（二）城区学校与乡村学校教师信息技术领导力差异

关于城区学校和乡村学校是否存在显著性差异，在访谈过程中，笔者也了解到大多数人认为"城里学校有钱，设备比较先进"，另外也有不少人认为"像上海这样的大城市，教师的信息技术水平也不见得有我们小地方的高"。这些观点都是关于信息技术设备以及教师个人信息技术素养的比较，那么关于教师信息技术领导力及其四个维度方面，在城区学校和农村学校是否存在显著性差异呢？由于是两个群体的差异比较，故采用独立样本 T 检验的方法。检验结果显示，在教师信息技术领导力及其四个维度方面，城区学校和农村学校的

① European Commission. Survey of Schools: ICT in Education［EB/OL］. https://ec.europa.eu/digital-single-market/en/news/2nd-survey-schools-ict-education-smart-20140020, 2018-09-12.

② 刘楚，徐显龙，任友群 . 中小学信息技术教学应用效果区域比较研究——以东、中、西部部分省会城市学校为例［J］. 中国电化教育，2018（11）：1—8 + 32.

教师均不存在显著性差异，即 p > 0.05，详见表4-13。

表4-13　城区学校和农村学校教师信息技术领导力及其四个维度 T 检验

维度	城村学校	N	M	SD	95% CI 区间		Levene 检验		T 检验	
					下限	上限	F	p	T	p
总均分	1 城区学校	875	2.38	0.59	−0.02	0.09	1.62	0.20	1.26	0.21
	2 农村学校	721	2.34	0.58	−0.02	0.09			1.26	0.21
JX	1 城区学校	875	2.32	0.65	−0.01	0.11	1.97	0.16	1.52	0.13
	2 农村学校	721	2.27	0.63	−0.01	0.11			1.53	0.13
KC	1 城区学校	875	2.72	0.78	−0.08	0.08	0.49	0.48	−0.08	0.93
	2 农村学校	721	2.73	0.82	−0.08	0.08			−0.08	0.93
FW	1 城区学校	875	2.35	0.72	0	0.14	4.09	0.04	1.87	0.06
	2 农村学校	721	2.28	0.7	0	0.14			1.88	0.06
ZY	1 城区学校	875	2.09	0.6	−0.02	0.09	1.61	0.21	1.19	0.23
	2 农村学校	721	2.05	0.57	−0.02	0.09			1.19	0.23

　　注：M = 平均值，SD = 标准差，N = 个案数；XJ = 教师信息技术领导力，JX = 信息化教学领导力，KC = 数字化课程领导力，FW = 信息技术氛围领导力，ZY = 信息技术专业引领力。

　　但从均值分布上可以看出，总均分方面，城区学校教师略高于乡村学校教师；其他各维度，也基本上呈现出城区学校教师略高于乡村学校教师的现象，但是差距较小。

　　然而，有关城乡地区教师的信息技术应用能力方面的调查结果显示，在网络课程的开发与设计、数据分析、移动教育应用等能力方面，城市中小学教师

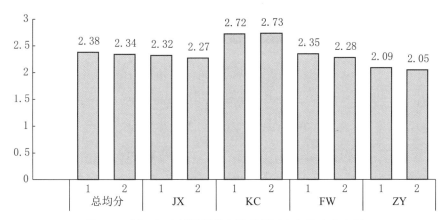

图 4-5　城区与农村教师信息技术领导力各维度分布图

注：1 = 城区学校，2 = 农村学校；JX = 信息化教学领导力，KC = 数字化课程领导力，FW = 信息技术氛围领导力，ZY = 信息技术专业引领力。

显著好于乡镇中小学教师。[①] 而本书的调查结论显示，城区学校教师信息技术领导力略高于农村学校教师，但未达到显著差异的水平，原因可能有三：第一，国家加大了对乡村教育信息化的支持力度，比如李克强总理在全国教育大会（2018）上指出要"着力改善乡村学校办学条件、提高教学质量，注重运用信息化手段使乡村获得更多优质教育资源，在提速降费、网络建设方面给予特别照顾。把更多教育投入用到加强乡村师资队伍建设上"，使得乡村学校教师在信息化教学方面有了发挥作用的契机；第二，网速提速以及网络普及，为乡村教师入网学习、查资料等提供了便利条件，也提供了信息化专业发展及引领的条件；第三，优质教学资源公开、共享，比如微课资源库的建设、国家教育资源公共服务平台、各省市教育资源应用平台等建设与完善，更是为乡村教师开展信息教学与自我提升提供了资源。由此，近些年乡村教师与城区教师之间的距离正在不断缩小，故而可能会出现教师信息技术领导力在城区学校和农村学校之间不存在显著性差异的结论。

① 康玥媛，吴立宝. 中小学教师信息技术应用能力现状调查研究［J］. 天津师范大学学报（基础教育版），2016，17（3）：41—47.

四、不同学段教师信息技术领导力水平差异

数据调研显示（详见表4-14），教师信息技术领导力总均分在不同学段之间呈现出显著性差异，$F_{(1, 1593)} = 10.79$，$p = 0.00 < 0.05$，其中教师信息化教学领导力，$F_{(1, 1593)} = 3.93$，$p = 0.02 < 0.05$；数字化课程领导力，$F_{(1, 1593)} = 7.90$，$p = 0.00 < 0.05$；信息技术领导力，$F_{(1, 1593)} = 14.66$，$p = 0.00 < 0.05$；信息技术专业引领力，$F_{(1, 1593)} = 5.27$，$p = 0.01 < 0.05$。总之，教师信息技术领导力及其四个维度的 ANOVA 检验结果皆存在显著性差异。

表 4-14　不同学段教师信息技术领导力及其四个维度 ANOVA 检验

维度	学段	N	M	SD	95% CI 区间 下限	95% CI 区间 上限	F	p
XJ	1 小学	708	2.30	0.54	2.26	2.34	10.79	0.00
	2 初中	469	2.38	0.58	2.33	2.44		
	3 高中	419	2.46	0.65	2.40	2.52		
JX	1 小学	708	2.25	0.59	2.20	2.29	3.93	0.02
	2 初中	469	2.31	0.63	2.25	2.37		
	3 高中	419	2.35	0.72	2.28	2.42		
KC	1 小学	708	2.65	0.74	2.59	2.70	7.90	0.00
	2 初中	469	2.74	0.77	2.67	2.81		
	3 高中	419	2.84	0.89	2.76	2.93		
FW	1 小学	708	2.22	0.65	2.17	2.27	14.66	0.00
	2 初中	469	2.34	0.72	2.28	2.41		
	3 高中	419	2.45	0.78	2.38	2.53		
ZY	1 小学	708	2.02	0.54	1.98	2.06	5.27	0.01
	2 初中	469	2.09	0.61	2.04	2.15		
	3 高中	419	2.14	0.63	2.08	2.20		

注：M = 平均值，SD = 标准差，N = 个案数；XJ = 教师信息技术领导力，JX = 信息化教学领导力，KC = 数字化课程领导力，FW = 信息技术氛围领导力，ZY = 信息技术专业引领力。

　　事后多重检验结果（表4-15）显示，在教师信息技术领导力整体层面，高中教师和初中教师显著高于小学教师；在信息化教学领导力方面，高中教师显著高于小学教师；在数字化课程领导力方面，高中教师显著高于小学教师；在信息技术氛围领导力方面，高中教师和初中教师显著高于小学；在信息技术专业引领力方面，高中教师显著高于小学教师。

表 4-15　不同学段教师信息技术领导力及其四个维度 ANOVA 事后多重检验

维度	检定模式	I	J	M 差值（I-J）	SD	p	95% CI 区间 下限	95% CI 区间 上限
总均分	图基 HSD	1 小学	2 初中	−0.08666*	0.03	0.03	−0.17	−0.01
		1 小学	3 高中	−0.16357*	0.04	0.00	−0.25	−0.08
		2 初中	1 小学	0.08666*	0.03	0.03	0.01	0.17
		2 初中	3 高中	−0.08	0.04	0.12	−0.17	0.01
		3 高中	1 小学	0.16357*	0.04	0.00	0.08	0.25
		3 高中	2 初中	0.08	0.04	0.12	−0.01	0.17
	雪费	1 小学	2 初中	−0.08666*	0.03	0.04	−0.17	0.00
		1 小学	3 高中	−0.16357*	0.04	0.00	−0.25	−0.08
		2 初中	1 小学	0.08666*	0.03	0.04	0.00	0.17
		2 初中	3 高中	−0.08	0.04	0.14	−0.17	0.02
		3 高中	1 小学	0.16357*	0.04	0.00	0.08	0.25
		3 高中	2 初中	0.08	0.04	0.14	−0.02	0.17
JX	图基 HSD	1 小学	2 初中	−0.07	0.04	0.20	−0.15	0.02
		1 小学	3 高中	−0.10652*	0.04	0.02	−0.20	−0.01
		2 初中	1 小学	0.07	0.04	0.20	−0.02	0.15
		2 初中	3 高中	−0.04	0.04	0.60	−0.14	0.06
		3 高中	1 小学	0.10652*	0.04	0.02	0.01	0.20
		3 高中	2 初中	0.04	0.04	0.60	−0.06	0.14
	雪费	1 小学	2 初中	−0.07	0.04	0.23	−0.16	0.03
		1 小学	3 高中	−0.10652*	0.04	0.03	−0.20	−0.01
		2 初中	1 小学	0.07	0.04	0.23	−0.03	0.16
		2 初中	3 高中	−0.04	0.04	0.63	−0.15	0.06
		3 高中	1 小学	0.10652*	0.04	0.03	0.01	0.20
		3 高中	2 初中	0.04	0.04	0.63	−0.06	0.15

（续表）

维度	检定模式	I	J	M 差值（I-J）	SD	p	95% CI 区间 下限	95% CI 区间 上限
KC	图基 HSD	1 小学	2 初中	−0.09	0.05	0.15	−0.20	0.02
			3 高中	−0.19298*	0.05	0.00	−0.31	−0.08
		2 初中	1 小学	0.09	0.05	0.15	−0.02	0.20
			3 高中	−0.10	0.05	0.12	−0.23	0.02
		3 高中	1 小学	0.19298*	0.05	0.00	0.08	0.31
			2 初中	0.10	0.05	0.12	−0.02	0.23
	雪费	1 小学	2 初中	−0.09	0.05	0.17	−0.20	0.03
			3 高中	−0.19298*	0.05	0.00	−0.31	−0.07
		2 初中	1 小学	0.09	0.05	0.17	−0.03	0.20
			3 高中	−0.10	0.05	0.14	−0.23	0.03
		3 高中	1 小学	0.19298*	0.05	0.00	0.07	0.31
			2 初中	0.10	0.05	0.14	−0.03	0.23
FW	图基 HSD	1 小学	2 初中	−0.12153*	0.04	0.01	−0.22	−0.02
			3 高中	−0.23281*	0.04	0.00	−0.34	−0.13
		2 初中	1 小学	0.12153*	0.04	0.01	0.02	0.22
			3 高中	−0.11	0.05	0.05	−0.22	0.00
		3 高中	1 小学	0.23281*	0.04	0.00	0.13	0.34
			2 初中	0.11	0.05	0.05	0.00	0.22
	雪费	1 小学	2 初中	−0.12153*	0.04	0.02	−0.22	−0.02
			3 高中	−0.23281*	0.04	0.00	−0.34	−0.13
		2 初中	1 小学	0.12153*	0.04	0.02	0.02	0.22
			3 高中	−0.11	0.05	0.07	−0.23	0.01
		3 高中	1 小学	0.23281*	0.04	0.00	0.13	0.34
			2 初中	0.11	0.05	0.07	−0.01	0.23
ZY	图基 HSD	1 小学	2 初中	−0.07	0.03	0.12	−0.15	0.01
			3 高中	−0.11363*	0.04	0.00	−0.20	−0.03
		2 初中	1 小学	0.07	0.03	0.12	−0.01	0.15
			3 高中	−0.05	0.04	0.48	−0.14	0.05
		3 高中	1 小学	0.11363*	0.04	0.00	0.03	0.20
			2 初中	0.05	0.04	0.48	−0.05	0.14

（续表）

维度	检定模式	I	J	M 差值 （I-J）	SD	p	95% CI 区间 下限	95% CI 区间 上限
ZY	雪费	1 小学	2 初中	−0.07	0.03	0.15	−0.15	0.02
		1 小学	3 高中	−0.11363*	0.04	0.01	−0.20	−0.03
		2 初中	1 小学	0.07	0.03	0.15	−0.02	0.15
		2 初中	3 高中	−0.05	0.04	0.52	−0.14	0.05
		3 高中	1 小学	0.11363*	0.04	0.01	0.03	0.20
		3 高中	2 初中	0.05	0.04	0.52	−0.05	0.14

注：* 表示平均值差值的显著性水平为 0.05；M = 平均值，SD = 标准差，N = 个案数；XJ = 教师信息技术领导力，JX = 信息化教学领导力，KC = 数字化课程领导力，FW = 信息技术氛围领导力，ZY = 信息技术专业引领力；图基 HSD 和雪费是两种检验的方法，目前在 SPSS 中是比较常用的两种相互印证的 ANOVA 事后检验方法。

所以，教师信息技术领导力及其四个维度在小学、初中和高中三个学段皆存在显著性差异，高中教师和初中教师显著高于小学教师。

国内较多学者对各个学段教师的信息技术能力做出了调查，其中多数得出"高中教师信息技术能力相对较弱，而小学教师信息技术能力较强"的结论，原因是：小学教学内容相对简单，教师教学负担不重，有更多自由支配的时间，可以学习新技术并尝试将技术应用于教学中，且相比高中教师更注重教学形式的灵活性与多样化，高中教师可能更多时间用于应试教育。[①]

从信息技术应用能力上看，小学教师教学内容简单、负担较轻以至于有更多的时间摸索信息技术，这个说法似乎可以解释"高中教师信息技术能力相对较弱，而小学教师信息技术能力较强"的原因。

而本书则更加注重教师的领导力而不是信息技术能力，从测量量表来看，教师信息技术领导力的四个维度测量题项设计遵从于教师领导的测量框架而非信息技术应用能力的测量框架，包含决策参与、组织实施、沟通协作、评估改进等，故而与信息技术应用能力测量框架的结果产生不一致也是可以理解的。

① 郝琦蕾，温倩玉.中小学教师信息技术应用能力现状研究——基于 X 市中小学的调查分析［J］.当代教育与文化，2017，9（3）：42—46.

"高中和初中教师信息技术领导力显著高于小学教师"，原因有二。

第一，初高中的专业素养以及综合能力一般情况会略高于小学教师[①]，在学习能力、教学能力、教学管理、困难克坚能力、抗压能力、随机应变能力等方面有着较高的自信。初高中阶段的教育，由于其知识的深度和广度比小学阶段更深入、难度更高，这也要求初高中教师具备更多、更深入的学科知识与更高明的教学技能以及随机应变能力，才能保证初高中阶段教学的顺利开展。这也是《教师资格条例》第五条规定"取得教师资格的公民，可以在本级及其以下等级的各类学校和其他教育机构担任教师"[②]的原因。因此，信息技术领导力方面，也比较具有优势，因这是新技术、新的教学模式、新的改革，新的"困难与挑战"，而初高中教师的学习能力、抗压能力、随机应变等综合素质都比较占优势。

第二，初高中教师面对是年龄比较大的教育对象，心智较为成熟，初步具备与教师"斗智斗勇"的经验，难以应付；而初高中教师也正是在此期间练就了一身过硬的"与人打交道"的能力和"处理复杂事情"的能力，而这些能力更加偏重"领导力"的范畴。因此，在信息技术领导力方面，初高中教师则更具有优势。

五、校长领导风格影响下教师信息技术领导力水平差异

校长领导方式大体上有三种类型：集权型领导、民主型领导和放任型领导。[③]集权型领导，是指领导者个人决定一切，要求下属绝对服从，把决策当作是自己一个人的事；民主型领导，强调下属参与，共同商量，集思广益，然后决策，要求上下融洽，合作一致地工作；放任型领导，指领导撒手不管，下属愿意怎么做就怎么做，完全自由。有关教师领导力的研究，很多学者都提到

---

① 李敏.中学教师工作投入感研究［D］.上海：华东师范大学，2015：167—168.
② 《教师资格条例》第五条。
③ 周三多，陈传明，鲁明泓.管理学——原理与方法［M］.上海：复旦大学出版社，2009：410.

了校长领导风格对教师的影响至关重要①②③，所以在研究中特设计了有关校长领导风格的人口学变量题目，因我国中小学实行校长负责制，故在具体实践中，放任型校长并不多见。故选项设为集权型领导、二者之间、民主型领导。

为了直观观察三种领导风格下，教师信息技术领导力的趋势和走向，特以三种领导风格为横轴，以教师信息技术领导力总均分为纵轴，绘制了图4-6，图中"V"字形，谷底即为处于中间型领导风格（集权型和民主型二者之间）之下的教师得分，即可以得出结论，领导风格不明确的校长不利于教师信息技术领导力的培养与发挥。

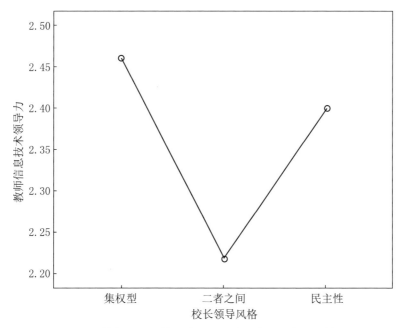

图4-6 校长领导风格影响下师信息技术领导力的走势图

① 赵必华.影响教师工作满意度的因素：基于HLM的分析［J］.教育科学，2011，27（4）：30—34.
② 侯浩翔.校长领导方式可以影响教师教学创新吗？——兼论学校组织创新氛围的中介效应［J］.教育科学，2018，34（1）：26—32.
③ 张忠山，吴志宏.校长领导行为与教师工作满意度关系研究［J］.心理科学，2001（1）：120—121.

那么在统计学意义上，三种领导风格下，教师信息技术领导力是否存在显著性差异，涉及三群差异比较，故选用 ANOVA 方差分析法进行检验。如表 4-16 所示，教师信息技术领导力及其四个维度在三种校长领导风格影响下，皆存在显著性差异，$p < 0.05$。

表 4-16　校长领导风格影响下教师信息技术领导力及其四个维度 ANOVA 检验

维度	领导风格	N	M	SD	M 值 95% CI		F	p
					下限	上限		
总均分	集权型	**352**	**2.46**	**0.65**	**2.39**	**2.53**	**20.19**	**0**
	二者之间	**425**	**2.22**	**0.55**	**2.16**	**2.27**		
	民主型	**819**	**2.4**	**0.55**	**2.36**	**2.44**		
JX	集权型	352	2.36	0.72	2.29	2.44	7.87	0
	二者之间	425	2.19	0.61	2.13	2.25		
	民主型	819	2.32	0.61	2.28	2.36		
KC	集权型	352	2.88	0.84	2.79	2.96	17.74	0
	二者之间	425	2.55	0.76	2.48	2.62		
	民主型	819	2.75	0.78	2.7	2.81		
ZY	集权型	352	2.45	0.83	2.36	2.54	24.64	0
	二者之间	425	2.12	0.65	2.06	2.18		
	民主型	819	2.36	0.67	2.32	2.41		
FW	集权型	352	2.09	0.68	2.02	2.16	9.7	0
	二者之间	425	1.97	0.51	1.92	2.02		
	民主型	819	2.12	0.58	2.08	2.16		

注：M = 平均值，SD = 标准差，N = 个案数；XJ = 教师信息技术领导力，JX = 信息化教学领导力，KC = 数字化课程领导力，FW = 信息技术氛围领导力，ZY = 信息技术专业引领力。

事后多重检验结果（表 4-17）显示，在教师信息技术领导力总均分层面，集权型和民主型显著高于中间型；在信息化教学领导力方面，集权型和民主型显著高于中间型；在数字化课程领导力方面，集权型显著高于中间型，集权型著高于民主型，民主型显著高于中间型；在信息技术氛围领导力方面，集权型、民主型显著高于中间型；在信息技术专业引领力方面，集权型、民主型显著高于中间型。

表 4-17　校长领导风格影响下教师信息技术领导力及其四个维度 ANOVA 事后多重检验

维度	检定模式	I	J	M 差值（I-J）	SD	p	95%CI 下限	上限
教师信息技术领导力	图基HSD	集权型	中间型	0.24244*	0.04	0.00	0.14	0.34
			民主性	0.06	0.04	0.24	−0.03	0.15
		中间型	集权型	−0.24244*	0.04	0.00	−0.34	−0.14
			民主性	−0.18272*	0.03	0.00	−0.26	−0.10
		民主性	集权型	−0.06	0.04	0.24	−0.15	0.03
			中间型	0.18272*	0.03	0.00	0.10	0.26
	雪费	集权型	中间型	0.24244*	0.04	0.00	0.14	0.34
			民主性	0.06	0.04	0.27	−0.03	0.15
		中间型	集权型	−0.24244*	0.04	0.00	−0.34	−0.14
			民主性	−0.18272*	0.03	0.00	−0.27	−0.10
		民主性	集权型	−0.06	0.04	0.27	−0.15	0.03
			中间型	0.18272*	0.03	0.00	0.10	0.27
信息化教学领导力	图基HSD	集权型	中间型	0.16777*	0.05	0.00	0.06	0.28
			民主性	0.04	0.04	0.55	−0.05	0.14
		中间型	集权型	−0.16777*	0.05	0.00	−0.28	−0.06
			民主性	−0.12532*	0.04	0.00	−0.21	−0.04
		民主性	集权型	−0.04	0.04	0.55	−0.14	0.05
			中间型	0.12532*	0.04	0.00	0.04	0.21
	雪费	集权型	中间型	0.16777*	0.05	0.00	0.06	0.28
			民主性	0.04	0.04	0.58	−0.06	0.14
		中间型	集权型	−0.16777*	0.05	0.00	−0.28	−0.06
			民主性	−0.12532*	0.04	0.00	−0.22	−0.03
		民主性	集权型	−0.04	0.04	0.58	−0.14	0.06
			中间型	0.12532*	0.04	0.00	0.03	0.22

（续表）

维度	检定模式	I	J	M差值（I-J）	SD	p	95%CI	
							下限	上限
数字化课程领导力	图基HSD	集权型	中间型	0.32755*	0.06	0.00	0.19	0.46
			民主性	0.12246*	0.05	0.04	0.00	0.24
		中间型	集权型	−0.32755*	0.06	0.00	−0.46	−0.19
			民主性	−0.20509*	0.05	0.00	−0.32	−0.09
		民主性	集权型	−0.12246*	0.05	0.04	−0.24	0.00
			中间型	0.20509*	0.05	0.00	0.09	0.32
	雪费	集权型	中间型	0.32755*	0.06	0.00	0.19	0.47
			民主性	0.12	0.05	0.05	0.00	0.25
		中间型	集权型	−0.32755*	0.06	0.00	−0.47	−0.19
			民主性	−0.20509*	0.05	0.00	−0.32	−0.09
		民主性	集权型	−0.12	0.05	0.05	−0.25	0.00
			中间型	0.20509*	0.05	0.00	0.09	0.32
信息技术氛围领导力	图基HSD	集权型	中间型	0.32847*	0.05	0.00	0.21	0.45
			民主性	0.08	0.04	0.14	−0.02	0.19
		中间型	集权型	−0.32847*	0.05	0.00	−0.45	−0.21
			民主性	−0.24367*	0.04	0.00	−0.34	−0.15
		民主性	集权型	−0.08	0.04	0.14	−0.19	0.02
			中间型	0.24367*	0.04	0.00	0.15	0.34
	雪费	集权型	中间型	0.32847*	0.05	0.00	0.20	0.45
			民主性	0.08	0.04	0.17	−0.02	0.19
		中间型	集权型	−0.32847*	0.05	0.00	−0.45	−0.20
			民主性	−0.24367*	0.04	0.00	−0.35	−0.14
		民主性	集权型	−0.08	0.04	0.17	−0.19	0.02
			中间型	0.24367*	0.04	0.00	0.14	0.35
信息技术专业引领力	图基HSD	集权型	中间型	0.12669*	0.04	0.01	0.03	0.23
			民主性	−0.02	0.04	0.78	−0.11	0.06

（续表）

维度	检定模式	I	J	M 差值（I-J）	SD	p	95%CI 下限	95%CI 上限
信息技术专业引领力	图基HSD	中间型	集权型	−0.12669*	0.04	0.01	−0.23	−0.03
			民主性	−0.15162*	0.03	0.00	−0.23	−0.07
		民主性	集权型	0.02	0.04	0.78	−0.06	0.11
			中间型	0.15162*	0.03	0.00	0.07	0.23
	雪费	集权型	中间型	0.12669*	0.04	0.01	0.02	0.23
			民主性	−0.02	0.04	0.80	−0.12	0.07
		中间型	集权型	−0.12669*	0.04	0.01	−0.23	−0.02
			民主性	−0.15162*	0.03	0.00	−0.24	−0.07
		民主性	集权型	0.02	0.04	0.80	−0.07	0.12
			中间型	0.15162*	0.03	0.00	0.07	0.24

注：* 表示平均值差值的显著性水平为 0.05；M ＝平均值，SD ＝标准差，N ＝个案数；图基 HSD 和雪费是目前在 SPSS 中是比较常用的两种相互印证的 ANOVA 事后检验方法，可以据此找出显著性差异的维度。

综上，集权型和民主型校长领导风格下教师信息技术领导力显著高于中间型，即校长领导风格不明确（或多变）不利于教师信息技术领导力的培养与发挥。

民主型校长，则可以让教师有参与学校决策的机会，教师们被赋予参与学校决策的权力和责任，则可以促进学校进行重要的改进。[①]民主型校长领导下，容易形成比较宽松的学校组织氛围，教师"可操作"的空间就大一些，进而能够发挥作用的余地就会增大；故而民主型校长领导下的教师信息技术领导力的发挥也会较大。

我国中小学实行校长负责制，集权型校长（垂直式领导）比较常见，作为松散耦合组织结构的学校来说，集权控制就是在扼杀教师的创新能力和领导能

[①] ［美］阿尔玛·哈里斯，丹尼尔·缪伊斯.教师领导力与学校发展［M］.许联，吴合文，译.北京：北京师范大学出版社，2007：106.

力。① 集权型领导也并非一无是处，有研究指出，垂直式领导强调团队依赖于单个领导者的智慧，并发生在从上到下的影响过程，与西方相比，我们的文化是权力距离比较大，垂直式领导对团队绩效的预测作用则可能会更大。② 在这种领导风格下，教师能够发挥领导指挥作用的地方虽然不多，但是却能够大大提高教师执行力和效率，而执行力也是教师领导力的重要组成部分。

相比来说，校长领导风格不明确或者多变，则会给教师领导带来极大的"不安全感"，教师无法以固定模式预测校长领导行为，从而使教师在发挥领导作用的时候"畏首畏尾""踌躇不前"，唯恐"得罪"校长而受到"冷落"。所以在该领导风格下，教师大多数选择"不作为"的态度和行为，故而导致此种领导风格下教师信息技术领导力水平较为低下。

六、校长支持态度影响下教师信息技术领导力水平差异

为探究校长支持态度对教师信息技术领导力的影响是否存在差异，在研究中设计了有关校长态度的人口学变量题目："校长_____鼓励我使用信息技术去影响其他人"，选项为二分法，即"会"和"不会"。笔者希望通过两个群体的差异性检验，来判断校长态度是否会对教师信息技术领导力产生影响。

由于是支持与否的二分法选项，属于两个群体之间的差异比较，选用独立样本 T 检验。教师信息技术领导力整体上呈现出显著性差异，$F_{(1, 1594)} = 17.58$，$p = 0.00 < 0.05$，且校长支持态度下的教师得分显著高于校长消极态度下的教师得分。在其四个二级维度上，教师信息化教学领导力，$F_{(1, 1594)} = 35.25$，$p = 0.00 < 0.05$，且校长支持态度下的教师得分显著高于校长消极态度下的教师得分；数字化课程领导力，$F_{(1, 1594)} = 2.86$，$p = 0.00 < 0.05$，且校长支持态度下的教师得分显著高于校长消极态度下的教师得分；信息技术领

---

① ［美］阿尔玛·哈里斯，丹尼尔·缪伊斯.教师领导力与学校发展［M］.许联，吴合文，译.北京：北京师范大学出版社，2007：111.

② 王永丽，邓静怡，任荣伟.授权型领导、团队沟通对团队绩效的影响［J］.管理世界，2009（4）：119—127.

导力，$F（1，1594）= 13.58$，$p = 0.00 < 0.05$，且校长支持态度下的教师得分显著高于校长消极态度下的教师得分；信息技术专业引领力，$F（1，1594）= 23.04$，$p = 0.00 < 0.05$，且校长支持态度下的教师得分显著高于校长消极态度下的教师得分；总之，教师信息技术领导力及其四个维度 T 检验结果皆存在显著性差异，且校长支持态度下的教师得分显著高于校长消极态度下的教师得分。

表 4-18　校长支持态度影响下教师信息技术领导力及其四个维度 T 检验

维度	校长态度	N	M	SD	差值 95% CI 区间		Levene 检验		T 检验	
					下限	上限	F	p	T	p
总均分	支持	1326	2.58	0.56	0.34	0.19	17.58	0.00	−6.81	0.00
	不支持	270	2.32	0.66	0.35	0.18			−6.09	0.00
JX	支持	1326	2.47	0.6	0.3	0.13	35.25	0.00	−5.12	0.00
	不支持	270	2.26	0.77	0.31	0.12			−4.35	0.00
KC	支持	1326	3.02	0.77	0.46	0.25	2.86	0.09	−6.80	0.00
	不支持	270	2.66	0.83	0.46	0.25			−6.47	0.00
ZY	支持	1326	2.59	0.68	0.41	0.23	23.04	0.00	−3.37	0.00
	不支持	270	2.26	0.79	0.42	0.22			−3.00	0.00
FW	支持	1326	2.18	0.57	0.21	0.05	13.58	0.00	−6.85	0.00
	不支持	270	2.05	0.67	0.22	0.05			−6.23	0.00

注：XJ = 教师信息技术领导力，JX = 信息化教学领导力，KC = 数字化课程领导力，FW = 信息技术氛围领导力，ZY = 信息技术专业引领力；M = 平均值，SD = 标准差，N = 个案数；Levene 检验为方差同质性检验，如果其 F 值显著（$p \leqslant 0.05$），此时应查看第二行 T 值显著性与否；否则，查看第一行。[1]

　　较新的相关研究也支持了上述调研结论，"学校领导比较关注"对教师信息技术能力提升会起到比较大的帮助作用，尤其是教育局和学校领导的支持作用更为明显。[2] 此外，众多受访者也表示校长积极的支持态度能够对教师信息

---

[1]　吴明隆 . 问卷统计分析实务——SPSS 操作与应用 [M]. 重庆：重庆大学出版社，2010：335.

[2]　张海，崔宇路，季孟雪，余露瑶，史册 . 教师 ICT 应用影响因素模型与动力机制研究——基于扎根理论的探索 [J]. 现代远距离教育，2019（4）：48—55.

技术能力提升起到比较大的帮助作用，从而为学校提供教师信息技术领导力发挥的技术环境。比如多数受访教师谈到"校长的态度，对我们的影响很大，如果校长支持，我们的动力就很大，如果校长爱答不理，我们做起来就有后顾之忧"；"我们的校长不支持，我们学校就基本上没有在搞教育信息化"；"校长大力支持教师使用信息化教学，我们学校的信息技术氛围比较好，很多教师愿意站出来带领同行共同进步"。此外，在调研教师信息技术领导力影响因素时，共访谈 61 人，其中提及"校长支持"这个因素的有 45 人，足见校长态度差异下的教师信息技术领导力差异。

第三节　教师信息技术领导力实践形态

本书采用多案例研究法将实践中涌现出的教师信息技术领导力形态呈现出来，并加以总结，来揭示教师信息技术领导力实践模式以及不同模式下教师信息技术领导力的发挥过程。

一、自下而上的自发模式

自发模式，就是教师信息技术领导力自下而上的形态，是指普通教师通过个人努力，通过某个契机而被认可，并在此基础上对同行教师、学生以及学校领导层产生较大影响的模式。

案例选取理由：F5 只是一名普普通通的教师，是一名典型的"草根"，最终走向了"逆袭"，他在信息化教学领导力和信息技术专业引领力两个方面表现十分突出，案例 F5 对大多数一线教师是一种激励、是一个榜样。以下内容来自信息技术领导者 F5（初中化学，30 岁左右）对话内容的文字版整理。

　　我不是信息技术教师，原来本科专业也跟信息技术不相关，现在将信息技术应用于教学纯粹是个人爱好，感兴趣，很多软件操作以及课件制作都是自学的。对于想要学习的东西，就依靠搜索获取相关教程，学习相关软件，这几年学习了相关系列的软件（EV录屏、电子白板、班级管理大师等）、PPT美化教程、微课制作教程、简单软件封装等。此外，我还在中国大学MOOC（慕课）、网易云课堂等地方申请学习了好几个课程，比如微课、翻转课堂、教师信息技术应用等，坚持学完了，还拿到了几个合格证书。有时候就是为了学动画，专门花钱去学别人的收费课程。

现在在线教学平台也挺多的，我有时候会去探索，毕竟有些是收费的，就去找一些免费的学习平台，然后申请账号，在上面开课，建班级，把我们的学生组织进去，这样的话，学生在平台上学习，那些学习过程和进度，就可以看到了，我可以很容易掌握学生学习情况。学习平台也是每天都用，遇到合适的教学内容，才让学生在平台学习。我自己录制的课程以及重难点的习题也会放在在线平台班级里，让学生课后学习。

这样的学习方式，有时候得和家长打交道，需要家长的配合支持。家访的时候，跟家长说这个事情，大多数家长都觉得挺好的，但是也有一小部分家长不理解。有些家庭条件较好，网络、电脑等都支持，但有些家庭就没有这些东西，用智能手机，还费流量。在课程简介里我会写清楚，提醒注意流量，这也是经历过几次家长反馈才想到的办法。有时候，和家长约定在晚饭过后，19点左右开始在线为学生答疑，也不是很正规的那种上课，而是学生有问题，我就在线回答一下。家长的评价还相当不错的，好多家长觉得我确实花了很大精力，对我的评价也特别好！在这个过程中，个人时间牺牲比较多，而且我认真，学生提的问题，学生们之间也可以交流，语音交流、视频交流，然后我也会加入进来，我觉得包括家长都可以进来，当然也确实有家长参与进来。

平时我自己也总结了一下，运用信息技术是如何影响学生的，大概有以下三种情况：

第一，利用微视频，对现场演示实验进行复习强化。由于现场演示实验时，不容易让每个学生都看得清楚，时间久了又容易遗忘。为学生准备好微视频，就可以进行一定程度的补救。

第二，利用化学仿真实验室，进行实验模拟，这样学生可以在课后自行利用软件进行模拟实验，在一定程度上弥补学生课后无法进行化学实验的遗憾。当然，现在有很多学生在网上买实验套盒，也很方便。

第三，要让知识的呈现方式更加多样化，让微观不可见的东西可视化，比如说在介绍分子结构的时候，我采用了 AR 增强现实技术让学生观察，在做一些危险实验的时候，我采用手机摄像头同屏技术让教室里每一位学生都能清楚地观察到实验现象。

第四，利用微视频，对重难点着重讲解。由于这些知识点对于一些学生可能讲一遍讲两遍学生依然难以掌握，因而可以利用微视频，让学生多看几遍，跟着模仿，从而实现重难点突破。

2014—2015 年，我参加了全国微课大赛，获得了二等奖。获奖之后，校长才知道，也很惊讶，可能是我个人比较内向吧，一心专注于自己的课堂，校长也没想到我能拿奖。从此以后，在教育信息化摸索这一块，校长会经常咨询我的意见，还让我把自己运用信息技术教学摸索的经验形成教学模式，在全校的几个学科进行推广。我个人也被写进了学校对外宣传的材料之中，这一点我是很高兴的，毕竟得到了认可，也可以帮助其他人。

再往后，校长将信息化教学纳入教研组常规研修之中，我虽然不是教研组长，但是在教育信息化这一块，教研组长也基本上完全听取我的意见，让我引领组内其他教师信息化教学。教研中，除了一些基本信息技术方法使用和操作之外，我们采用案例研究的方法，就是通过其他的成功案例的剖析，分析原因，也评估在本校以及班级内使用的效果。

我们校长的人际关系很广，有时候会把我推到其他学校传授经验，就是讲座形式的，讲述我们学校的探索过程和取得的成绩。在其他学校传授经验的时候，我经常说，信息技术是为教学服务，真正的教学是由心而发，为学生服务的。教师的信息技术掌握的种类，掌握的多少，很大程度上取决于教师自己认为信息技术对于教学的帮助有多大。外部可以影响教师的因素很有限，教师能从外部获知教学方面的相关信息技术有哪些，有什么作用，然而如果这些和教师内心对于教学的价值认知不匹配，甚至是相冲突，教师就不会真正去学习这些技术。所以，个人觉得，内心的认同感是最为重要的。此外，是对学生的责任感和对教学的追求，若是对教学追求智慧的提升，而不是把教学中不好的结果归因到学生不认真听等这些因素，教师便会自己去寻求解决问题的方法，然后就有可能发现信息技术解决问题的可能，从而提升自身的信息技术素养。

F5 是一位初中化学教师，在学校并未兼职行政职务，他专注于信息技术应用于课堂的探索，并不断尝试和实践，赢得了学生、同行教师、家长和校长的一致认可，同时，还将自己的经验传授给校内以及校外的同行教师。由此，F5 在信息化教学领导力和信息技术专业引领力两个方面表现较为突出。

通过 F5 的成长与引领过程，可以看出他给我们呈现出一条教师信息技术领导力从无到有的路线图：起步于热爱信息技术，聚焦于信息技术融合教学，走向于校外同行引领。

（一）起步于热爱信息技术

对信息技术的热爱，是 F5 能够在课堂、教师同行、学校以及校外产生较大影响力的始点。比如 F5 自己探索和学习了很多软件操作，如希沃系列的软件（EV 录屏、电子白板、班级管理大师等）、PPT 美化教程、微课制作教程、简单软件封装等，还在中国大学 MOOC（慕课）、网易云课堂等地方申请学习了好几个课程并获得了证书。软件教程的学习、中国大学 MOOC（慕课）证书的获得，其实需要花费大量时间和精力的，还需要有持之以恒的毅力去坚持，若不是出自对信息技术的热爱，根本坚持不下来。F5 为了学动画，还专门花钱去学别人的收费课程，这更是很多人做不到的。其实，一线教师有很多人在中国大学 MOOC（慕课）申报证书，但是坚持下来的确寥寥无几，大多数因为各种原因而中途放弃，而 F5 坚持下来了。信息技术能力是教师发挥信息技术领导力的基础，而兴趣和爱好则是学习信息技术源源不断的动力。

（二）聚焦于技术融合教学

据 F5 所言，他学习信息技术的初衷则是在平时化学课的教学中有一些内容无法让学生"眼见为实"，那些分子结构、化学反应过程等不能够直接观察，于是就想到用化学仿真实验、AR 增强现实技术等技术手段。

信息化教学领导力，是教师信息技术领导力的核心内容，体现在课堂上，主要表现在，第一，利用微视频对现场演示实验进行复习强化，让每个学生都看得清楚；对重难点知识点进行突破，利用微视频，让学生多看几遍，跟着模仿，记得牢固。第二，利用化学仿真实验室让学生在课后利用软件进行模拟实验，弥补学生课后无法进行化学实验的遗憾；采用 AR 增强现实技术，让学生观察并真实体验实验现象，尤其是那些让微观不可见的物质。

F5 的探索，一方面为学生探索新知树立了榜样，有利于学生创新精神的培养，另外一方面还积极促进了学生的学习效果。此外，为了更好地促进学生学习，还主动寻求家长的配合和支持，引导家长关注学生的学习，甚至参与学生讨论，这在一定程度对家长也是积极有效地促进。

（三）走向于校外同行引领

从 F5 的成长之路可以看出，有一个契机不可忽视，那就是竞赛获奖，通过竞赛获奖，得到了校长的支持，从而在校内产生一定影响力；而后在 F5 的积极参与和帮助之下，学校的信息化教学取得一定成效，并得到了兄弟学校的认可。这就是"草根逆袭"之路，从一个默默无闻的教师，变成众人关注的焦点。F5 也并不藏私，将自己的探索和经验也传递到了兄弟学校的教师同行们。据 F5 所述，他引领同行其他教师的途径有两种：第一，以讲座的形式，将自己的摸索和经验分享出去；第二，参与其本校以及其他兄弟学校的信息化教研，将自己的看法和观点分享出去，比如，对于信息化素养不高的教师，如果强行让其进行信息化教学，则必定会招来反感和不适应，反而对教学产生不利影响；又比如鼓励教师进行案例研究，通过制定激励政策，鼓励教师进行自主学习研究；再比如将信息化教学纳入教研组常规研修之中，提升教研组的学习力和研究力，让教研组长真正担当起引领组内教师教学研究的责任。

二、自上而下的行政介入模式

行政介入模式，就是教师信息技术领导力自上而下的形态，是指教师自身就兼任学校领导职务（或是受到校领导支持、鼓励和督促）或者在起步阶段就得到了校领导的大力支持，通过对信息化教学的钻研而逐渐成长起来，并对学生、同行教师以及学校领导层产生较大影响的模式。

案例选取理由：第一，在中小学实践中，行政力量参与教育信息化也是常见事情，但大多数情况下效果不理想，本案例提供了一种行政力量介入的有效模式；第二，F10 是一位女性教师，且她的校长也是女性，选择 F10 作为案例，也是让那些"女老师信息技术领导不行"的想法不攻自破；第三，F10 在信息技术专业引领力和信息技术氛围领导力等方面表现较为突出。

以下内容来自信息技术领导者 F10（小学语文教师，班主任、兼任教研组长和年级段长，40 岁左右）对话内容的文字版整理。

我是一名小学语文教师，同时兼任教研组长和年级段长，我们学校现在教育信息化做得还不错，至少比周边学校要好一点，但还不能与上海等大城市的学校相媲美。

我们学校主抓教学的副校长刘校长目光敏锐，认为教育信息化是教育事业发展的一个趋势，所以她对学校教育信息化比较支持，也鼓励教师们采用信息技术手段上课。刘校长对我的支持和鼓励主要来源于几次教学活动。2007 年的时候我参加优质课比赛，当时刘校长强烈要求我在教学时注意使用多媒体课件展示审美教育。我当时制作的课件在开封市小学语文界也引起了一定的影响，我比较重视课件审美方面的情趣。当时我选择了就是非常有意境的图片，来表示文中主人公的心理变化，而且在课件当中插入了当时比较流行的一首歌曲。学完课文升华学生情感的时候，我带领全班同学一起演唱，"接受我的关怀，期待你的笑容，人字的结构就是相互支撑"这首歌，当时全场听课的老师也比较感动。我就感觉到信息技术对课堂教学的影响还是比较大的，特别是对于小学语文课堂来讲，创造情境方面能发挥非常大的作用。

到了2012年的时候，我又接到了刘校长的通知，录制两节思想品德课。我讲的是小学生刷牙的好处，插入中央电视台一则公益广告关于这个牙齿保护方面的一段视频。录制结束之后呢，电教馆的老师非常满意，告诉我当时那个项目就是为了能够在网络上储备更多的教学资源，让一些没有机会去上这些课程的学校，可以通过网络来收看这样的学科课程，很多学生可以足不出户在家里就可以通过网络来收看这两节课。

在以后的时间里，刘校长经常会给我和我的同事们布置一些关于信息技术教育方面的学科教学任务。比如说，2016年我们教研组曾经承担过一节学生使用平板来收集信息完成学习活动的品德与生活教学任务，获得河南省的一等奖。执教老师从最初的对这个课堂形式很抵触不愿意尝试，认为自己驾驭不了，到后来就是非常自信，完全靠着这样非常创新的设计，新颖的教学手段取得了优质课比赛的优异成绩，我们当时作为同组的同事也感到很开眼界。对课堂教学有了新的认知。这也都感谢刘校长的坚持和支持，以及在这个过程中不断地为我们提供便利和条件。

2018年我录制了一节语文课，参加了河南省信息技术与课程融合优质课比赛获得了河南省一等奖。刘校长是一个比较敢于接受新事物的人，很有行动力。当然身为学校领导可能参与培训和学习的机会也比较多，但是她能够把这个学习的成果实践到我们的教学当中，并且知人善任能够让有创新精神的老师去探索，并且取得了一定的成绩。在她的支持下，我们学校较早建成了现代化的录播教室。

我感觉她影响大家的方式就是任务驱动，给老师们布置任务，同时能加以鼓励，创造机会和条件，让老师们在这个领域能够施展自己的才华，取得一定的成绩，不断地获得这个探索的正强化。

除了我之外，还有一位宋老师，是信息技术专职老师，他给我最大的支撑就是当我遇到信息技术方面的难题时，提供最具体的技术支持，所以我觉得他对我的影响更多的是实践操作层面。

校领导对我比较支持，还有信息技术老师的帮助，我成长也非常快，经常将信息技术与我所教学科（小学语文）相结合，为学生们提供更直观的感受，创造意境是一个方面，此外，在识字和读写方面，也起着非常重要的作用，比如可以将识字、笔画、笔顺等内容录制成微课，让学生去观看，反复学，我觉得效果挺好的。

此外，我还成立了名班主任工作室，成员都是我们省内比较有名的班主任。我经常会在我们的微信群推送一些教育信息技术类的文章，分享一些学科教学资料，大家互通有无；而且我们还不定期举办有关信息技术专题的活动，将信息技术与班主任管理结合起来，通过活动的形式，成员之间也会互相讨论，将各自有效的做法分享出来，比如"小打卡"程序用于作业打卡、班级优化大师用于班级管理、金山文档用于协作办公等。有时候，我也会被邀请去做一些讲座，同行之间交流，在交流过程中，信息技术也是我讲授的一个主要内容。

F10 是教研组长和年级段长，本身又具备一定的信息技术能力，在学校信息化规划以及发展上面有一定的发言权和建议权，在教研和教学中对同行的引领和帮助作用较大。因此，上述案例 F10 的信息技术领导力主要体现在信息技术专业引领力和信息技术氛围领导力。

此外，F10 的成长和技术引领过程，也给我们很大启发，她的成长经历得益于外界因素的帮助，比如校长的支持、鼓励和督促，还有信息技术专职教师的技术帮助和指导。但 F10 自身也很努力，她的技术能力可能不是最强的，但她的技术影响力却很大。分析 F10 案例，也给我们呈现一条她自身的信息技术领导力渐强的路线图：得益于行政支持，形成团队引领力，辐射于同行之间。

（一）得益于行政力量

从 F10 的成长与引领过程，可以看出，学校领导的支持、鼓励和督促起到了至关重要的作用。刘校长对教学信息化比较重视，通过任务驱动的方式，给

老师们布置任务，同时能加以鼓励，创造机会和条件，让老师们在这个领域能够施展自己的才华，取得一定的成绩，不断地获得这个探索的正强化。教师们也逐渐改变了教师们对信息技术的传统看法，让他们看到了信息技术的优势，开始逐渐尝试，从"很抵触不愿意尝试"到后来"非常自信"，对课堂教学有了新的认知。F10就是其中受益的一员。此外，F10本身还兼任班主任、教研组长和年级段长，这就为她在学生和教师之间发挥引领和带动作用提供了便利条件。作为教研组长，在教研时大力倡导信息技术融合于教育教学，则能够以自身加持的行政力量推动其他教师进行尝试、探索和研究。

（二）辐射于同行之间

F10发挥信息技术领导力的作用对象主要是同行教师，通过优质课比赛将信息技术的优势呈现出来，对其他教师不断造成冲击，也在一定程度上对他们传统概念的转变造成了巨大影响，在教师信息技术专业引领力方面表现突出。比如2007年优质课比赛，F10注重课件审美，选择有意境的图片来表示文中主人公的心理变化，使得全场听课的老师也比较感动；再比如2016年使用平板来收集信息完成学习活动的品德与生活教学任务，获得河南省的一等奖，她带领下的执教老师从最初对这个课堂形式很抵触不愿意尝试，认为自己驾驭不了，到后来的非常自信，当时作为同组的同事也感到很开眼界，对课堂教学有了新的认知。此外，F10还在自己主持的名班主任工作室微信群经常推送一些教育信息技术类的文章、分享一些学科教学资料、组织信息技术专题的活动、探讨信息技术与班主任管理融合的方式方法，对工作室成员产生了较大影响。

（三）形成团队引领力

综合上述F10案例，其中有个无形的团队，在默默地发挥着信息技术领导力，对学校、同行教师以及学生造成了潜移默化的影响。第一个，是由F10、主管教学副校长刘校长以及专职信息技术教师宋老师组成的信息技术领导力小团队，其中副校长为F10提供支持和便利，专职信息技术教师为F10提供技术支持，而F10则负责技术和学科教学融合。就是在这个团队协作的模式下，F10不断提升，不断获奖和受到嘉奖，从而也对其他教师产生了促进和带领作用。第二个，是由 F10 主持的省级名班主任工作室，工作室成员都十分优秀，且分布于省内不同的地方，辐射面积较大。而 F10 则是带领工作室成员一起探索信息技术在教学以及教学管理中运用，大多数成员受到熏陶，将比较有效的做法运用自己的工作之中。这个名班主任工作室，其实也是一个信息化团队，其中的每一位成员对自己所在学校的教师、学生、学校领导都会产生或多或少的影响，尤其是在做出成绩的情况下，影响程度则更大。

三、网络社区辐射模式

网络共同体辐射模式，是指教师通过网络将信息化教学的心得体会、经验教训、软件操作等形成数字化课程，通过微信、微博等形式，不断地向外辐射扩散，对其他教师、学生以及其他教育工作者产生引领、促进的模式。

案例选择理由：第一，随着"互联网 +"的发展，教育自媒体越来越多，很多教师在网上虚拟社区的影响力很大，此处选择的两个案例皆是基于互联网发挥信息技术领导力的典型代表，对其进行剖析，能够更加直观呈现教师信息技术领导力的发挥过程；第二，两个案例在数字化课程领导力方面表现十分突出，此外，相比之下，刘 × 案例更加偏重教师信息技术专业引领力的发挥，而王 × 案例更加偏重信息化教学领导力的发挥；第三，选择这两个案例能够较为全面呈现针对不同追随对象的信息技术领导力的多样性和完整性。

案例一，刘 ×（40 岁左右），高中语文教师；案例二，王 ×（30—40 岁之间），初中物理老师。两位老师不在本次的访谈名单之列，因为当时访谈时，恰好两位老师比较忙。所以以下案例介绍由笔者根据对两位老师的了解而进行详述。

刘老师是一位高中语文教师，对教育信息技术非常感兴趣，微课制作达人，至今有 5 年的制作经验，微课获得市级、省级、国家级大奖。他一直致力于一线教师常用的教学软件的摸索，并将其形成了课程，目前已经有成熟课程 23 门，课程实用与艺术并重，理论与实践并行，看得懂，用得上。这些课程呈现在网易云课堂等多个资源课程平台。

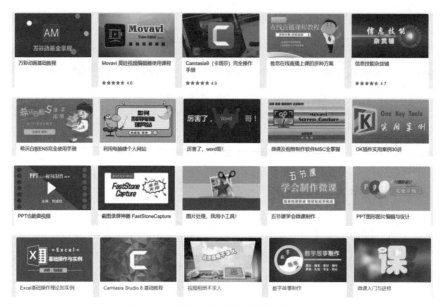

图 4-7　刘老师制作的教学软件课程

　　此外，刘老师还有自己的微信公众号，建于 2015 年，介绍微课制作相关软件和技术，传播微课制作理念，欣赏点评微课案例……他自己也做关于高中语文相关内容的微课，并形成了系列微课，比如诗歌系列、古诗词朗诵系列等。

　　微信公众号推出的软件教程以及信息技术相关使用技巧，颇受欢迎，"网友"对他的评论也较高，对他本人的信息技术能力和探索精神更是佩服。

图 4-8　公众号粉丝对刘老师的评价

刘老师在网络上非常活跃，形成属于自己的自媒体矩阵，比如微信公众号、网易云课堂、腾讯视频、优酷视频、微博、简书、荔枝微课、网易号等多个平台的个人账号。一旦有新课程或者网文，多个平台同时推广，辐射面很广，受益人也很多。

其实，像刘老师活跃互联网且通过课程录制、网文推荐的形式而发挥信息技术领导力的案例很多，初中物理教师王老师也是这样一位人物，与刘老师不同的是，王老师更加注重于学科内容建设方面，对学生的影响力较大。

王老师，是一名初中物理教师，对微课制作与应用颇有研究，能够熟练操作万彩动画大师、动画演示大师、Camtasia 9 视频剪辑软件等，在福建省×××市微课比赛中，获得了市一等奖第一名。

于 2017 年 3 月建立属于自己的微信公众号，发布关于初中物理的微课（有配套练习题等）、初中物理教研的相关内容。王老师在学校的支持下，还成立了微课团队，团队内分工明确，比如在开发"物理王"系列微课时，有实验视频制作组、课件制作组、进阶练习制作组、视频合成与配音组、素材审核组、团队总顾问等，每一个小组皆由几位教师组成。在各个小组的协作之下，录制初中物理微课越来越多、越来越精致，基本上完成了初中物理重要知识点的微课程录制工作，还有一些具有代表性的习题解答的微课录制，有时候也会拍摄一些反应物理知识的生活现象让学生思考。展示该公众号其中一节微课的内容，见图 4-9。

王老师运营的公众号的粉丝大部分是家长和学生，当然也有一些同行教师，由于发布初中物理微课内容是免费开放的，所以其他同行教师也会转发给自己的学生。公众号发布的视频是供学生课后自学的，尤其是那些课堂上没有听懂的学生，而王老师课后也会在微信群和学生答疑、互动的，帮助学生解决问题。

看完视频，不要忘记完成进阶练习。

第八章第 2 节《科学探究：液体的压强》进阶练习二

【基础篇】

1、学好物理好处多，比如随手涂鸦也能兼顾美与科学性。小娟同学想画鱼儿戏水时在水吐出气泡的情景

聪明的你请帮她在图中选出正确的画法吧（　　）

A．甲图

B．乙图

C．丙图

D．三图都正确

甲　　　　乙　　　　丙

2、图所示为一个可口可乐瓶，将其侧壁所扎的 a、b 两个小孔封住，瓶内盛有一定量的可乐（密度大于水）

把它放入水中，当瓶内外液面相平时，将 a、b 封口打开，则（　　）

A．a、b 两孔均有可乐流出

B．a、b 两孔均有水流入

C．可乐从 a 孔流出，水从 b 孔流入

D．可乐从 b 孔流出，水从 a 孔流入

【提高篇】

6、某同学用如图装置探究液体内部压强的特点。下列图形符合实验事实的是（　　）

A.　　　　B.　　　　C.　　　　D.

7、在探究"液体内部压强与哪些因素有关"的实验中，利用两端开口的玻璃管、橡皮膜、盛水容器、塑

料片、烧杯等进行实验。在玻璃管一端扎一块橡皮膜，将玻璃管扎膜端竖直插入盛水容器中，分别如

图所示。下列叙述中，不正确的是（　　）

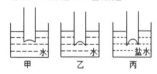

甲　　　　乙　　　　丙

图 4-9　公众号的其中一节微课内容

对上述两个案例进行分析比较，刘老师和王老师两位老师都是基于互联网而发挥信息技术领导力的典型代表，二者在数字化课程领导力方面表现都较为突出。但不同的是，前者更加偏重信息技术专业引领力的发挥，而后者更加偏重信息化教学领导力的发挥。

此外，从以上两个案例的简单介绍以及二者通过网络社区对同行教师以及学生的引领作用来看，也给我们呈现一条比较新颖的基于互联网虚拟社区的信息技术领导力发挥的路线图：成为自媒体人，依托数字化课程，积极推广互动。

（一）成为自媒体人

刘老师和王老师的案例，正是搭上了"自媒体"的东风，通过自媒体发布的数字化课程，由于推送的内容实用、易懂、新颖，更是吸引了越来越多的同行教师以及学生的追随，就像滚雪球一样，追随者越来越多。这就是网络虚拟社区中信息技术领导力的典型体现。

自媒体是指普通大众通过网络等途径向外发布他们本身的事实和新闻的传播方式，是私人化、平民化、普泛化、自主化的传播者。[①] 自 2009 年新浪微博上线，就引起社交平台自媒体风潮，而 2012 年微信公众号上线，更是引起了门户网站、视频、电商平台等纷纷涉足自媒体领域，平台多元化，2015 年以后，直播、短视频等形式成为自媒体内容创业新热点。[②] 刘老师自 2015 年入驻微信公众平台，而后在网易云课堂、腾讯视频、优酷视频、微博、简书、荔枝微课、网易号等多个平台都注册了自媒体账号，形成自媒体联动矩阵；王老师于 2017 年入驻微信公众平台，同时在腾讯视频、优酷视频等平台也发布初中物理微课视频。教育领域本身对信息科技的反应就较为迟钝，不像其他商业性质的企业反应那么灵敏，因此两位老师都是在自媒体后时代（2015 年以后）加入的自媒体大军，这个时间节点与其他商业性质的自媒体入驻者相比，显然

---

① 总政治部宣传部编. 网路新词语选编 2012 修订本［M］.北京：解放军出版社，2013：02.

② 白冰茜 .自媒体的发展研究［J］.新媒体研究，2018，4（6）：109—110.

较晚，但是在教育领域却已是"前行探索者"。自媒体的兴起与发展为两人提供契机和环境，让两人能够将自己的特长、优势、经验和教训等通过自媒体分享给更多的人，潜移默化地影响和改变更多人。

（二）依托数字化课程

从两人引领和影响追随者的方式来看，主要依托数字化课程，即二者将数字化课程领导力体现得淋漓尽致。刘老师录制的课程有很多，信息技术小技巧类，比如"信息技能杂货铺""厉害了，word 哥！""图片处理，我用小工具！""PPT 图形图片编辑与设计""利用电脑建个人网站"；微课或者视频制作类，比如"微课及相册制作软件 MSC 全掌握""微课入门与进修""五节课学会微课制作""PPT 也能做视频""视频相册不求人""截图录屏神器 Fast Stone Capture""Movavi 莫娃视频编辑器使用课程"；还有一些大型软件操作类，比如"万彩动画基础教程""Camtasia 9（卡塔莎）完全操作手册""希沃白板 EN5 完全使用手册""Camtasia Studio 8 基础教程"等。从这些课程上来看，大多数是围绕微课制作主题展开，课程视频里，刘老师一步一步讲述具体的微课设计理念、方法和技巧，同时通过案例剖析的方式让粉丝学员能够在"一只麻雀"的解剖过程中掌握如何围绕一个知识点更好地录制一节微课，对中小学教师的引领、帮助和改变作用，真的很大。

录制课程、编写网文、多平台推送、互动、答疑等都比较耗费精力和时间，刘老师是一个人在战斗，默默地完成所有流程，也正是这一点让很多粉丝学员非常感动。相比之下，王老师就相对轻松，因为他有一个团队，团队里分工明确，有实验视频制作组、课件制作组、进阶练习制作组、视频合成与配音组、素材审核组、团队总顾问等，每一个小组皆由几位教师组成。这个团队形成了一股力量，共同开发与设计初中物理微课课程，在这个过程中，王老师对团队成员起到了课程引领的作用，从团队成员的召集、分工以及课程内容的选择、内容呈现形式、技术介入手段等各个环节全程参与，并凭借自身的信息技术优势，很快成了团队的主心骨。王老师团队开发设计的"物理王"微课系列（基本囊括了初中物理的基本知识点），微课可以反复使用，对本校学生产生了深远影响。此外由于是免费开放观看，很多同行教师踊跃转发，因而也造福了全国其他地方的学生。

（三）积极推广互动

若发布在自媒体平台的课程阅读量、转发量、留言量、点赞量等评价指标都不高的话，那么影响力就不够。若要扩大影响力，则必须积极推广互动，这也是扩大互联网虚拟社区教师信息技术领导力的一个重要手段。互联网是一个虚拟世界，而且越来越多的人已经习惯了生活在这个世界里，这个世界也是信息碎片化世界，人们在手机终端每天会接收到很多条信息，这些信息大多数来自 App 推送、短信推送等，人们已经被淹没在了这些信息之中。

因此，若没有积极推广互动，自媒体发布的课程或者网文，很快就会淹没，起不到扩散影响力的作用。刘老师有这一方面的意识，打造了自媒体联动矩阵，各个自媒体平台都注册了账号，一旦有新内容，就积极地在各个平台发布，因而影响力较大。

第五章

教师信息技术领导力影响因素及作用关系

本章首先在访谈资料三级编码素材基础上归纳教师信息技术领导力的影响因素；其次，在相关文献的基础上进行理论推演提出校长授权、组织氛围、知识共享、教师信息技术领导力之间作用关系的研究假设；再次，基于访谈和问卷调查的结果，修改了校长授权、组织氛围和知识共享的量表；最后，运用结构方程模型，通过 Bootstrap 分析法探讨校长授权、组织氛围、知识共享和教师信息技术领导力之间的关系，检验组织氛围和知识共享在校长授权和教师信息技术领导力之间的中介效应。

第一节　教师信息技术领导力影响因素建构

访谈中，多数被访者谈到了教师信息技术领导力发挥、培养以及提升过程中面临的种种困境，造成这种困境的因素是多种多样的，但也是十分重要的。对教师信息技术领导力影响因素的探究有利于选拔并重点培养有潜力的"选手"，有利于更加精准地培养并激发教师在信息技术方面的活力与积极性，从而引领更多的人，有利于教师寻找提升自身信息技术领导力的有效路径。

本节采用扎根理论研究程序，对访谈中有关教师信息技术领导力影响因素的内容进行编码，并在编码的基础上进行归纳分析，形成具有系统结构的影响因素理论。

一、基于扎根理论的教师信息技术领导力影响因素提炼

关于教师信息技术领导力影响因素的分析，依据访谈资料，将有关教师信息技术领导力的影响因素进行抽取与归类，而后与已有相关研究进行比对，试图探寻具有理论意义的影响因素理论。

首先，通过技术特质与领导特质的叙述可以明确，技术能力和领导能力，一定是影响教师信息技术领导力的关键要素，这一认识属于较为常识的内容，为了避免常识性讨论而带来的烦琐，故将其排斥出本研究范围。而后对相关访谈内容"打标签"，为了关于观察和进一步凝练，运用Nvivo.11对"标记"词汇或者短句进行聚类分析，详见图5-1。

其次，在教师信息技术领导力内涵推演的三级编码过程，笔者亦将有关影响教师信息技术领导力的因素进行了归类整理，共得到179个现象片段或者现象摘述，根据图5-1将类似的现象摘述初步归类，共得到校长支持与授权、组织氛围、知识共享、设备等客观条件、沟通交流能力等5个主题。其中也存在一些现象摘述或关键词无法融入这5个主题中的任何一个，也不太适合另立一个主题，故将其删除，比如"报账烦琐""秸秆燃烧""学习强国""受到排挤"等，这些因素与研究的关联性不大，故将其排除在研究之外。此外，"沟通交流"这个主题，在研究中属于领导力的内涵与内在要义，故排除在影响因素之外。通过手工编码，Nvivo.11排序和分组，笔者得到了这5个主题的频数，其分布情况详见表5-1。

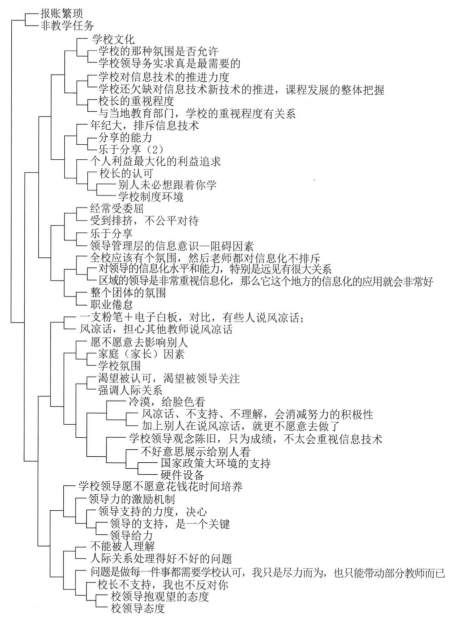

图 5-1 教师信息技术领导力影响因素聚类分析

表 5-1　影响因素五主题的频数分布表

序　号	主　题	频　次	百分比
1	校长支持与授权	45	26.63%
2	组织氛围	36	21.30%
3	知识共享	22	13.02%
4	硬件设备	30	17.75%
（排除）	沟通交流能力	36	21.30%

注：在对访谈录音文本逐字标记、断句与进行现象摘述时，影响因素比较容易识别，概念归类也比较容易，故不再严格按照扎根理论研究程序进行描述性呈现。

最后，将影响教师信息技术领导力的因素确定为 4 个主题：校长支持与授权、组织氛围、知识共享、设备等客观条件。

二、基于研究文献的教师信息技术领导力影响因素比对

通过对以往相关文献的梳理，可将影响因素归结为三类：第一类，组织结构、组织氛围等；第二类，校长态度、校长支持、校长授权等；第三类，人际关系、沟通协作能力等。如王绯烨等人认为校长的赋权程度、同事的信任程度、学校的文化氛围、学校的相关制度和措施等是重要的外在影响因素。[①] 胡继飞、古立新等认为环境因素是影响教师领导力的主因，包括"学校组织文化""校长的工作作风"和"学校内部人际关系"。[②] 吴颖民认为影响教师领导活动的因素有学校文化背景、人际关系、学校组织结构等。[③]

从大量文献中可以发现学校组织氛围、校长支持与授权、人际关系是影响教师领导力的三大重要因素。但关于人际关系因素，其内容涉及两个方面：第

① 王绯烨，萨莉·扎帕达.骨干教师领导力影响因素的实证研究［J］.湖南师范大学教育科学学报，2017，16（3）：83—88.

② 胡继飞，古立新.我国教师领导力现状及其影响因素的调查研究——以广东省为例［J］.课程·教材·教法，2012，32（5）：111—116.

③ 吴颖民.国外对中小学教师领导力问题的研究与启示［J］.比较教育研究，2008（8）：52—57.

一，融洽、和谐、民主的人际关系，又可归为学校组织氛围这一类；第二，人际关系中的沟通与协作技能，本书将其归结为教师领导力的内在要义，不作为影响因素处理。

教师信息技术领导力又有其特殊性，比如需要依靠技术的硬件以及软件设备、数字化教学资源的分享等。所以信息技术设备等硬件条件无疑是影响教师信息技术领导力的一个因素。在访谈中，笔者多次了解到一些信息技术能力较强的教师一般是通过分享数字化教学资源或者相关软件来吸引、影响其他人的，所以"知识分享"无疑亦是影响教师信息技术领导力的一个重要因素。这两个因素是体现教师信息技术领导力影响因素的特殊性所在，详见表5-2。

表5-2　影响因素与已有研究对比表

本研究初步结论	已有研究
校长支持与授权	校长支持与授权
组织氛围	组织氛围
（排除）沟通交流能力	人际关系
知识共享	—
设备等硬件条件	—

综上，校长支持与授权、组织氛围是影响教师信息技术领导力的普遍因素，知识共享、设备等硬件条件是影响教师信息技术领导力的特殊性因素。

三、基于访谈实证的教师信息技术领导力影响因素解读

综合上述有关教师信息技术领导力影响因素建构以及相关文献讨论可知，影响教师信息技术领导力的因素有很多，大体可以归为两类：第一，教师自身因素，比如领导意愿和观念、信息技术能力、领导才能（沟通、组织、协调、人际交往等）；第二，外在因素，比如学校组织氛围、学校信息技术氛围、校长授权与支持、信息化硬件设备、知识共享、行政体制、学校组织结构等。其中，有关教师内在影响因素，如领导意愿和观念、信息技术能力、领导才能，在本书中属于教师领导力的内在要义，而非作为影响因素进行研究；此外，在

访谈中，绝大多数人认为外部因素才是影响教师信息技术领导力的主因，故而将研究重心放在外在影响因素方面。将影响因素的重心定位在外在因素，既是笔者的志趣所在，又是实践需求所在。以下将结合访谈和问卷等调研结果，对校长支持与授权、组织氛围、知识共享、硬件设备等影响因素进行分析和解读。

（一）校长支持与授权

差异性分析结果显示，教师信息技术领导力及其四个维度在"校长支持"与"校长不支持"上存在显著性差异，且校长支持态度下的教师信息技术领导力显著高于校长消极态度下的教师信息技术领导力。由此可见，校长的支持与否，对教师信息技术领导力的发挥起着至关重要的作用。

以下是从访谈中摘录的有关校长支持与授权的一些片段。

若无校长支持，做再多努力也是瞎忙活。（N30，女，小学数学）

目前学校里没有一个激励机制，比如说评先评优，学校的考核方面都没有相应的支持条款，所以一些教师就宁愿不干。（S1，中心校副校长兼小学数学教师）

如果有信息化项目，就算你再愿意做，也得首先争取到领导的支持，领导支持了之后，你才有精神动力去做。（S3，副校长）

学校领导的观念很重要，现在多数的领导就是处于既不支持也不反对的态度。（F1，女，初中信息技术）

领导对这个东西他是抱观望的态度，我不支持，我也不反对你，你教师愿意尝试你去尝试，你做出效果来了，功劳有我一份，然后你做不出效果，我也不替你背锅，很多校长都是这种态度。（F4，男，初中英语）

有一些校长，观念很陈旧，或者是极力追求学生成绩，这样的校长一般抱反对的态度，他认为信息化耽误学生的学习成绩。（F9，男，小学信息技术）

学校领导在教育信息化方面如果是务实求真的话，可能对一些信息技

术爱好者会有很大鼓励和促进作用，否则就会走走过场，次数多了，教师们就再也不会相信了。（N21，男，小学语文）

领导给力，老师们做起来有动力，否则就始终抱着试试的态度，效果不会好。（F13，男，小学数学）

校长的重视程度，对教师们发挥信息技术作用的影响非常大，如果校长不支持，教师们基本上搞不起来，也不会去搞。（S11，副校长）

综上所述，来自实践的观点与文献中相关研究的观点一致，即校长支持力度、重视程度以及观念态度对教师信息技术领导力的发挥起着至关重要的作用。

毋庸置疑的是，校长需从观念上改变"领导不是校长一个人的单打独斗"，领导角色可以由多人共同担任，领导行为或职能可以在组织成员中共享或分布。[①]然后，通过倾听教师想法、允许教师表达意见、重视教师的不同看法、分享组织决策信息、经常沟通交流、支持教师做出的努力等行为和举动无形中授权给教师，激发教师的积极性。

（二）组织氛围

学校的信息技术氛围对全体教师的影响是无形，也是十分重要的。以下是从访谈中摘录的有关组织氛围的一些片段。

如果大多数人都在使用信息技术授课，那么慢慢地，会有更多的人跟着一块使用信息技术；如果只有一两个人使用信息技术授课，其他人抱着"看笑话""就你俩爱出风头"等冷嘲热讽的态度，那么这一两个的热情也很快就会被浇灭。（F1，女，初中信息技术教师）

如果一些学校能够接受新事物，教师们喜爱挑战和创新，那么一旦有某个老师在信息技术教学方面取得了成效，其他教师就会纷纷效仿，从而

---

① 张晓峰.分布式领导：缘起、概念与实施［J］.比较教育研究，2011（9）：44—49.

促进整个学校的信息化教学。这其实涉及了学校组织文化。（S3，副校长）

全校应该有个氛围，然后老师都对信息化不排斥。（N27，男，小学科学）

加上别人再说风凉话，就更不愿意去做了。（S4，教师发展中心副主任）

如果说，再有一点淡漠的话，或者给个脸色看，动力立马就没了，现实中就是这样子。（S5，某知名信息技术公司教师信息化培训主管）

有些领导，总是抢教师的功劳，搞得教师们没有积极性。（N14，男，高中物理）

绝大多数的校长态度是：都是你要做，你做吧，做不好，那是你的错，这个责任是你的，我不会担着，跟我没关系；如果做出成效了，我也跟着有一份功劳，甚至是头等功劳。（F12，女，小学数学）

这个周围的这种环境，想给别人组织或者指导之类的，你周围的这些人未必想去学，所以从一定的程度上影响了他们的这种领导力的一个发挥。（N18，女，高中英语）

使用电子白板上课，有些人就说风凉话。（F8，男，高中数学）

在信息化教学的路上，我经常受委屈、受排挤、不被理解。（F6，男，初中物理）

上述访谈片段的关键词有风凉话、看笑话、爱出风头、排挤、排斥等，都是负面的词汇，主要涉及人际关系、支持与协助、学校氛围与文化、沟通畅通性、组织公平性等。如果学校一直被这些负面氛围笼罩着，那么只会出现一种情况，那就是学校毫无活力，基本不会存在创新和开拓。教师为了避免那些伤害，也只会选择老老实实教书，完成教学任务，不去做多余的任何事情。如果是这样的话，教师信息技术领导力在该校就完全不存在孕育的土壤，也不会萌芽。由此观之，学校组织氛围对教师信息技术领导力的影响，可见一斑。

（三）知识共享

从访谈中以及接触中，笔者发现那些信息技术领导者一般都具备"知识分享"的特点，通过分享技术、课件、教案、导学案、微课等资料，吸引了一大批同行教师围绕在身边，对他们产生了深远影响。下方访谈中摘录了一些片段。

> 我能够做到协调、组织和把自己已知的知识培训共享给大家。（F5，男，初中化学）
>
> 经常与我们分享自己的劳动成果。（N9，女，初中英语）
>
> 到现在，她一直都在无私地把自己收集的一些东西，那些网址都发给我们，感觉很无私，对我的启发是很大。（N29，男，小学数学）
>
> 互联网上找一些资源，筛选出来，共享给其他教师。（F9，男，小学信息技术）

但由于各种竞争以及心理因素作祟，很多教师不愿意将手中的优质资源分享出来。比如以下摘录的片段。

> 如果他能够将外出培训获得的资料分享出来，那就更好了。（N23，女，小学数学）
>
> 他担心竞争不过其他老师，到手的资源就再出不来，虽然他信息技术能力很强，但是总感觉太自私。（N17，女，高中语文）

在实践中，很多校长反馈的结果，大部分学校（包括城区学校）在优质教学资源这一块是十分匮乏的。但是，现在这个时代最缺的不是资源，而是资源搜索的技巧和方法。一旦掌握了资源搜索的技巧和方法，一般情况下能够寻找到合适的优质资源。教师在这个过程中能够发挥出巨大力量，将资源搜集起来并分享出去，造福更多教师和学生。所以，知识共享行为是影响教师信息技术领导力的重要因素，这种影响程度在知识碎片化时代会越来越明显。

（四）硬件设备

教育信息化硬件环境是指由信息化教育空间中的各种物理设备等信息基础设施组成的环境，具体包括校园网络、电脑、多媒体、电子白板、投影仪、监控摄像头、电子阅览室等硬件设备是学校信息化的基础，更是建设智慧校园的基础，同样是教师信息技术领导力发挥的基础。在访谈中，大多数人尤其是乡村教师和校长多次强调硬件设备缺失等问题导致教师在信息技术教学方面无法实施。详见下面一些摘录片段。

学校教育教学设备的不断更新，能够促使教师提升信息技术水平。（S12，女，教研室主任）

硬件很重要，但是它不是最核心的东西。（F8，男，高中数学）

很多学校设备不是特别好。（S4，教师发展中心副主任）

硬环境的支持很重要，否则就是巧妇难为无米之炊啊。（S1，中心校副校长）

现在学校里面有很多设备，它是不健全的！有一些地方确实不健全的，有一些老师想做，但是硬件不支持，没办法。（S2，教师发展中心主任）

学校这种硬件设备方面，也是一个最大的障碍。（N3，男，初中体育）

和学校信息化的配置有关系，比如互动式教具、触摸交互屏等比较高级的硬件，更加方便教师们去摸索，去进步。（S14，校长兼小学语文教师）

通过上面多条摘录片段可以发现硬件设备确实是影响教师信息技术领导力的基础性因素，但它不是最重要的因素，因为有一部分教师靠自身的信息技术热情、孜孜不倦努力以及家长的配合，在基础设备缺失的情况依然将信息化教学做得有声有色。

第二节　教师信息技术领导力影响因素作用关系的假设推演

教师信息技术领导力影响因素既有内在因素又有外在因素，有关教师内在影响因素，如领导意愿和观念、信息技术能力、领导才能，在本研究中属于教师领导力的内在要义，而非作为影响因素进行研究；此外，在访谈中，绝大多数人认为外部因素才是影响教师信息技术领导力的主因，故而本研究将重心放在外在影响因素方面。将影响因素的重心定位在外在因素，既是研究者的志趣所在，又是实践需求所在。

通过访谈资料的三级编码素材以及与已有研究进行对比分析可知，影响教师信息技术领导力的因素有校长授权、组织氛围、知识共享、设备等硬件条件。其中，硬件设备是客观因素，对学校教育信息化的影响是显而易见的，讨论其与教师信息技术领导力之间的关系意义不大，因此接下来主要探讨校长授权、组织氛围、知识共享与教师信息技术领导力之间的作用关系。本节旨在通过相关文献，建构校长授权、组织氛围、知识共享与教师信息技术领导力之间的作用关系假设。

一、校长授权和教师信息技术领导力

在教育信息化实践中，校长领导风格与支持态度是促进或阻碍教师信息技术影响力有效释放的决定因素。王绯烨等人认为只有校长真正地放权给教师，才能让教师在教育信息化方面最大限度地发挥他们的领导力，否则，教师在校长的全程掌控下基本没有机会去施展个人领导力，通常只能沦为学校行政命令的执行者。[①] 如前调查结论，虽然集权型校长领导下的教师信息技术领导力水平较高，但如若仅仅是执行力占据主导地位，那么最终形成的也将是没有"思

---

① 王绯烨，萨莉·扎帕达.骨干教师领导力影响因素的实证研究［J］.湖南师范大学教育科学学报，2017，16（3）：83—88.

想"和"灵魂"的领导力。

所以众多学者将研究重点放在了分布式领导力之下，认为校长的支持和授权能够积极促进教师领导力的释放和发展，倡导"有灵魂的领导力"。此外，布里基（V.D. Briky）等人发现校长对教师领导者的尊重、赏识、鼓励以及接受教师的冒险行为和新想法试验，能够促进教师的领导实践。[①]哈蒙德（L. Hammond）等认为校长和教师领导者的人际关系始终对教师领导力以及教师领导活动有显著的影响。[②]也就是，大多数情况，教师领导兴起的地方是校长曾经积极支持和鼓励的结果。吴颖民认为校长放权、对教师的信任、适当的授权给教师、与教师共同承担责任、对教师的工作成就给予肯定等都会促进教师领导力的成长和教师领导活动的进行。[③]

本书认为，校长授权是影响教师信息技术领导力释放的重要因素。结合上述学者的观点，提出如下（表 5-3）假设。

表 5-3　校长授权和教师信息技术领导力之间关系假设

编　号	路　径	假设内容
假设 H1	x3	校长授权显著直接正向影响教师信息技术领导力

二、校长授权、组织氛围和教师信息技术领导力

在上述影响因素分析过程中提出了组织氛围是影响教师信息技术领导力的一个关键性因素，同时也得到了其他学者观点的印证，比如墨菲、哈特、缪伊斯、利特尔、塔尔伯特等学者都认为民主、信任、合作分享、互助与协作、包容、支持等组织氛围是影响教师领导力发挥和释放的重要因素。笔者在访谈调

---

① Briky, V.D., & Shelton, S. An administrator's challenge: encouraging teacher leaders［J］. NASSP Bulletin. 2006, 90（2）: 87—101.

② Darling-Hammond, L., Bullmaster, M. L. & Cobb, V.L. Rethinking Teacher Leadership through Professional Development Schools［J］. Elementary School Journal, 1995（96）: 87—106.

③ 吴颖民. 国外对中小学教师领导力问题的研究与启示［J］. 比较教育研究，2008（8）: 52—57.

查中也了解到来自同行教师的"风凉话""爱出风头""排挤"等冷言冷语的态度以及组织中"不包容""不支持""看笑话"等组织氛围极大地打击了教师领导者的积极性，从而使得教师不敢不愿做出任何越矩的事情，即不敢创新。同时，也从反面说明了友好关系氛围、创新氛围以及公平氛围等对教师信息技术领导力的释放起着促进作用。由此假设 H2：组织氛围显著直接正向影响教师信息技术领导力，见表5-4。

校长授权与组织氛围的关系研究，在已有文献中得到大量关注，研究大部分从分布式领导、民主型领导、授权型领导、共享领导等为研究出发点，探究其作用和意义。授权型领导能够促进员工的创新行为和团队合作行为，并降低其离职倾向。[1] 领导授权对工作满意度、组织承诺、组织公民行为、员工创造力、组织学习等也有显著的影响。[2] 领导授权有利于形成团队精神，有效地激发内在动机和乐观体验，从而提高团队的创造力。[3] 领导授权与团队成员工作满意度有正相关关系，与团队成员超负荷工作、工作冲突和工作压力有负相关关系。[4] 领导授权行为是建设学习型组织的重要内容，它有利于增强组织成员间的相互了解和信任、达成共识，并改善人际关系。[5] 领导授权作为一种情境因素，通过向下属授予一定权力向员工传递安全信息、构建宽松的工作氛围，有助于提升员工的内在动机水平[6]，同时对下属的工作行为

[1] Chen G., et al. Motivation and demotivating forces in teams: Cross-level influences of empowering leadership and relationship conflict [J]. Journal of Applied Psychology, 2011, 96（3）: 541—557.

[2] 刘博逸. 共享领导的概念内涵、内容结构、绩效水平与实施策略 [J]. 理论探讨，2012（1）: 162—166.

[3] Hooker, C. Nakamura, J. & Csikszentmihalyi, M. The group as mentor: Social capital and the systems model of creativity [M]. Springer Netherlands, 2003: 225—244

[4] Wood, M.C. & Fields, D. Exploring the impact of Shared Leadership on management team member job outcomes [J]. Journal of Management, 2007, 2（3）: 251—272.

[5] Linda Scott, Annlouise Caress. Shared governance and shared leadership: meeting the challenges of implementation [J]. Journal of Nursing Management, 2005: 13.

[6] Hu J., Erdogan B., Bauer T. N., et al. There are lots of big fish in this pond: The role of peer overqualification on task significance, perceived fit, and performance for overqualified employees [J]. Journal of Applied Psychology, 2015, 100（4）: 1228—1238.

和方式发挥引导作用 [①]。既往研究显示授权型领导在组织中有着广泛的积极效应，对员工个体的工作态度 [②]、建言献策 [③]、创新行为 [④] 以及群体间的知识分享和互动 [⑤] 均有积极影响。因此，本书认为校长授权可能会对学校组织氛围产生影响。

综上，校长授权行为能够促进友好、和谐、创新、公平的组织氛围的形成与发展，而组织氛围又是影响教师信息技术领导力的重要因素，由此假设H3：组织氛围在校长授权和教师信息技术领导力之间起到部分中介作用，见表 5-4。

表 5-4　校长授权、组织氛围和教师信息技术领导力之间关系假设

编号	路径	假　设　内　容
假设 H2	x5	组织氛围显著直接正向影响教师信息技术领导力
假设 H3	x4 – x5	组织氛围在校长授权和教师信息技术领导力之间起到部分中介作用

三、校长授权、知识共享和教师信息技术领导力

知识分享是指把个人所获得的知识、资源以及技术教程等通过各种交流形式和传播途径（包含互联网社区）与组织中其他成员共同分享的行为过程，是

① Zhang X. M., Bartol K. M. Linking empowering leadership and employee creativity: the influence of psychological empowerment, intrinsic motivation, and creative. process engagement [J]. Academy of Management Journal, 2010, 53（1）: 107—128.

② Pearce C. L., Sims H. P. Vertical versus shared leadership as predictors of the effectiveness of change management teams: An examination of aversive, directive, transactional, transformational, and empowering leader behaviors [J]. Group Dynamics Theory Research & Practice, 2002, 6（2）: 172—197.

③ 李燕萍，史瑶，毛雁滨. 授权型领导对员工建言行为的影响：心理所有权的中介作用 [J]. 科技进步与对策，2018, 35（3）: 140—145.

④ Zhang X. M., Bartol K. M. Linking empowering leadership and employee creativity: the influence of psychological empowerment, intrinsic motivation, and creative process engagement [J]. Academy of Management Journal, 2010, 53（1）: 107—128.

⑤ Xue Y., Bradley J., Liang H. Team Climate, Empowering Leadership, and Knowledge Sharing [J]. Journal of Knowledge Management, 2011, 15（2）: 299—312.

影响教师信息技术领导力释放的重要因素。组织成员乐于和大家分享知识与经验，并利用各种事件相互讨论和交换心得能够促进教师专业发展[①]，形成专业学习共同体，增加对他人的影响程度。在信息化时代，教师不再是知识权威，互联网才是。在互联网崛起以前，知识掌握在少数人手中，由于各种功利原因，这些少数人不愿将知识分享。而如今，知识不再像以前那么稀有，知识增长速度也呈现出几何级上升指数，而且知识分享也非常便捷，通过微信、微博、QQ、论坛等都可以将知识分享出去。互联网时代，知识分享便利性，也无形中增强了教师对其他人的影响力。

关于校长授权与知识共享的关系研究，国内外众多学者一致认为，教师授权行为能够显著正向影响知识共享。如刘培琪等人认为领导授权行为对员工知识分享意愿具有正向影响。[②]领导授权通过影响个人知识共享的态度显著影响个人的知识共享行为。[③]领导授权行为与员工建言献策、知识分享等的提升均有密切关系。[④]共享领导通过授权、协作提高团队成员的信心，建立团队成员间的互信关系，激发团队成员的热情，从而激励团队成员之间进行知识共享。[⑤]领导授权行为（共享领导或者授权型领导）已经在知识型团队（教师团体亦属于知识型团队）的工作中得到广泛实践，运用共享领导可以促进组织成长，使其表现出明显的竞争优势。[⑥]员工参与决策程度越高，

① 吴清山，学校革新研究［M］.台北：高等教育文化专业有限公司，2011：89.
② 刘培琪，刘兵，李嫄.授权型领导对知识型员工知识分享意愿的影响——基于社会信息加工的视角［J］.技术经济，2018，37（7）：81—87.
③ Xue Y., Bradley J., Liang H. Team climate, empowering leadership, and knowledge sharing［J］. Journal of Knowledge Management, 2011, 15（2）: 299—312.
④ 薛贤，宋合义，谭乐.授权型领导如何促进员工建言行为——一个被中介的调节效应模型［J］.华东经济管理，2015（11）：23—29.
⑤ 林筠，闫小芸.共享领导与团队知识共享的关系研究——基于交互记忆系统的视角［J］.科技管理研究，2011，31（10）：133—137.
⑥ Pearce C. L., Manz C. C. The New Silver Bullets of Leadership: The Importance of Self- and Shared Leadership in Knowledge Work［J］. organizational dynamics, 2005, 34（2）: 130—140.

员工对雇佣条件越满意，则他们更愿意进行知识共享。[①]

综上，校长授权行为对知识共享行为和意愿具有积极的促进作用；教师对自身拥有数字化教学资源（课件、PPT、导学案、练习题、软件安装包、软件操作教程等）进行无偿分享，能够凝聚其他教师，并对他们产生正向影响，促进他们自身专业发展。由此假设知识共享显著直接正向影响教师信息技术领导力，知识共享在校长授权和教师信息技术领导力之间起到部分中介作用，详见表5-5。

表5-5 校长授权、知识共享和教师信息技术领导力之间关系假设

编号	路径	假 设 内 容
假设 H4	x2	知识共享显著直接正向影响教师信息技术领导力
假设 H5	x1 – x2	知识共享在校长授权和教师信息技术领导力之间起到部分中介作用

四、校长授权、组织氛围、知识共享和教师信息技术领导力

前文对有关组织氛围、知识共享分别作为校长授权与教师信息技术领导力的中介作用已经进行了较为详细的阐述，本部分将继续对组织氛围和知识共享之间的关系进行分析。

有关组织氛围和知识共享之间关系的研究已然比较翔实，结论也基本一致。团队氛围与知识共享呈正相关[②]，友好关系氛围、创新氛围、公平氛围对知识共享均具有显著的正向影响[③]。当形成对个人高度信任的氛围时，组织的知识共享意愿更强。[④] 当组织处于高水平的创新氛围时，组织成员更愿意

[①] Jones S. Employee rights, employee responsibilities and knowledge sharing in intelligent organization[J]. Employee Responsibilities and Right Journal, 2002, 14（2—3）: 69—781.

[②] 朱少英，齐二石，徐渝. 变革型领导、团队氛围、知识共享与团队创新绩效的关系[J]. 软科学，2008（11）: 1—4.

[③] 张国峥. 组织氛围对员工知识共享的影响研究[D]. 西安：西北工业大学，2015: 109—110.

[④] Hinds, P. J., & Pfeffer, J. Why organizations don't "know what they know": Cognitive and motivational factors affecting the transfer of expertise[J]. Sharing expertise: Beyond knowledge management, 2003: 3—26.

增加交流的机会，从而也更愿意进行知识共享①。公平感、创新性和亲和性的组织氛围对知识共享意愿起促进作用。②为知识共享提供了一个彼此信任和值得信赖的氛围③，积极、自发、自觉、自愿的氛围，有利于促进知识共享④。

综上所述，校长授权能够显著正向影响组织氛围，组织氛围显著正向影响知识共享，知识共享显著正向影响教师信息技术领导力，即组织氛围和知识共享在校长授权和教师信息技术领导力之间发挥链式中介的作用，详见表5-6。假设模型图如图5-2。

表5-6　校长授权、组织氛围、知识共享和教师信息技术领导力关系假设

编号	路径	假 设 内 容
假设 H6	x4 – x6 – x2	组织氛围和知识共享在校长授权和教师信息技术领导力之间发挥链式中介的作用

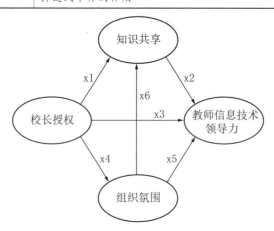

图5-2　影响因素与教师信息技术领导力作用关系研究假设路线图

① Edmondson, A. Psychological safety and learning behavior in work teams［J］. Administrative science quarterly, 1999, 44（2）: 350—383.

② Bock, G. W., & Kim, Y.-G. Breaking the myths of rewards: An exploratory study of attitudes about knowledge sharing［J］. Information Resources Management Journal（IRMJ）, 2002, 15（2）: 14—21.

③ Max Evans M. Knowledge sharing: an empirical study of the role of trust and other social-cognitive factors in an organizational setting［D］. University of Toronto, 2012.

④ Goh S. G. Managing Effective Knowledge Transfer: An Integrative Framework and Some Practice Implications［J］. Journal of Knowledge Management, 2002, 6（1）: 22—30.

本节通过相关文献推演校长授权、组织氛围、知识共享、教师信息技术领导力之间的关系，并提出 6 条研究假设（其中包含 3 条中介效应假设）：校长授权显著直接正向影响教师信息技术领导力，组织氛围显著直接正向影响教师信息技术领导力，组织氛围在校长授权和教师信息技术领导力之间起到部分中介作用，知识共享显著直接正向影响教师信息技术领导力，知识共享在校长授权和教师信息技术领导力之间起到部分中介作用，组织氛围和知识共享在校长授权和教师信息技术领导力之间发挥链式中介的作用，详见表 5-7。

表 5-7 校长授权、组织氛围、知识共享、教师信息技术领导力之间关系假设汇总

编号	路径	假 设 内 容
假设 H1	x3	校长授权显著直接正向影响教师信息技术领导力
假设 H2	x5	组织氛围显著直接正向影响教师信息技术领导力
假设 H3	x4 – x5	组织氛围在校长授权和教师信息技术领导力之间起到部分中介作用
假设 H4	x2	知识共享显著直接正向影响教师信息技术领导力
假设 H5	x1 – x2	知识共享在校长授权和教师信息技术领导力之间起到部分中介作用
假设 H6	x4 –x6 – x2	组织氛围和知识共享在校长授权和教师信息技术领导力之间发挥链式中介的作用

第三节　测量工具开发及检验

本研究涉及四个量表，分别为教师信息技术领导力量表、校长授权量表、组织氛围量表、知识共享量表。其中，教师信息技术领导力量表的开发与信效度的检验在前文已经详细阐述过，此处仅讨论校长授权、组织氛围和知识共享等三个量表的开发与检验。校长授权、组织氛围和知识共享等量表的发展已经相对成熟，但需要基于我国中小学具体情境以及本书的研究目的进行改编、修订和检验。为此笔者将结合访谈资料的编码素材将已有关联性较强的经典量表进行修改，最后对改编后的量表进行检验与完善，以备后续研究之用。

一、校长授权量表

校长授权在共享领导、分布式领导、变革型领导、民主型领导等领导风格下，属于比较常见的校长行为，且在已有研究中，也有比较成熟的测量量表，详见表 5-8 领导授权行为量表测量维度综述。

表 5-8　领导授权行为量表测量维度综述

序号	作者 / 年代	测量方向与侧重点
1	斯普雷策（Spreizter），1995[1]，1999[2]	心理授权角度：工作意义、自我效能、工作影响力和自主性；
2	阿诺德（Arnold），2000[3]	以身作则、参与式决策、教练角色、信息共享以及关怀；
3	康扎克（Konczak），2000[4]	权力委托、责任、自主决策、信息共享、技能开发以及创新性训练；
4	皮尔斯（Pearce）等，2002[5]	鼓励自我奖励、鼓励团队合作、参与目标制定、鼓励自主行动、鼓励思索机会以及鼓励自我发展；
5	阿赫恩（Ahearne），2005[6]	工作意义、决策参与、表示信心以及给予自治

[1] Spreitzer G. M. Psychological empowerment in the work-pl ace: Dimensions, measurement, and validation[J]. Academy of Management Journal, 1995, 38（5）: 1442—1465.

[2] Spreitzer G. M., De Janasz S. C., Quinn R. E. Empowered to lead: The role of psychological empowerment in leadership[J]. Journal of Organizational Behavior, 1999, 20（4）: 511—526.

[3] Arnold J. A., et al. The empowering leadership questionnaire: The construction and validation of a new scale for measuring leader behaviors[J]. Journal of Organizational Behavior, 2000, 21（3）: 249—269.

[4] Konczak L. J., Stelly D. J., Trusty M. L. Defining and measuring empowering leader behaviors: Development of an upward feedback instrument[J]. Educational and Psychological Measurement, 2000, 60（20）: 301—313.

[5] Pearce C. L., Sims H. P. Vertical versus shared leadership as predictors of the effectiveness of change management teams: An examination of aversive, directive, transactional, transformational, and empowering leader behaviors[J]. Group Dynamics: Theory, Research, and Practice, 2002, 6（2）: 172—197.

[6] Ahearne J. M., et al. To empower or not to empower your sales force? An empirical examination of influence of leadership empowerment behavior on customer satisfaction and performance[J]. Journal of Applied Psychology, 2005, 90（5）: 945—955.

本研究要测量校长授权行为包括倾听、征求意见、重视不同看法、参与决策、鼓励交流、支持努力等。这些内容，与上述阿诺德以及阿赫恩领导授权行为量表的契合度较高，故在此基础上选取题项、改编与修正，使其更加适合本书的研究目的。共选取 6 题项，详见表 5-9 领导授权行为量表题项及描述。

表 5-9　领导授权行为量表题项及描述

维　　度	题项代号	测　量　题　项
校长授权行为量表 The principal empowerment	PE1	校长会倾听我的想法和建议。
	PE2	校长会给我表达自己意见的机会。
	PE3	当有不同意见时，校长会考虑我的想法。
	PE4	校长会与我分享有关组织决策的信息。
	PE5	校长会鼓励我与他 / 她交流信息。
	PE6	校长支持我的努力。

二、组织氛围量表

已有研究中，有关组织氛围的研究，数量比较庞大，而且其测量工具也相对成熟，众多学者从不同角度和测量方向开发出了不同侧重点的组织氛围量表，测量维度和重点，详见表 5-10 组织氛围测量维度综述。

表 5-10　组织氛围测量维度综述 [①]

研究者	组织氛围的维度
施奈德（Schneider）等	组织氛围的维度包括：管理支持、管理结构、对新成员关系、组织内冲突、组织独立性和一般满足感
哈尔平（Halpin）等	组织氛围的维度包括：疏远、隔阂、阻碍、关怀、成果强调、工作精神、以身作则和亲密网
西珀特（Siepert）	组织氛围的维度包括：沟通过程、互动过程、决策过程、控制过程、动机驱力、目标设定和绩效
利特温（Litwin）等	组织氛围的维度包括：结构、责任、报酬、温暖、支持、标准、冲突、认同
斯金格（Stringer）	组织氛围的维度包括：结构、认知、责任、标准、支持、承诺

① 张国峥.组织氛围对员工知识共享的影响研究［D］.西安：西北工业大学，2015：36—37。

（续表）

研究者	组织氛围的维度
西斯克（Sisk）	组织氛围的维度包括：组织规模、组织状态、决策阶层、成员个性、目标一致性和互动状态
坎贝尔（Campbell）等	组织氛围的维度包括：组织成员的自主性、赋予职位的结构程度、奖励指向、体谅、关怀与支持
丘吉尔（Churchill）等	组织氛围的维度包括：组织层级、监督行为、绩效标准、沟通频率、创新需要、角色冲突性和角色模糊性
瓦拉赫（Wallach）等	组织氛围的维度包括：组织机构的科层性、创新性及组织对成员的支持
霍伊（Hoy）等	组织氛围的维度包括：专业型行为、指示型行为、支持型行为、限制型行为、疏离型行为和亲和型行为
哈特（Hart）	组织氛围的维度包括：赞扬和承认、目标一致性、角色清晰、领导支持、参与决策、职业发展
斯特泽（Stetzer）等	组织氛围的维度包括：质量、合作、信任和顾客服务
阿克戈兹（AçIkgöz）等	组织氛围的维度包括：视野、参与安全、管理层支持
罗（Luo）等	组织氛围的维度包括：结构、支持、人情、责任心、薪酬、自律、积极冒险、和谐和竞争
蒋景清	组织氛围的维度包括：领导形态、形式结构、责任风气和人际关系
潘孝富	组织氛围的维度包括：制度健全、管理系统性、领导威信、人际领导、关心体贴和民主
博克（Bock）等、余（Yu）等	组织氛围的维度包括：友好关系氛围、创新氛围、公平氛围
谢荷锋等	组织氛围的维度包括：创新、公平、支持、人际关系、员工身份认同
张（Zhang）等	组织氛围的维度包括：领导关系、薪酬、规则、晋升、发展、绩效评价、福利、沟通
纳萨尔（Nazari）等	组织氛围的维度包括：风险、信任、开放、所有权

其中，博克的组织氛围量表与本研究的契合度较高，包括友好关系氛围4个题项（我和同事关系紧密、我会考虑同事的立场、我觉得和同事是一个"团队"、我和同事能够很好地开展合作）、创新氛围3个题项（我和同事对于工作

的新观点能够得到公司的积极鼓励；我能感受到公司会允许我同事在日常工作中犯错，而且很看重冒险；在执行任务的过程中我和同事更倾向于采用新的方法，因为这是公司所积极提倡的）和公平氛围 3 个题项（我相信领导对我的工作评价和判断是准确的；我要完成的工作目标是客观、合理的；我认为领导对任何一位下属都一视同仁，不存在任何歧视和偏见）。[①]

博克的组织氛围量表，三个维度信度系数 Cronbach's Alpha 都在 0.87 以上，并在发表在国际权威期刊《管理信息系统季刊》(*MIS Quarterly*) 上，具有较大影响力。国内较多学者如谢荷锋[②]、王士红[③] 等也检验并发展了该量表，表明在中国文化背景下具有较好的适用性。

本研究组织氛围侧重测量组织氛围的和谐、包容、友好关系、创新、公平等维度，故在博克、谢荷锋、王士红等学者的量表基础上进行选取题项，并根据访谈内容编码素材进行题项改编或修改，以更加适合本书研究目的。组织氛围共设计出 6 个测量题项，详见表 5-11 组织氛围量表题项及描述。

表 5-11　组织氛围量表题项及描述

维　度	题项代号	测　量　题　项	备　注
组织氛围量表 Organization atmosphere	OA1	同事之间乐意分享各自的看法	友好关系
	OA2	同事之间能够相互支持和协助	
	OA3	校领导鼓励我和同事表达自己的新观点	创新与包容
	OA4	校领导允许我和同事在日常工作中犯错，而且很看重冒险	
	OA5	学校绩效评估体系公正合理	公平
	OA6	校领导对待同事一视同仁	

①　Bock G. W., Zmud R. W., Kim Y. G., et al. Behavioral intention formation in knowledge sharing: examining the roles of extrinsic motivators, social-psychological forces, and organizational climate [J]. MIS quarterly, 2005, 29（1）: 87—111.

②　谢荷锋，马庆国.组织氛围对员工非正式知识分享的影响 [J].科学学研究，2007（2）: 306—311.

③　王士红，徐彪，彭纪生.组织氛围感知对员工创新行为的影响——基于知识共享意愿的中介效应 [J].科研管理，2013，34（5）: 130—135.

三、知识共享量表

有关知识分享量表的开发，在国内外相关研究中已经较为成熟，如李（Lee）开发的显性知识与隐性知识共享量表[①]，赫夫（Hooff）以理性行为理论为基础开发的知识贡献和知识获取量表[②]，泰勒（Taylor）也在理性行为理论的基础上开发了仅有 4 道题的知识共享量表[③]，福特（Ford）根据不同分享对象设计三份知识分享量表[④]，博克（Bock）在上述学者基础上开发出 7 题项知识分享量表[⑤]，而卢（Lu）结合中国文化背景在 Bock 量表的基础上，开发出了 6 题项知识共享量表[⑥]，其发表在国际权威期刊《组织管理研究》（*Management and Organization Review*）上。

细观卢的 6 题项量表内容，与本研究要测的知识共享维度以及内容的契合度较高，无修正必要，具体题项及描述详见表 5-12。且此量表已被国内学者张国峥等人进行了多次验证与应用[⑦]，适合本土文化环境。

———————

① Lee J. N. The impact of knowledge sharing, organizational capability and partnership quality on IS outsourcing success［J］. Information & Management, 2001, 38（5）: 323—335.

② Hooff B. V. D., Schouten A. P., Simonovski S. What one feels and what one knows: the influence of emotions on attitudes and intentions towards knowledge sharing［J］. Journal of Knowledge Management, 2012, 16（1）: 148—158.

③ Taylor W. A., Wright G. H. Organizational readiness for successful knowledge sharing: challenges for public sector managers［J］. Information Resources Management Journal（IRMJ）, 2004, 17（2）: 22—37.

④ Ford D. N., Sterman J. Expert knowledge elicitation to improve mental and formal models［J］. System Dynamics Review, 1997.

⑤ Bock G. W., Zmud R. W., Kim Y. G., et al. Behavioral intention formation in knowledge sharing: examining the roles of extrinsic motivators, social-psychological forces, and organizational climate［J］. MIS quarterly, 2005, 29（1）: 87—111.

⑥ Lu L., Leung K., Koch P. T. Managerial knowledge sharing: the role of individual, interpersonal, and organizational actors［J］. Management and Organization Review, 2006, 2（1）: 15—41.

⑦ 张国峥. 组织氛围对员工知识共享的影响研究［D］. 西安：西北工业大学，2015.

表 5-12　知识共享量表题项及描述

维　度	题项代号	测　量　题　项
知识共享量表 The knowledge sharing	KS1	在日常工作中，我主动向同事传授业务知识
	KS2	我把有用的工作经验和心得与大家共享
	KS3	在学到对工作有用的新知识后，我进行宣传，让更多的人学到它
	KS4	在工作岗位上，我拿出自己的知识与更多的人共享
	KS5	我积极利用学校现有的信息技术手段把自己的知识拿出来分享
	KS6	只要其他同事需要，我总是知无不言，言无不尽

四、量表信效度检定

影响因素量表预测试，通过网络填写完成，共收到问卷 156 份，删除填写时间少于 2 分钟的问卷（经研究者测试，正常填写，时间应该 2 分钟以上），删除明显连续填写同一选项的问卷，共得到有效问卷 144 份，符合预测试中等样本数要求，即如果量表的题项数少于 40 题，中等样本数约是 150人，较佳的样本数是 200 人。[1]

首先，为了查看题项因子结构是否清晰及因子载荷是否达到标准，需要对影响因素三个量表的全部题项进行探索因子分析。采用主成分分析法，提取"基于特征值（大于 1）"，最大方差法旋转，得到 KMO = 0.926，自由度153，$p < 0.05$，说明量表极适合因子分析。旋转后析出三个成分，累计总方差解释率为 68.7%，题目均落在预设维度（详见表 5-13），但题项 OA1 载荷因子较低，且存在交叉载荷现象，在两个维度上都接近 0.5，因子结构不清晰。故删除 OA1，删除后再次进行探索因子分析，题项均落在预设维度之内，因子载荷在 0.547—0.855 之间，且不存在因子交叉载荷，累计总方差解释率提升到70.7%。

[1] Comrey, Andrew L. Factor-analytic methods of scale development in personality and clinical psychology［J］. J Consult Clin Psychol, 1988, 56（5）: 754—761.

表 5-13 影响因素旋转后成分矩阵表

维 度	题 项	成 分		
		1	2	3
校长授权	PE3	0.846		
	PE2	0.846		
	PE5	0.835		
	PE4	0.832		
	PE1	0.821		
	PE6	0.734		
知识共享	KS4		0.853	
	KS3		0.813	
	KS5		0.800	
	KS2		0.798	
	KS6		0.793	
	KS1		0.736	
组织氛围	OA1		0.508	0.405
	OA5			0.833
	OA4			0.824
	OA6			0.730
	OA3			0.728
	OA2			0.585

其次，利用 Amos.24 进行验证性因子分析，建立一阶三因子斜交模型，通过模型观察载荷因子以及三因子之间的相关性与区分效度。如表 5-14 所示，每个维度的载荷因子在 0.67—0.92 之间，达到了验证性因子分析标准化因子载荷应在 0.5 以上的基本要求（理想数值应在 0.7 以上）[1]；题目信度系数

---

[1] Hair Jr., J.F., Black, W.C., Babin, B.J. and Anderson, R.E. Multivariate Data Analysis: A Global Perspective. 7th Edition［M］. Upper Saddle River: Pearson Education, 2010: 605.

除 OA2 之外，皆在 0.5 以上[①]，因为信度系数 = 1– 因子载荷量^2，因此，因子载荷量若高于 0.7，则信度系数大于 0.5；OA2 因子载荷 0.67，未到 0.7 的理想要求，但已然十分接近，虽然 OA2 信度系数未达 0.5 标准，但题项已然具有鉴别意义，予以保留。

表 5-14　影响因素三量表验证因子分析汇总表

维度	题项	UNSTD	S.E.	C.R.	p	STD	SMC	1–SMC	CR	AVE
校长授权	PE6	1.00	—	—	—	0.75	0.56	0.44	0.94	0.72
	PE5	1.22	0.04	34.89	***	0.83	0.68	0.32		
	PE4	1.26	0.04	30.51	***	0.82	0.67	0.33		
	PE3	1.23	0.04	32.53	***	0.88	0.78	0.22		
	PE2	1.21	0.04	34.59	***	0.90	0.81	0.19		
	PE1	1.21	0.04	33.14	***	0.90	0.81	0.19		
组织氛围	OA6	1.00	—	—	—	0.74	0.54	0.46	0.90	0.63
	OA5	1.12	0.03	33.83	***	0.88	0.77	0.23		
	OA4	1.22	0.04	33.13	***	0.92	0.85	0.16		
	OA3	0.95	0.03	28.56	***	0.75	0.56	0.44		
	OA2	0.76	0.03	24.00	***	0.67	0.45	0.55		
知识共享	KS6	1.00	—	—	—	0.72	0.52	0.48	0.91	0.62
	KS5	1.20	0.04	29.54	***	0.79	0.63	0.37		
	KS4	1.19	0.04	31.48	***	0.85	0.72	0.28		
	KS3	1.20	0.04	28.39	***	0.81	0.66	0.34		
	KS2	1.06	0.04	27.90	***	0.79	0.62	0.38		
	KS1	1.20	0.05	25.15	***	0.74	0.54	0.46		

注：*** 表示 $p < 0.001$，** 表示 $p < 0.01$，* 表示 $p < 0.05$；UNSTD = 非标准化系数，STD = 标准化系数，SMC = 信度系数，1–SMC = 测量误差，C.R. = 临界比（相当于 T 值），S.E. = 估计参数的标准误，CR = 组合信度，AVE = 平均变异数萃取量。

[①]　吴明隆.结构方程模型——AMOS 操作与应用［M］.重庆：重庆大学出版社，2009：237.

组合信度（Composite Reliability），又称 CR，是指由多个变量而生成的新变量的信度。在因素分析中以 Cronbach's Alpha 系数作为各构念或各层面的信度系数，而结构方程模型分析中，则以组合信度作为模型潜在变量的信度系数。[①] 本研究的组合信度在 0.90—0.94 之间，满足不低于 0.7 的衡量标准 [②]。

收敛效度和区分效度共同反映结构效度。平均变异数萃取量（AVE）是反映收敛效度的一种有效指标，是潜在变量可以解释其题项变异量的比值，其数值愈大，表示题项愈能有效反映其共同因素构念的潜在特质。[③] 本研究各个维度的平均变异数萃取量（AVE）在 0.62—0.72 之间，满足大于 0.5 的衡量标准 [④]，表明模型具有较好的收敛效度。此外，如表 5-15 所示，知识共享（KS）、组织氛围（OA）和校长授权（PE）三个潜变量的 $\sqrt{AVE}$（表对角线加粗数字）均大于相应行列非对角线上的值（皮尔森相关系数），说明问卷具有较好的区分效度 [⑤]。

表 5-15　影响因素三维度收敛效度与区分效度

维度	收敛效度		区分效度		
	CR	AVE	KS	OA	PE
KS	0.91	0.62	**0.92**		
OA	0.90	0.63	0.42	**0.89**	
PE	0.94	0.72	0.37	0.69	**0.89**

注：CR = 组合信度，AVE = 平均变异数萃取量，KS = 知识共享，OA = 组织氛围，PE = 校长授权。

---

①③　吴明隆. 结构方程模型——AMOS 操作与应用［M］. 重庆：重庆大学出版社，2009：227—228.

②　Bagozzi R. P. Evaluating Structural Equation Models with Unobservable Variables and Measurement Error: A Comment［J］. Journal of Marketing Research, 1981, 18（3）：375—381.

④　Fornell, C. and Larcker, D.F. Structural Equation Models with Unobservable Variables and Measurement Error: Algebra and Statistics［J］. Journal of Marketing Research, 1981（18）：382—388.

⑤　Fornell, C. and Larcker, D.F. Structural Equation Models with Unobservable Variables and Measurement Error: Algebra and Statistics［J］. Journal of Marketing Research, 1981（18）：39—50.

综上所述，通过探索因子分析以及验证性因子分析，得出结论，题项 OA1 载荷因子与题目信度都较低，应作删除处理，删除后，其他剩余因子在三个维度上结构清晰，载荷相对理想，且不具有同质性，由此形成正式量表，可以用作后续研究，详见附录 1。

第四节　基于结构方程模型的假设检验

本研究采用教师自评的方式来收集数据，共收集到有效样本 1596 份，有效率为 88.6%。采用 Harman 单因素检验[①] 结果发现，特征值大于 1 的因子有 7 个（超过 2 个），且第一个因子解释了方差的 37.74%（小于 40% 的临界值），因此判定本研究所收集的数据并不存在严重的共同方法偏差问题。

一、结构方程模型构建与修正

通过 Amos 对数据的估计结果（见表 5-16）的检查发现，校长授权作用于教师信息技术领导力的路径不显著（C. R. = 1.1 < 2，且 p = 0.27 > 0.05）；除此之外，其他参数估计的方差、标准误差均大于 0，未发现负数误差变异量，题项因子负荷在 0.67—0.92 之间（基本符合因子载荷的理想值 > 0.7），且因子载荷未有过高值（接近 1），没有很大的标准误（标准误 SE 在 0.02—0.04 之间），且临界值 C. R. 在 4.00—33.95 之间，均大于 2；p 值在 0.001 上显著。

表 5-16　整体模型参数估计摘要表（修正前）

路　　径			UNSTD	S.E.	C.R.	p	STD
组织氛围	<---	校长授权	0.69	0.03	20.53	***	0.68
知识共享	<---	组织氛围	0.22	0.03	7.08	***	0.29
知识共享	<---	校长授权	0.12	0.03	4.00	***	0.16

① 熊红星，张璟，叶宝娟，郑雪，孙配贞 . 共同方法变异的影响及其统计控制途径的模型分析 [J]. 心理科学进展，2012，20（5）：757—769.

（续表）

路　　径			UNSTD	S.E.	C.R.	p	STD
教师信息技术领导力	<---	校长授权	0.02	0.02	1.10	0.27	0.04
教师信息技术领导力	<---	知识共享	0.52	0.03	18.94	***	0.61
教师信息技术领导力	<---	组织氛围	0.14	0.02	6.44	***	0.22
KS2	<---	知识共享	0.87	0.03	29.82	***	0.78
KS3	<---	知识共享	1.00	0.03	29.34	***	0.81
KS4	<---	知识共享	0.98	0.04	28.23	***	0.84
KS5	<---	知识共享	1.00	0.04	26.59	***	0.80
PE5	<---	校长授权	1.24	0.04	33.95	***	0.86
PE4	<---	校长授权	1.25	0.04	29.58	***	0.85
PE3	<---	校长授权	1.20	0.04	31.23	***	0.87
PE2	<---	校长授权	1.18	0.04	33.31	***	0.89
PE1	<---	校长授权	1.19	0.04	31.87	***	0.89
PE6	<---	校长授权	1.00	—	—	—	0.74
KS1	<---	知识共享	1.00	—	—	—	0.74
KS6	<---	知识共享	0.84	0.03	24.31	***	0.71
JX	<---	教师信息技术领导力	1.00	—	—	—	0.79
KC	<---	教师信息技术领导力	1.24	0.04	30.17	***	0.79
FW	<---	教师信息技术领导力	1.16	0.04	30.27	***	0.84
ZY	<---	教师信息技术领导力	0.85	0.03	28.26	***	0.76
OA6	<---	组织氛围	1.00	—	—	—	0.74
OA5	<---	组织氛围	1.13	0.03	33.23	***	0.88
OA4	<---	组织氛围	1.20	0.04	32.54	***	0.92
OA3	<---	组织氛围	0.93	0.03	27.79	***	0.74
OA2	<---	组织氛围	0.73	0.03	23.13	***	0.67

注：*** 表示 $p < 0.001$，** 表示 $p < 0.01$，* 表示 $p < 0.05$；UNSTD = 非标准化系数，STD = 标准化系数，C.R. = 临界比（相当于 T 值），S.E. = 估计参数的标准误。

删除路径 x3（假设 H1），对模型进行调整，修正后的模型通过检验。修正后的结构方程模型图如图 5-3。

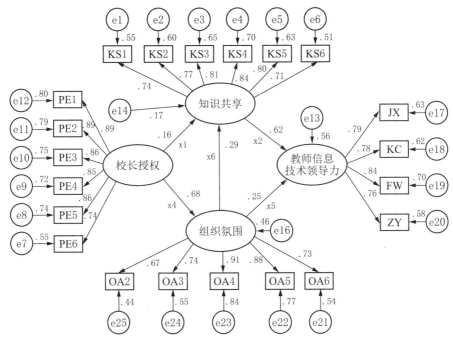

图 5-3　教师信息技术领导力影响因素及作用机制模型图（STD- 修正后）

　　注：教师信息技术领导力量表题项较多，为简化模型、降低偏差、提高拟合程度，需要将教师信息技术领导力量表进行项目打包处理。信息化教学领导力的 6 题项（JX3、JX4、JX5、JX6、JX7、JX9）打包命名为 JX；数字化课程领导力的 6 题项（KC2、KC4、KC5、KC7、KC8、KC9）打包命名为 KC；信息技术专业引领力的 5 题项（ZY2、ZY3、ZY5、ZY6、ZY7）打包命名为 ZY；信息技术氛围领导力的题项（FW1、FW4、FW5、FW6、FW7、FW9）打包命名为 FW。四因子测量模型拟合良好，χ^2/df = 5.278，RMSEA = 0.52，CFI = 0.994，TLI = 0.967。

　　本研究 χ^2/df = 4.38，RMSEA = 0.046，CFI = 0.919，TLI = 0.913，皆达到了适配标准；删除未达显著的路径 x3（假设 H1），模型拟合程度略微提高，χ^2/df = 4.37，RMSEA = 0.046，CFI = 0.917，TLI = 0.913。拟合指标检验通过，详见表 5-17。

　　采用偏差校正的百分位 Bootstrap 法来验证校长授权、知识共享与组织氛围对教师信息技术领导力影响的假设，抽取 2000 次样本检验，将估计参数整理成表 5-18，从表中标准化间接总效应（ssum）的检验结果来看，间接总效应 β = 0.390，SE = 0.033，Bias-Corrected 95%CI =［0.325，0.452］，未包含 0，

表 5-17　整体模型拟合指标及其检验标准

拟合指标	适配的标准或临界值	检验结果数据		模型适配判断
		修正前	修正后	
χ^2/df	< 3	4.380	4.370	否
RMSEA	< 0.05（适配良好） < 0.08（适配合理）	0.046	0.046	是
CFI	> 0.90	0.919	0.918	是
TLI	> 0.90	0.913	0.913	是

表 5-18　Bootstrap 检验中介—参数输出表（STD）

路　径	效应值	Boot SE	Bias-Corrected 95%CI		效应百分比
			Lower	Upper	
sint1（x1 – x2）	0.100	0.029	0.045	0.161	26%
sint2（x4 – x5）	0.169	0.025	0.124	0.221	43%
sint3（x4 – x6 – x2）	0.121	0.021	0.080	0.163	31%
ssum	0.390	0.033	0.325	0.452	—

　　注：KS = 知识共享，XILD = 教师信息技术领导力，PE = 校长授权，OA = 组织氛围；

　　sint1 = sx1×sx2，表示本研究假设 H5：知识共享在校长授权和教师信息技术领导力之间起到部分中介作用；

　　sint2 = sx4×sx5，表示本研究假设 H3：组织氛围校长授权行为和教师信息技术领导力之间起到部分中介的作用；

　　sint3 = sx4×sx6×sx2，表示本研究假设 H6：组织氛围和知识共享在校长授权和教师信息技术领导力之间发挥链式中介的作用；

　　ssum = sint1 + sint2 + sint3 表示本研究的三条中介效应之和，即标准化间接总效应。

由此判定校长授权与教师信息技术领导力之间的中介效应存在。

　　通过结构方程模型和 bootstrap 法检验上述 6 条研究假设，除"校长授权显著直接正向影响教师信息技术领导力"未得到实践数据的支持以外，其余 5 条假设皆得到实践数据的支持。校长授权对教师信息技术领导力的影响通过三条路径完成，校长授权—组织氛围—教师信息技术领导力、校长授权—知识共享—教师信息技术领导力、校长授权—组织氛围—知识共享—教师信息技术领导力，三条中介效应皆达显著水平，即得到验证。

二、组织氛围中介效应检验

从图 5-3 可以看出，校长授权对组织氛围的标准化直接效应显著（$\beta_{x4} = 0.68$，$p < .001$），这表明校长授权对组织氛围存在显著直接正向影响；组织氛围对教师信息技术领导力的标准化直接效应显著（$\beta_{x5} = 0.25$，$p < .001$），表明组织氛围对教师信息技术领导力存在显著直接正向影响，即本研究假设 H2 成立。

对于组织氛围在校长授权与教师信息技术领导力的中介效应检验，采用偏差校正的百分位 Bootstrap 法，抽取 2000 次样本检验，详见表 5-18 中 sint2（x4 – x5）：间接效应系数 $\beta = 0.169$，SE = 0.025，Bias-Corrected 95%CI =〔0.124，0.221〕，未包含 0，由此判定组织氛围在校长授权与教师信息技术领导力的中介效应显著，中介效应占比 43%，故本研究假设 H3（组织氛围在校长授权行为和教师信息技术领导力之间起到部分中介的作用）得到一定程度的支持。

三、知识共享中介效应检验

从图 5-3 可以看出，校长授权对知识共享的标准化直接效应显著（$\beta_{x1} = 0.16$，$p < .001$），这表明校长授权对知识共享存在显著直接正向影响；知识共享对教师信息技术领导力的标准化直接效应显著（$\beta_{x2} = 0.16$，$p < .001$），这表明知识共享对教师信息技术领导力存在显著直接正向影响，本研究假设 H4 得到支持。

对于知识共享在校长授权与教师信息技术领导力的中介效应检验，采用偏差校正的百分位 Bootstrap 法，抽取 2000 次样本检验，详见表 5-18 中 sint1（x1 – x2）：间接效应系数 $\beta = 0.1$，SE = 0.029，Bias-Corrected 95%CI =〔0.045，0.161〕，未包含 0，由此判定知识共享在校长授权与教师信息技术领导力的中介效应显著，中介效应占比 26%，故本研究假设 H5（知识共享在校长授权行为和教师信息技术领导力之间起到部分中介作用）得到一定程度的支持。

四、组织氛围、知识共享链式中介效应检验

将校长授权、组织氛围、知识共享和教师信息技术领导力全部纳入考虑所建立的多重中介模型中，如图 5-3 所示，校长授权显著直接正向影响组织氛围、组织氛围显著直接正向影响知识共享，知识共享又显著直接正向影响教师信息技术领导力，形成链条式作用效应。

如表 5-18 中 sint3（x4 – x6 – x2）所示，链式中介效应检验结果显示，间接效应系数 β = 0.121，SE = 0.021，Bias-Corrected 95%CI = [0.08，0.163]，未包含 0，由此判定组织氛围、知识共享在校长授权与教师信息技术领导力链式中介效应显著，中介效应占比 31%，故本研究假设 H6（组织氛围和知识共享在校长授权和教师信息技术领导力之间发挥链式中介的作用）得到支持。

五、影响因素作用效应分析

有关校长授权、组织氛围、知识共享等因素影响教师信息技术领导力的路径和方向已然明了：校长授权对教师信息技术领导力的影响通过三条路径完成，校长授权—组织氛围—教师信息技术领导力、校长授权—知识共享—教师信息技术领导力、校长授权—组织氛围—知识共享—教师信息技术领导力，三条中介皆达显著水平，即得到验证。但校长授权、组织氛围、知识共享等对教师信息技术领导力的影响程度和作用大小，并未清晰，此处对此进行简要分析。

研究潜变量因素之间的作用效应，主要从总体效应、直接效应、间接效应三方面进行分析。模型解释的参考依据为：完全标准化系数绝对值小于 0.10 者，为小效果；绝对值在 0.30 左右者，为中效果；绝对值在 0.50 以上者，为大效果。[①]

（一）总效应分析

如表 5-19 所示，就影响因素对教师信息技术领导力总效应来看，对教师

---

① 转引自孙杰远.教育促进人力资源生长的结构方程模型研究 [J].教育研究，2007（12）：60—64.

信息技术领导力作用最大的是知识共享，组织氛围和校长授权次之，影响效应值依次为 0.616、0.426、0.390，即知识共享对教师信息技术领导力具有"大效果"的影响作用，组织氛围和校长授权对教师信息技术领导力具有"中效果"的影响作用。

总效应是直接效应与间接效应的总和，根据表 5-19 可以发现，知识共享、组织氛围、校长授权等影响因素对教师信息技术领导力的作用表达式：教师信息技术领导力 = 0.616× 知识共享 + 0.426× 组织氛围 + 0.390× 组织氛围。

（二）直接效应分析

如表 5-19 所示，就影响因素对教师信息技术领导力直接效应来看，对教师信息技术领导力作用最大的是知识共享，组织氛围，影响效应次之，依次为 0.616、0.248，即知识共享对教师信息技术领导力具有"大效果"的直接影响作用，组织氛围对教师信息技术领导力具有"中效果"的直接影响作用。从直接效应来看，校长授权对教师信息技术领导力并未产生直接影响。

（三）间接效应分析

就影响因素对教师信息技术领导力间接效应来看，对教师信息技术领导力作用最大的是校长授权，组织氛围次之，影响效应值依次为 0.390、0.178，即知识共享对教师信息技术领导力具有"大效果"的影响作用，校长授权和组织氛围对教师信息技术领导力具有"中效果"的影响作用。

在中介变量效应分析中，若直接效应小于间接效应，表示中介变量对变量具有影响力，中介变量是关键因素。[1] 根据表 5-19 所示，校长授权对教师信息技术领导力的直接效应值（0）小于间接效应值（0.39），即中介变量是关键因素。由表 5-18 可知，组织氛围在校长授权与教师信息技术领导力的中介效应显著，中介效应占比 43%；知识共享在校长授权与教师信息技术领导力的中介效应显著，中介效应占比 26%；组织氛围、知识共享在校长授权与教师信息技术领导力链式中介效应显著，中介效应占比 31%。在间接分析中，组织

---

① 荣泰生 . AMOS 与研究方法（第二版）[M]. 重庆：重庆大学出版社 . 2010：172.

氛围和知识共享，是校长授权影响教师信息技术领导力的两个关键因素。

表 5-19　教师信息技术领导力影响因素总效应、直接效应和间接效应表（STD）

效　应	变　量	校长授权	组织氛围	知识共享
总效应	组织氛围	0.68	0	0
	知识共享	0.359	0.289	0
	教师信息技术领导力	0.390	0.426	0.616
直接效应	组织氛围	0.680	0	0
	知识共享	0.163	0.289	0
	教师信息技术领导力	0	0.248	0.616
间接效应	组织氛围	0	0	0
	知识共享	0.196	0	0
	教师信息技术领导力	0.390	0.178	0

所以，在实践中，校长一味地授权，并不能很好地对教师信息技术领导力的发挥带来直接效果，而是要通过授权引导形成和谐、包容、友好关系、创新、公平的组织氛围，对信息技术形成较为客观的认识，对那些敢于创新使用信息技术教学的教师多一些鼓励和包容，少一些"风凉话"和"看笑话"；鼓励教师的知识和技能分享意识和精神，多一些"慷慨"，少一些"夹私货"，从而间接地促进教师信息技术领导力的发挥。

第六章

人工智能时代下教师领导力的新变化

    随着信息技术的高速发展，尤其是人工智能技术取得的重大突破，对教育形态、人才培养、课堂教学、教育治理、教育评价等方方面面都将产生颠覆性的影响。

    2024年2月16日，美国开放人工智能研究中心OpenAI发布首个视频生成模型Sora。该模型通过接收文本指令，即可生成60秒的短视频。而一年前，同样是这家研究中心发布的AI语言模型ChatGPT，让文本撰写和创作、检查代码程序等都变得易如反掌。AI聊天、AI绘画、AI音乐……随着一系列AIGC（利用人工智能技术生成内容）相继问世，对现代社会生活产生颠覆性影响的"AI革命"正式来临。①

    随着人工智能技术的快速发展和其在各个领域的广泛应用，教育行业也正经历着一场前所未有的变革，这不仅给教师领导力提出了新的挑战，也赋予了它全新内涵。在这样的背景下，本章将深入探讨人工智能时代教师领导力的新内涵和特征，以期推动教育领域更好地适应未来社会的发展，从而促进学生全

---

① 北京日报. Sora 爆火！人工智能将如何改变世界？[N]. 2024-02-20. https://baijiahao. baidu.com/s?id = 1791381161795394521&wfr = spider&for = pc.

面而有效地学习和成长。因此，本章聚焦在教师领导力与学生未来发展的探讨，根据未来学生所需的能力来定位教师领导力的趋势，探索其新内涵、新特征和影响因素。

第一节　在未来，学生应具备的核心能力

在人工智能高速发展的背景下，未来劳动力市场和社会结构将发生显著变化。虽然 AI 能够取代许多重复性工作，甚至一些创新性工作，但仍有一些核心能力是 AI 难以替代的，也是未来学生适应和生存所必需的。在未来人工智能高度发达，人机共存共生的世界中，这七种能力将成为人们取得成功的重要保障。

一、批判性思维

批判性思维是基础，是其他能力的源泉。批判性思维能够帮助人们理性地分析信息，独立思考，做出明智的判断。它是创造力、创新能力、情感智能和同理心、跨学科知识与终身学习、适应性和灵活性、人机协作能力等能力的必要前提。

批判性思维是指能够对信息进行分析、评估和解释，从而做出合理的判断和决策的能力。[①] 在 AI 时代，信息的来源和数量都在不断增加，学生需要能够对这些信息进行批判性地思考，而不是盲目地接受 AI 提供的数据和结论。批判性思维能够帮助学生区分事实和观点，评估信息的可靠性和有效性，以及发现潜在的问题和偏见。批判性思维还能够激发学生对现有知识的质疑和创新，使他们能够提出新的观点和解决方案，从而在 AI 时代保持竞争力和创造力。

为了培养学生的批判性思维，教育应该提供多种形式的学习活动，让学生

---

① 毛玮洁，徐晨盈.教学情境中的批判性思维含义解析与教师实践——基于对部分高中教师的问卷调查和访谈［J］.教育发展研究，2018，38（20）：75—84.

在不同的情境中运用批判性思维。例如，教师可以通过案例研究、辩论、逻辑推理练习等方式，让学生学习如何分析问题、收集证据、构建论证、评估观点和做出判断。教师还应该鼓励学生对传统观念和现有知识进行批判性审视，培养他们的创新精神和探索欲望。

二、创造力与创新能力

创造力和创新能力是核心，是人类区别于人工智能的关键。人工智能可以模仿人类的思维和行为，但创造力和创新能力是人类独有的优势。它们能够帮助人类解决复杂的问题，开发新的产品和服务，创造新的价值。

创造力是指能够想象和创造新的事物的能力，创新能力是指能够将创造力应用于实际问题的解决的能力。[①] 创造力和创新能力能够帮助人类提出原创的想法和方法，解决复杂的问题，以及创造新的价值和意义。具体来说，创造力和创新能力在以下方面具有重要意义：第一，引领人工智能发展，人类通过创造力和创新能力提出新的人工智能理论、方法和应用，引领人工智能的不断发展；第二，解决复杂问题，人类通过创造力和创新能力解决人工智能难以解决的复杂问题，例如社会问题、环境问题等；第三，创造新价值和意义，人类通过创造力和创新能力创造新的价值和意义，例如新的艺术形式、新的商业模式等。

在人机共存共生的时代，培养创新人才是教育的重要任务。为了培养学生的创造力和创新能力，教育应该重视激发学生的想象力和创造性思维，提供多样化的学习内容和方式，让学生在不同的领域和媒介中表达自己的创造力。例如，教师可以通过艺术、音乐、写作、科学实验等多种方式，让学生展示自己的创造力，或者通过项目式学习、创客空间和实验室等方式，让学生在解决实际问题的过程中运用创新思维。教师还应该给予学生足够的自由和支持，让他们敢于尝试和失败，从而培养他们的创造力和创新能力。

---

① 戴耘. 拔尖创新人才培养的理论基础和实践思路［J］. 华东师范大学学报（教育科学版），2024，42（1）：1—23.

三、情感智能和同理心

情感智能和同理心是润滑剂，是人机协作的关键。人工智能可以处理大量的信息，但它无法理解人类的情感和需求。情感智能和同理心能够帮助我们理解人工智能的局限性，与人工智能协作，共同创造价值。

人工智能的高速发展正在改变着未来的世界，无论是工作、生活还是学习，人类都将与 AI 系统和机器人密切地交流和协作。在这样的环境中，人类需要具备一些核心的品质和能力，以便与 AI 和其他人相处得更好。其中，情感智能和同理心是最重要的品质和能力之一，也是人类与 AI 的和谐共处之道情感智能是指能够识别、理解和管理自己和他人的情感的能力[①]，同理心是指能够设身处地地理解他人的感受和需求的能力[②]。培养学生的情感智能和同理心，能够让他们与 AI 共情、互相理解、平等、和谐相处，从而建立更深的信任和合作，实现更高的效率和质量，以及创造更大的价值和意义。培养学生的情感智能和同理心，也能够让他们与他人共情、互相理解、平等、和谐相处，从而建立更健康的人际关系，增强他们的社会适应能力和合作能力，以及提高他们的幸福感和满足感。培养学生的情感智能和同理心，还能够增强他们的社会责任感和道德判断能力，使他们能够在 AI 时代保持人类的尊严和价值。

教育应该注重培养学生的情感认知能力，包括自我意识、自我调节、社交技巧、同理心和情绪管理。这可以通过角色扮演、团队合作项目、情感教育课程等方式实现。教育还应该帮助学生理解和尊重多样性，培养他们的包容性和开放性。教育还应该教授学生如何在与 AI 和他人交流和协作时，保持同情和尊重，以及如何在使用 AI 时，考虑 AI 和他人的感受和需求。教育还应该教授学生如何与 AI 建立共情的联系，让他们能够理解 AI 的工作原理、优缺点

---

① 崔文霞. 美国情感智能领导力模式探究与应用思考［J］. 全球教育展望，2015，44（6）：78—85.

② 徐科朋，欧倩倩，薛宏等. 传统宠物主义：养宠人身份、宠物类型与宠物特质对宠物道德地位的影响［J］. 心理学报，2023，55（10）：1662—1676.

和局限性。教育还应该教授学生如何与 AI 进行有效的沟通和协作，让他们能够利用 AI 的优势，弥补 AI 的不足，以及解决 AI 的问题。教育还应该教授学生如何在与 AI 的交流和协作中，保持人类的价值和判断，确保技术的应用符合伦理和社会责任标准。

四、跨学科知识与终身学习

跨学科知识与终身学习是保障，是应对未来变化的关键。在人工智能时代，人们需要具备更强的跨学科知识和终身学习能力，才能在不断变化的环境中生存和发展。跨学科知识是指不同学科之间的知识相互联系、相互融合的知识。[1] 在人工智能时代，解决复杂问题往往需要不同学科的知识和技能，因此跨学科知识的重要性日益凸显，比如帮助人们理解复杂问题的本质、找到解决问题的创新方法、适应不断变化的环境。终身学习是指在一生中不断学习、不断更新知识和技能的过程。在人工智能时代，知识更新的速度越来越快，因此终身学习的能力也变得越来越重要。终身学习能够帮助人们保持自身的竞争力、应对不断变化的挑战、实现个人的终身发展。跨学科知识和终身学习不仅能够让学生在复杂多变的环境中拥有更广阔的视野和更灵活的思维，解决新的问题，创造新的价值和意义，还能够让学生与 AI 进行有效的沟通和协作，共同推动人类社会的进步和发展。跨学科知识和终身学习也能够让学生享受更多元的生活方式和更高的生活品质。

为了培养学生的跨学科知识和终身学习能力，需要从学科整合、鼓励自主学习和营造良好学习氛围入手。第一，应该加强学科整合，将不同学科的知识和技能有机地结合起来，让学生能够从不同角度理解问题。例如，教师可以将科学、技术、工程、艺术和数学（STEAM）等领域的内容整合起来，让学生学习如何将不同的知识和技能应用于实际问题的解决。第二，应该鼓励学生自主学习，让学生能够根据自己的兴趣和需求选择学习的内容和方式。例如，教

---

[1] 伍红林. "双新"背景下跨学科主题学习的边界、转变与学校行动［J］. 课程. 教材. 教法，2023，43（8）：92—98.

师可以提供各种在线学习资源和平台，让学生自主选择和安排自己的学习计划。第三，应该营造良好的学习氛围，让学生能够积极主动地参与学习。例如，教师可以组织各种形式的课外活动，让学生在实践中学习和探索。

五、适应性和灵活性

适应性和灵活性是应变能力，是应对未来挑战的关键。适应性和灵活性能够帮助人们应对新的挑战，不断成长。在 AI 和自动化技术迅速发展的背景下，工作岗位和社会需求不断变化。因此，学生需要具备高度的适应性和灵活性，以便在不断变化的环境中生存和发展。适应性和灵活性能够帮助学生应对新的情况和挑战，快速地反应和调整自己的行为和策略。适应性和灵活性还能够培养学生的抗逆力和韧性，使他们能够在面对困难和失败时保持积极的态度，并从中学习和成长。

为了培养学生的适应性和灵活性，教育应该帮助学生发展变通思维，教授他们如何面对新情况和挑战做出快速反应和灵活调整。例如，教师可以通过模拟游戏、情景分析、角色扮演等方式，让学生体验不同的环境和问题，训练他们的应变能力和创造性解决问题的能力。教师还应该通过正面的反馈、鼓励和支持，让学生增强自信和自尊，培养他们的抗逆力和韧性。

六、人机协作能力

人机协作能力是合作能力，是实现共赢的关键。未来的工作场所将是人机协作的环境。教育应教授学生如何与 AI 系统和机器人有效合作。这包括了解人工智能的基本原理，学习编程和机器人技术，以及培养与 AI 合作解决问题的能力。人机协作能力能够帮助学生利用 AI 和自动化技术的优势，提高工作效率和质量。人机协作能力还能够让学生在与 AI 和机器人交流和协作时，保持人类的价值和判断，确保技术的应用符合伦理和社会责任标准。

为了培养学生的人机协作能力，教育应该教授学生人工智能的基本原理，让他们了解 AI 的工作原理、优缺点和局限性。教育还应该教授学生编程和机器人技术，让他们能够设计、制作和控制 AI 系统和机器人。教育还应该通过实际项目、实验室工作和竞赛等方式，让学生与 AI 系统和机器人进行实践的互动和合作，培养他们的人机协作能力。还应该强调在人机协作中保持人类的价值和判断的重要性。

七、伦理意识和责任感

伦理意识和责任感是底线，是规范人机关系的关键。在 AI 强大影响力的时代，培养学生的伦理意识和责任感至关重要。教育应探讨 AI 技术的社会、文化和伦理影响，包括数据隐私、算法偏见和机器决策的后果。伦理意识和责任感能够帮助学生在使用 AI 时，做出道德和责任的决策，避免造成不利的影响和后果。伦理意识和责任感还能够让学生在技术发展中，保持人类的核心价值观，如公正、同情和尊重。

为了培养学生的伦理意识和责任感，教育应该探讨 AI 技术的社会、文化和伦理影响，让学生了解 AI 的利弊和风险，以及 AI 的应用对自己和他人的影响。教育还应该通过讨论案例研究、模拟活动和伦理辩论等方式，让学生学习如何在使用 AI 时，做出道德和责任的决策，考虑 AI 和他人的感受和需求，以及如何在技术发展中，遵守伦理和社会责任标准。教育还应该教授学生如何在技术发展中，保持人类的核心价值观，如公正、同情和尊重。

通过这些方面的培养，学生不仅能够适应由 AI 和自动化技术带来的变化，还能够在未来的社会中发挥积极的作用，成为有责任感、创新思维和人际沟通能力的公民。

第二节　人工智能赋予教师领导力新内涵

人工智能时代，教育面临着新的挑战和机遇。为了培养学生适应未来挑战和把握机遇的能力，教师的领导力也被赋予新的内涵。根据对学生在人工智能

时代的必备核心素养分析，教师应成为创新思维的引领者、人机协同的协作者、批判性思维的培养者、情感智能和同理心的培育者、适应性和灵活性的发展者、终身学习的倡导者和示范者、跨学科协作的促进者，这些角色共同构成了教师领导者在人工智能时代的新内涵。

一、创新思维引领者

在人工智能时代，教师作为创新思维的引领者，承担着在教学过程中激发和培育学生创造性思维的重要责任，涵盖了以下几个关键方面：第一，激发创新意识，教师需要通过各种教学方法和活动激发学生的创新意识。这可能包括开展创意工作坊、组织思维导图活动，以及引入现实世界的问题解决案例，让学生自由探索和提出解决方案。第二，培养创新技能，除了激发创新意识，教师还需培养学生的创新技能。这包括教授学生如何进行有效的信息搜集、数据分析、批判性思考和跨学科综合，从而使他们能够在复杂和不确定的情境中创造性地思考和行动。第三，引导创新实践，教师应引导学生将创新思维应用于具体实践。这可能涉及鼓励学生在项目工作中尝试新的方法和技术，或者在课堂上展示他们的创新想法和发明。第四，鼓励风险承担，创新往往伴随着失败和错误，教师的角色是鼓励学生承担风险，并从失败中学习。这意味着创造一个安全、支持性的环境，让学生感到自由去尝试新事物，即使这可能导致错误。第五，强化创新文化，教师应致力于在学校中强化一种创新文化，这不仅限于他们自己的课堂，还包括整个学校社区。可以通过举办创新挑战赛、展示日和学生领导的项目来实现。第六，与时俱进的教学方法，为了保持创新，教师自身也需要不断更新教学方法和内容，引入最新的技术和观念，确保学生接触前沿的知识和技术。

二、人机协同协作者

在人工智能时代，教师作为人机协同的协作者，发挥着至关重要的作用，需要引导学生有效地与 AI 和自动化技术协作。第一，引导学生理解 AI 的潜力与局限，帮助学生理解 AI 的潜力和局限，教导他们如何在人机协作中有效地利用 AI 的优势，同时保持对其局限性的认识。例如，教师可以通过实际案例展示 AI 在解决特定问题时的能力，同时强调人的直觉和判断在决策过程中的重要性。第二，培养适应未来职业世界的能力，随着 AI 在各行各业的应用日益普及，教师需要培养学生适应未来职业世界的能力。这包括教导学生如何在人机共存的工作环境中有效沟通、合作，并利用 AI 技术提高工作效率和创新能力。第三，增强伦理意识和责任感，在教导学生如何与 AI 协作时，教师还需强化学生的伦理意识和责任感。这包括讨论 AI 决策过程中可能出现的偏见、隐私问题以及对社会的影响，确保学生在使用 AI 时能做出道德和负责任的决策。

通过担任人机协同的协作者，教师不仅帮助学生掌握与 AI 互动的关键技能，还培养了他们的批判性思维、伦理意识和未来职业世界所需的适应能力。这一角色要求教师在技术和教育两个领域都具备深厚的知识和经验。

三、批判性思维培养者

在人工智能时代，教师作为批判性思维的培养者，担负着培育学生分析、评估和解释信息以做出合理判断的重要职责。第一，强化分析和逻辑推理能力，通过各种教学策略和活动，如案例研究、逻辑推理练习和辩论，来强化学生的分析和逻辑推理能力。这些活动可以帮助学生学会如何从复杂的信息中提取关键点，以及如何构建和评估论证。第二，教授评估信息的技能，在 AI 提供大量信息的时代，教师需要教授学生如何评估信息的可靠性和有效性。这包括培养学生辨别事实与观点、识别偏见和误导信息的能力。第三，促进独立思考，教师应鼓励学生发展独立思考的能力，不仅仅接受传统观念或 AI 提供的解决方案，而是学会自己提出问题、寻找答案和提出创新的解决方案。第四，重视知识的质疑精神，培养学生对现有知识和观念的质疑精神是批判性思维的重要组成部分。教师应鼓励学生对传统观念和普遍接受的"事实"持开放态度，勇于质疑和反思。

通过扮演批判性思维的培养者，教师不仅提高了学生的思维能力，还为他们在 AI 主导的未来社会中做出明智决策和应对复杂问题打下基础。

四、情感智能和同理心培育者

在人工智能时代，教师作为情感智能和同理心的培育者，有责任发展学生的情感认知能力和社交技巧。第一，强调情感智能在未来社会的重要性。虽然 AI 技术在处理逻辑和数据方面表现出色，但情感智能和人类间的情感联系是 AI 难以替代的。教师应强调情感智能在未来社会中的重要性，特别是在人际交往和团队合作方面。第二，帮助学生发展情感识别与表达能力，教师应引导学生如何识别和表达自己的情感，以及理解他人的情感状态。这可以通过情感日记、角色扮演和团体讨论等活动实现，帮助学生更好地理解和表达情感。第三，培养同理心和社交技巧，同理心是理解他人视角和感受的能力。教师可以通过小组合作、社会实践活动和情景模拟等方法，鼓励学生站在他人的立场思考问题，从而增强他们的同理心和社交技巧。第四，教育情感管理和冲突解决，教师应教授学生如何有效地管理自己的情感反应，以及如何在冲突中寻找和平解决方案。这包括情绪调节技巧的教学、冲突调解的练习和压力管理的策略。

通过担任情感智能和同理心的培育者，教师不仅帮助学生在学术上成功，还为他们在社交和情感方面的发展打下基础，为未来的职业和个人生活做好准备。

五、适应性和灵活性发展者

在人工智能快速发展的时代，教师作为适应性和灵活性的发展者，承担着培养学生面对不断变化环境的能力的重要角色。第一，培养适应新环境的能力，教导学生如何快速适应新技术、新情况和新挑战。这包括教授学生如何灵活应对变化，如技术变革、学习方法的变化和未来职业生涯中可能遇到的各种情况。第二，强化变通思维和创新解决问题能力，鼓励学生发展变通思维，能够在面对问题时思考多种可能的解决方案。这意味着不仅教授学生如何找到答案，更重要的是教授他们如何创造性地解决问题。第三，提高自我调节和自我管理能力，教师应教授学生如何有效地管理自己的时间和资源，以适应不断变化的学习和工作环境。这包括目标设定、时间管理和自我激励的技巧。

通过担任适应性和灵活性发展者的角色，教师帮助学生为未来充满不确定性和变化的世界做好准备，培养他们成为能够灵活应对各种挑战的个体。

六、终身学习的倡导者和示范者

在 AI 时代，教师作为终身学习的倡导者和示范者，担负着激励学生持续学习和探索新知识的责任。第一，引导学生养成终身学习的态度，培养学生的终身学习意识，让他们认识到学习不仅仅是学校教育的一部分，而是一个持续的、终身的过程。这包括教导学生如何自我激励、设定学习目标和自我评估。第二，引导资源的利用和技术的应用，引导学生如何利用各种资源，包括在线课程、教育应用程序和社交媒体平台，以支持他们的终身学习。同时，教师应展示如何利用 AI 和其他技术工具来支持学习。第三，成为以身作则的终身学习者，教师自身也应成为终身学习的榜样。这意味着教师需要不断更新自己的知识和技能，适应教育领域的变化，并与学生分享自己的学习经历和心得。第四，强化学习社区和协作学习，教师应促进学习社区的建立，鼓励学生相互协作和分享知识。这种协作学习环境不仅增强了学习效果，还培养了学生的社交和沟通技能。

通过担任终身学习的倡导者和示范者，教师激发学生的学习热情，鼓励他们在整个生命旅程中不断探索和成长。

七、跨学科协作的促进者

在人工智能时代，教师作为跨学科协作的促进者，需要引导学生理解和运用多个学科的知识与技能。第一，促进跨学科理解，教师应鼓励学生不仅学习特定学科的知识，而且理解如何将不同学科的知识融合运用，这包括在教学中引入跨学科的主题，如将科学、技术、工程、艺术和数学结合起来，以及鼓励

学生从多个角度探讨问题。第二，培养学生的综合思维能力，教师需要教授学生如何整合和应用来自不同学科的知识和技能。这不仅涉及理论知识的学习，还包括实际技能的培养，比如如何在实际项目中应用跨学科的知识。第三，鼓励团队合作和协作学习，教师应创建机会让学生在团队中合作，解决复杂的、跨学科的问题。通过团队项目和协作任务，学生可以学习如何汇聚不同的观点和技能，共同寻找解决方案。第四，引导学生发展跨学科沟通技巧，在跨学科的环境中，有效地沟通技巧至关重要。教师应教导学生如何清晰地表达自己的观点，以及如何理解和尊重来自不同学科背景的同学的观点。

通过担任跨学科协作的促进者，教师不仅帮助学生建立更广泛和深入的知识体系，还培养了他们的协作能力和综合思维能力，为他们未来在多变的职业世界中成功做好准备。

第三节　人工智能赋予教师领导力新特征

在人工智能时代的背景下，教育领域正经历着前所未有的变革。这一时代不仅带来了新技术的广泛应用，也对教师的领导方式、角色、风格及其与学生、技术和社会的互动提出了新的挑战和机遇。随着 AI 的日益普及和教育技术的快速发展，教师领导力的传统框架正被重新定义和扩展。从传统的权威式领导转变为更加协作和启发式的引导方式，教师们需要适应一个更为复杂和动态的教学环境。

这种变革使得教师领导的多个方面，包括领导权威、领导方式、领导情景、领导风格、领导类型以及领导过程等呈现新的变化和发展，也呈现出新的特点和影响，详见表6-1。教师领导力的新特点包括对个性化教学的重视、加强数据驱动的决策、促进跨学科合作、强调终身学习和自我更新，以及提升道德意识和社会责任感。这些变化和新特点不仅反映了教育领域对新兴技术的响应，也展示了教育领导者如何在不断进步的技术环境中保持其关键角色和影响力；这些变化和新特点共同塑造了一个更加动态、互联和创新的教育领导环境，在人工智能的推动下，教师领导者在这一新时代面临新的机遇和挑战。

表6-1　人工智能赋予教师领导力新变化与新特征

方　面	变化与发展	新特点与影响
领导权威	权威向启发式和支持性引导转变 知识共享与合作学习 从单一领导者到分布式领导	强调互动和学生主动学习 鼓励创新和自我探索
领导方式	数据驱动的决策 整合AI与数字化工具 更多关注个性化和差异化教学	提升教学效率和学习体验 高度灵活和定制化的教育方法
领导情景	多元化和混合式学习环境 在线教学与远程管理 跨文化和全球化教育视野	灵活适应不同学习环境 全球联通和文化交流的加强
领导风格	协作和共享领导 适应性和灵活性领导 以学生为中心的领导风格	鼓励团队合作和创新思维 快速适应教育和技术变化
领导类型	技术引领和创新领导 伦理和道德领导 教育公平和包容性领导	教育技术的有效融合 重视伦理和公平问题 强调多元包容和平等机会
领导过程	持续的迭代和创新过程 包容各方利益相关者的参与 重视反馈和持续改进	促进教育创新和持续发展 包含多元视角和持续调整

一、领导方式：数据驱动的创新教育

在AI时代，教师需要采用数据驱动的创新教育的方式，来引领学生适应未来的挑战和机遇。

第一，数据驱动的决策。教师需要运用数据分析的工具和方法，来做出有依据的决策。这包括收集和分析学生的学习成绩、参与度和反馈信息，以及教学环境和资源的情况，来指导教学方法和课程设计的改进和创新。通过这种方式，教师能够更精准地识别学生的需求和潜能，从而激发和引导学生的学习兴趣和动力，提供个性化的学习体验和支持。

第二，个性化教学。教师需要运用 AI 技术的优势，来提供个性化的教学服务。这包括根据每个学生的学习风格、能力和进度，提供定制化的教学内容、策略和反馈，以及根据学生的喜好和特点，提供多样化的教学媒介和形式。通过这种方式，教师能够更有效地促进学生的学习效果和质量，以及帮助学生建立自信和学习动力。

第三，技术整合。教师需要整合最新的 AI 技术和教育工具，来提升教育的互动性和创新性。这包括使用 AI 技术和教育工具来增加教学的趣味性和挑战性，如游戏化、虚拟现实、增强现实等，以及使用 AI 技术和教育工具来扩展教学的范围和深度，如在线学习、人机协作、跨学科协作等。通过这种方式，教师能够更广泛地影响和感染学生，以及更深入地引领和感召学生。

二、领导情景：适应多元化教育环境

在 AI 时代，教师需要采用多样化的学习环境、跨地域与全球化教育视野、社区和社会参与的方式，来引导和激发学生的学习兴趣和动力，培养他们的跨文化交流与合作能力。

第一，多样化的学习环境。教师领导力的核心是能够灵活应对多种教学模式，无论是传统课堂、在线学习还是混合学习。教师领导者要能够根据不同的教学环境，采用合适的教学策略，引导和激发学生的学习兴趣和动力。

第二，跨地域与全球化教育视野。教师领导力的重要素质是具有开阔的国际视野，能够理解和尊重不同文化背景的学生。教师领导者要能够运用多元文化的教学方法，感染和影响学生，培养他们的跨文化交流和合作能力。

第三，社区和社会参与。教师领导力的广泛影响是能够将教育延伸到社区和社会层面，促进教育的公平和发展。教师领导者要能够鼓励和引领学生参与社会服务和社区项目，提高他们的社会责任感和公民意识。

三、领导风格：协作和适应性领导

在 AI 时代，教师更需采用协作式领导和适用性领导的风格来鼓励团队合作、共享知识和经验，同时要展现出对技术快速变化和教育需求不断进化的高度的适应性，并以此来鼓励、引领学生的发展。

第一，协作式领导。在 AI 时代，协作式领导变得尤为重要。教育领导者鼓励团队合作，共享知识和经验，以创造一个共生和支持性的学习环境。教师要发挥凝聚力，激发学生主动参与。教师可以设计团队合作项目，让学生相互交流思想，共同探索问题。教师需要鼓励学生之间的资源共享和经验传递，营造一个良性互助的学习氛围。同时，教师也要与学生搭建平等沟通的桥梁，与他们一同成长。

第二，适应性领导。面对技术的快速变化和教育需求的不断进化，教师需要展现出高度的适应性，要紧跟新技术新工具的发展，不断调整教学策略，运用新方法激发学生兴趣。例如利用虚拟仿真、AI 算法等方式，制定个性化学习方案。教师也要鼓励学生主动适应多样的学习方式，培养他们面对变化的能力。

在整个教学实践中，教师都需要发挥感染力和影响力。教师要以身作则，通过自己的专业魅力和榜样力量来影响和激励学生。只有当教师真正融入新技术环境，与学生心灵契合时，才能推动教育变革，引领学生成长。

四、领导类型：技术创新与伦理领导

在 AI 和大数据时代，教师既要成为技术创新的引领者，也要坚守伦理领导的责任。

第一，技术型领导。在这个数字时代，教师需要成为技术创新的先驱。他们不仅需要了解和掌握最新的教育技术，还要能够有效地将这些技术融入教学实践中。通过研究前沿技术在教学中的应用，教师可以设计出更具智能化和个性化的学习方案，例如利用生成式 AI 生成个性化的学习反馈，让每一个学生都能得到最优化的学习路径。教师还可以运用 VR 和 AR 技术来构建沉浸式的学习场景，大大提高学生的学习体验。

第二，伦理型领导。在技术应用的同时，教师更要注重伦理意识的培养。

教师要关注学生数据隐私的保护，确保每一个学生都能在一个公正公平的环境中学习成长。当算法和技术出现偏差时，教师也要及时矫正和优化，减少不利影响。这需要教师在技术驱动的教改过程中，发挥道德引领的作用。

总的来说，教师既是技术变革的引领者，也是伦理规范的守护者。只有两者的有机统一，才能实现教育变革过程中的价值平衡，这种平衡也恰恰体现了教师领导力的内涵与外延。

五、领导过程：持续迭代与创新

在 AI 赋能的教育环境下，教师的领导过程需要实现持续迭代与创新，并充分吸纳多方参与。

第一，持续迭代和创新。在 AI 驱动的教育环境中，持续地迭代和创新是领导过程中的关键。教师要形成持续改进的理念，不断优化教学策略，以适应变化的需求。例如，教师可以利用 AI 生成的学习分析报告，来调整教学流程，也可以邀请学生参与课程设计，使之更加切合需求。

第二，多方参与和反馈。教育领导过程中应包括多方利益相关者的参与和反馈。这包括与学生、家长、同事以及更广泛的社区成员的互动，以确保教育活动的有效性和相关性。通过与其他教师、家长、行业企业的交流合作，引入更多新视角与新理念，丰富教学内容和形式。学生作为学习的主体，也应该参与到教学优化的过程中来。

第七章

教师信息技术领导力提升路径

本章综合前面的分析，从选拔机制、培养策略以及内升路径方面，为提高教师信息技术领导力提供策略和方法。

第一节 基于教师特征差异分析的选拔机制

分布式领导是为一个组织或团体中的多个成员随工作任务、个人特点和能力以及情境的不同而动态地承担领导角色[1]，换句话说，在信息技术应用于教学和教学管理这个特定情境下，需要有针对性地甄选具有这方面特点和能力的教师承担领导角色。因而，从不同人口学变量的差异性特点分析，可以帮助我们更好地从全局出发为区域教师或者学校教师信息技术领导力的培养和提升提供建议。

一、以点带面，培养信息技术领导者"种子"

（一）"杏坛计划"的启示

"杏坛计划"是由某知名信息技术公司教育研究院发起的全国教师信息技

---

[1] 张晓峰.分布式领导：缘起、概念与实施［J］.比较教育研究，2011，33（9）：44—49.

术与学科融合能力提升项目，通过选拔培训一批信息化核心骨干教师，并联合教育主管部门推动区域教师的培训，采取"以师育师"的方式，让他们带动更多中小学教师利用信息化技术提升教学。①"杏坛计划"给了我们几个方面的启发。

第一，教师信息技术领导力的培养，跳出了学校这个"小圈子"，走向了更大的区域，不仅仅是具有本校影响力教师信息技术领导者，而是要培养具有更大范围影响力的技术领导者，比如区县级、地市级或者更大范围。

第二，选拔适合的教师承担信息技术领导角色，能够提高影响范围和力度，因而是需要选拔的。根据分布式领导中强调的"随工作任务、个人特点和能力以及情境的不同而动态地承担领导角色"，如前所述理想的信息技术领导者必须具备两大特质才能发挥更大的影响力——技术特质和领导特质，但实践中同时具备这两个特质的教师少之又少，所以需要选拔，但是选拔不是目的，选拔只是为了更好地引领。

第三，以师育师，培训信息化核心骨干教师，通过这些教师在学校以及更大范围内去引领、感染更多教师走上信息化道路，以点带面，不断扩散，只有这样我国的教育信息化事业才能真正走向技术与教学融合，才能更好地蓬勃发展。

（二）以师育师，以点带面

"聚是一团火，散是满天星。相信这一群老师将会在区域发挥榜样的力量，带动和培养更多的老师走上信息化提升教学的道路，而我们也将继续为他们提供更多的服务与支持，帮助他们成为区域骨干力量，引领当地教育信息化的提升。"②

这是来自"杏坛计划"第二期高级研修班开启报道中的一句话，培育一批信息化骨干教师，然后散落各地，就像天上的星星一样，发光发热，发挥榜样

---

①② 希沃 . 聚焦教师成长，希沃杏坛计划 . ［OB/OL］https://www.seewo.com/Info/newsdet/
id/1760.html, 2018-07-23.

力量，带动和培育更多教师走上信息化道路，这其实就是信息化领导力的释放与发挥。所以这种短时间内培养、考核"种子选手"并为其提供发挥平台的做法，值得我们教育体制内的学校或者教育局借鉴。

（三）层层选拔，培育精英

由希沃发起报名，全国教师自由报名的形式，从 2000 多名报名者中通过线上学习、考试、大作业考核等层层筛选，最终选出了 36 名信息化教学佼佼者，他们来自全国 11 个省份，除了一线教师，还有校长、学校管理者和区域信息化培训工作者。①

层层筛选的标准主要以慕课形式通过线上学习、考试、大作业等进行筛选，这仅是第一步，主要考核技术能力是否过关。线上考试，技术能力过关者，然后参加希沃组织的线下研修班，通过面对面交流与碰撞，进行信息化教学系列课程的学习、小组研讨、课程讲解实操、学科融合案例展示、信息化教学讲解考核等环节，不断培养与审核其技术能力，同时考察其领导能力（气场、随机应变能力、演讲能力、人际沟通能力、组织协调能力等）。考核通过以后，希沃会给他们颁发证书，得到认证证书的老师就可以承担区域的一些培训，同时希沃也会为这些教师提供机会和平台，比如和当地教育局合作推进信息化教学或者其他项目，然后把这些教师推向前端去发挥力量。

教师自由报名，线上海选，线下面授，授予认证证书，并为其提供发挥影响力的机会和平台。这一系列的步骤和方法，在区域层面培育选拔信息技术领导者，值得推广和借鉴。

（四）星级认证，链式传递

教师考核认证由等级之分，比如说技术能力过硬且领导能力较强的教师，一般会被认证为四星导师，技术过硬但是领导组织能力较弱者，一般被认证为三星导师（执行导师），以此类推。被认证的导师，可以开展线上训练营，去影响周边的教师，也可以推荐教师，被推荐的教师会被认证为一星（需通过

---

① 希沃.聚焦教师成长，希沃杏坛计划.［OB/OL］https://www.seewo.com/Info/newsdet/id/1760.html, 2018-07-23.

线上测试），一星导师就可以申请参加线下研修班，如果通过考核就会被认证为二星或者三星。通俗一点讲，被认证过的导师有"收徒弟""推荐"等权利，这就形成了梯队式和链条式的影响效应。

通过这样一种星级认证、链条式挖掘并培养信息技术领导者的办法，打破了以往由上级领导行政认证的传统，走上了"专业者"推荐、挖掘并培养"专业者"的道路，也为更多底层教师提供了机会，同时也扩大了自身影响力。

二、老幼各有所长，应各有侧重

数据分析显示，20—35岁、35—50岁、50岁以上三个年龄段的信息技术领导力不具有显著差异，但在具体维度上则存在较大差异，换句话说就老教师和年轻教师各有所长，即老教师精于教学经验和技巧方面，年轻教师精于信息技术使用。

第一，对于老教师，应注重简单且实用的信息技术的培训，从选拔上应对那些对信息技术不排斥老教师给予重点关注，发挥教学专业权威的引领作用。

日常教学中经常用到的PPT应用与美化，教学图片处理技巧、文档快速排版、基本的Excel应用，视频分割与合成、简单录屏软件的使用技巧、微课制作的简单方法等应该着重纳入年轻教师信息技术培训内容。老教师优势在于教学经验和教学技巧，若强制学习较深的信息技术则会耗费时间和精力，有些得不偿失。S5（某知名信息技术公司华东华中地区教师信息化培训主管）在访谈中表示："在微课制作、信息化教学等方面，具有一定教学经验的教师比年轻教师要更加优秀，因为年龄偏大，有专业权威和威望。但是信息化培训内容不能太偏重技术，简单实用的最好，也利于他们与教学结合，更利于他们迅速成长。"所以，从选拔上应对那些对信息技术不排斥老教师给予关注。

第二，对于年轻教师而言，应该重点关注技术融合教学以及教学管理的方式方法的探索方面，选拔在这些领域具备领导特质的年轻教师，搭建平台，发挥他们技术优势的引领作用。

年轻教师信息技术能力强，对信息技术敏感，摸索学习起来也比较快，但是存在一个弱点——无法与教学有效融合。这也是我们国内教育信息化普遍存在的一个问题。所以对于年轻教师来说，培训内容应该更加偏重技术融合，通过多种多样的案例进行剖析，从而找到属于他们自己的信息化融合方案，进而在该条道路上"立威"。

此外，为年轻教师搭建平台发挥他们的引领作用也十分必要。S10（男，副校长兼教研员）在访谈中表示："我们学校有一些年轻教师，有很多都是刚参加工作不久的，因为种种因素的一些限制，他们这个领导力等等各方面也不具备，最主要的原因，就是说欠缺的，没有给他们提供一个很好的平台。"

第三，尽量寻找技术特质和领导特质同时兼备的中青年教师，发挥他们的"中流砥柱"作用。中青年教师的优势在于年龄稍大，初步具备了为人处世的成熟表现，且对信息技术应用也有一定了解，若加以重视该群体，则可以发挥巨大的影响作用。

比如 S4（女，教师发展中心副主任）表示："青年教师带队做学校的信息化项目，效果也还可以，取得一些成效。"F32（女，小学数学教师）表示："我们学校负责信息化项目都是有中青年教师，当然也有年轻教师，年轻教师主要做技术支持。"由此观之，在具体实践中，中青年教师还是挑起了大梁。

第四，组建老中青三代的领导团队，发挥各自优势，形成合力，共同为学校的信息化建设服务，亦不失为一种较好的策略。老教师为教学权威担当，年轻教师为技术担当，中青年教师为组织沟通协调担当，这样的团队可以将各方优势整合，发挥最大影响力。

S7（男，学校信息化主任）访谈中表示："我们学校吧，对教研室还是比较看重的，自从学校开始搞信息化项目之后，就把教研室整合了，变成指挥大营，教师组长负责统筹协调，有干劲的老教师为课程和教学把关，同时也吸纳了几个年轻教师，作为技术支援和支持。这几年一直都是这样的一个思路，在我们当地做得还算不错，被当地新闻报道过几次，学校的干劲儿也越来越大了。"

三、男女技术特长不同，应差异化选拔

男女教师信息技术领导力不存在显著差异，但从平均分来看，女性教师更擅长在信息化教学领导力、数字化课程领导力等方面发挥作用，男性教师更擅长在信息技术氛围领导力、信息技术专业引领力等方面发挥作用。

也就是在教师信息技术领导力整体层面，男教师和女教师并不存在明显差异，即男女教师是平等的，但是细化到具体维度则又存在细小差异，这个细小差异可以作为选拔教师承担领导职责的依据。

第一，在信息化教学以及数字化课程整合等方面的引领与促进，则以女教师为主，发挥其包容、心思细腻、情感体贴[①]、沟通、分享、合作[②]等方面的优势，则更有利于在长期琐碎的信息化项目中维系各方人员，达成平衡，推动项目发展，也有利于在这个过程中影响更多人。比如，向学生与家长传达解释学校信息化教学目标与规划、规划好信息化教学前后的活动安排（知识内容的呈现方式，练习与反馈、测试等），利用信息技术工具管理教学过程，监督学生学习活动并适时给予指导；根据学生与家长的反馈进行信息化教学过程的评估和改进，与其他教师共同商议信息技术整合课程内容的切入点，带领其他教师讨论数字化课程在教学中遇到的问题并提出改进方法，吸纳家长、社区的资源，共同整合数字化课程资源等方面，女教师则相对较为擅长。

第二，在信息技术专业引领和信息技术氛围营造方面，以男教师为主进行选拔和培养。普遍认为男女教师的数字技术能力有较大差异，并且在技术应用类教师岗位的招聘中，用人单位相对倾向于男性求职者[③]，这也说明男教师的技术特质较强，在信息技术专业引领和信息技术氛围营造方面，占据优势。比如，

① 舒丽丽. 性别视角下谈领导者的产生与发展［J］. 中共铜仁地委党校学报，2009（3）：56—59.

② 李改. 中学生领导力：结构及其相关影响因素的作用机制［D］. 武汉：华中师范大学，2014：78.

③ 郑旭东. 面向我国中小学教师的数字胜任力模型构建及应用研究［D］. 上海：华东师范大学，2019：182—183.

希望了解教育信息技术的前沿科技，积极探索信息化教学的新知识、新方法、新技术，不断提升自身信息化水平，为学校信息化设备的采购和网络设置提供建议，积极协助学校管理者评估学校信息化发展等方面，男教师则更为擅长。

所以，若要发挥最大效用，可以在细微层面加以区分，注重男女在信息技术方面的差异以及特长，应根据学校或地区的需求而重点选拔培养。

四、中西部重技术氛围，东部重技术应用

中西部地区的教师信息技术氛围领导力显著低于东部，但东部的教师信息技术引领力却与中西部不存在显著差异。

就实际情况而言，东部地区信息化设备设施较为齐全，在教育信息化领域一直走在探索的前沿，学校领导和区域教育局领导也大力倡导信息化教学，故而信息技术氛围较为浓厚；而中西部则相对比较传统，对信息技术反应较为缓慢，甚至还存在偏见，一直处于观望的态度，故而信息技术氛围不足。2016年，TALIS 报告公布，上海中学教师作为全世界最优秀的职业群体之一，多个方面测试结果表明其国际前列的领先地位，却只有 15% 的教师鼓励学生用信息技术手段去完成任务或解决问题，远低于 OECD 的 38% 的均值[①]，这说明东部教师信息技术应用能力没有达到理想要求，已成为东部地区的短板，因而也缺失在信息技术引领方面的土壤。

从地域上来说，中西部重技术氛围，东部重技术应用，则为一种比较具有针对性的策略。即在中西部地区应重视教师在信息技术氛围领导力方面建设与推动，东部地区应重视教师在信息技术专业引领力方面的培养与提高。中西部地区教师信息技术领导力较低的主要原因在于平时日常教学中没有技术氛围，这跟学校和教育局领导不够重视信息技术有关系。东部地区教师信息技术领导力未达到理想标准的原因，以笔者的观察，东部地区的学校（教师和校长）将更多的精力放在了信息化硬件设备上，热衷于设备的购买与更新，或者是被各

---

① 刘楚，徐显龙，任友群.中小学信息技术教学应用效果区域比较研究——以东、中、西部部分省会城市学校为例［J］.中国电化教育，2018（11）：1—8＋32.

式各样的信息化设备迷花了眼，而忽视了其教学的真正结合。

此外，有关东部教师信息技术应用能力，访谈者 S1 谈到一个比较有意思的分析："我还做过一个调查，关于上海跟河南做了一个对比，上海这边的硬件设备没的说，全国基本上都是领先的。河南有一些学校，设备不怎么样，但是他们的信息技术能力，熟练程度可能要高于上海这边的。这是很奇怪的一个现象。去年我去上海培训，去看了一个什么区的学校，看完之后就感觉他们老师看不起我们技术应用能力，我感觉并不比我们县城老师好多少，在某个点上，我们还要比他们做得好。我们也在讨论和反思这个问题，我个人的见解，上海处在一个经济非常发达地区，教育资源非常丰富。见到的这种非常丰富的教育资源，很多时候就像去超市选东西一样，可能会挑花眼，他不知道在哪个点上去做。我们河南这个地方经济也不是特别发达，教育资源也不是特别丰富，突然来了一批资源之后，大概就那两三种，就是超市只有这两三种商品，没得选，就只能选择其中一两个专心研究，专心去做一件事情，反而可能比较有效率，容易出成果。"

综上，中西部重技术氛围，东部重技术应用，是一种有针对性的策略。中西部地区，需要从领导层给予信息技术足够的重视，营造信息技术氛围，培养和选拔在信息技术氛围领导力比较擅长的教师加以培养；东部地区，加大信息技术（手段与设备）与教学融合的深度，坚持思路和方向，注重信息技术与教学融合的优秀案例的选拔与推广，重点关注在信息技术专业引领力方面比较突出的教师加以选拔与培养。

五、着重关注校长支持态度下的学校

调研结论显示，教师信息技术领导力及其四个维度在"校长支持"与"校长不支持"上存在显著性差异，且校长支持态度下的教师信息技术领导力著高于校长消极态度下的教师信息技术领导力。从区域教育局角度来看，若要带动和提升整个区域的教师信息技术领导力，可以以学校为单位进行甄选，从某几个学校进行重点培养，而后辐射周围其他学校，从而带动整个区域。

按此思路，研究结论就提供了理论支持，重点甄选那些校长支持信息化的学校，而非选择本地比较优秀的学校（学生成绩好，教师水平高）。访谈中，研究者发现那些学校实力一般（甚至是较差）且校长支持信息化的学校，比那些实力较强的学校更容易在信息化道路上取得成绩，学校教师的信息化水平也更容易提升。

> 那些信息教学做得比较好的教师，不是来自名校的（所从教学校在当地不是很有名）；因为升学率，说实话，短时间内信息技术带来的升学率的效果是看不到的。有一次培训时，一个老师就说他不想听，他满嘴都是升学率名校什么的，她说用了你们这个软件以后，能增长吗？那我肯定不能保证。我觉得，还是主张中下游的学校，他们反而更容易接受，因为这部分学校的老师，他们虽然不是最好的，但是他还愿意去提升自己，把自己变成最好的；还有就是，这一部分学校对升学率、学生成绩等已经看淡了，反正就那样了，这样的学校反而对信息化改革教学没有太多后顾之忧。（S5，某知名信息技术公司教师培训部高管）

通过上述访谈内容，我们可以总结出重点甄选那些校长支持信息化的学校，而非选择本地比较优秀的学校的原因：第一，中下游学校对升学率和学生成绩没有那么看重，进行信息化改革没有太大后顾之忧，不必担心学校的排名和学生成绩下滑；第二，中下游学校的教师相对能够抽出更多时间学习和钻研信息技术，容易在全校形成信息技术氛围。

第二节　基于影响因素作用关系的培养策略

从教师信息技术领导力的影响因素编码过程可以发现校长授权（45 次 [①] ）、

---

① 数字表示访谈中提及的次数，共访谈 61 人，下同。

组织氛围（36次）以及知识共享（22次）是影响教师信息技术领导力的重要因素。且结构方程模型验证结果显示：校长授权并非直接影响教师信息技术领导力，而是通过组织氛围和知识共享而产生间接影响，影响路径有三条：校长授权—组织氛围—教师信息技术领导力、校长授权—知识共享—教师信息技术领导力、校长授权—组织氛围—知识共享—教师信息技术领导力；对比发现，三条中介路径不存在显著性差异。

本节主要基于影响因素对教师信息技术领导力的作用分析（影响路径、方向、中介效应、中介差异等）为教师信息技术领导力的培养和开发提供策略和方案。

一、重视校长授权的辐射性作用

校长授权可以通过知识共享、组织氛围等因素对教师信息技术领导力产生中介效应或链式中介效应，其对教师信息技术领导力的辐射作用不可小觑。只有校长真正地放权给教师，才能让教师在教育信息化方面最大限度地发挥他们的领导力，否则，教师在校长的全程掌控下基本没有机会去施展个人领导力，通常只能沦为学校行政命令的执行者。[①] 吴颖民认为校长放权、对教师的信任、适当的授权给教师、与教师共同承担责任、对教师的工作成就给予肯定等都会促进教师领导力的成长和教师领导活动的进行。[②] 这样的观点也支持了哈蒙德[③]、巴克纳[④]、蔡尔兹[⑤]、胡继飞[⑥] 等学者的看法。

[①] 王绯烨，萨莉·扎帕达.骨干教师领导力影响因素的实证研究 [J].湖南师范大学教育科学学报，2017，16（3）：83—88.

[②] 吴颖民.国外对中小学教师领导力问题的研究与启示 [J].比较教育研究，2008（8）：52—57.

[③] Darling-Hammond, L., Bullmaster, M. L. & Cobb, V. L. Rethinking Teacher Leadership through Professional Development Schools [J]. Elementary School Journal, 1995（96）：87—106.

[④] Buckner, K. G. & McDowelle, James O. Developing Teacher Leaders: Providing Encouragement, Opportunities, and Support [J]. NASSP Bulletin, 2000（84）：35—41.

[⑤] Childs, B. D., Moller, G. & Scrivner, J. Principals: Leaders of Leaders [J]. National Association of Secondary School Principals, 2000（616）：27—34.

[⑥] 胡继飞，古立新.我国教师领导力现状及其影响因素的调查研究——以广东省为例 [J].课程·教材·教法，2012，32（5）：111—116.

校长授权对教师领导力的作用和影响，已是众多学者达成的一致观点，本书也印证了此观点。但必须强调的一点是：在分布式领导思想中，学校领导"分布"的要义不在"领导角色"和"领导权力"的分布，而在于"领导影响"的分布，即"主要关注的是发生于组织中的（领导）影响来源和影响模式"①。故而校长在授权时需要考虑到这个误区，不能将"授权"理解为赋予"领导职位"或者"领导权力"，本书也是在该思想的指导之下开展的研究。

（一）不必拘泥于"职位授权"，但"职位授权"确实有效

站在教师的角度考虑，受我国传统文化的影响，"名不正则言不顺""不在其位不谋其政"，如果不承当相应职位，则做起事来就显得有些"不合法理"。比如一位信息技术能力非常强的教师 F10 在接受访谈时谈道："'就你厉害，学校给你什么职位了吗？多管闲事……'我对信息技术感兴趣，校长也支持我做这方面的事情，让我带领教师们搞这方面的研究，刚开始的时候，我还很起劲儿，后来发现有其他教师在背后说我坏话，说我多管闲事，还说校长背后给我什么好处了。再后来，市里面出台了什么'电教员'制度，要求每个学校报上去一位教师，成为本校电教员，负责本校教育信息化的推进工作，但也只是负责与市里或者其他学校的联络沟通工作。然后，校长就把我报上去了，我成了学校的电教员，然后再通知和组织相关事宜的时候，就感觉不会有人在背后戳我脊梁骨……"F10 聊起这些经历也是一把心酸。

N13 在访谈时谈道："我觉得应该在行政方面给予一定的这个职位，所谓名不正言不顺。身为一名普通教师在向大家布置任务各种安排活动的时候，自然就没有行政领导的权威，所以我觉得信息技术老师如果想要承担更多的任务和责任，应该有更多的话语权和评审影响力。希望将来普通学校信息技术推广科室能够直接对接上级电教部门，电教负责人有更多'实权'，而不是仅仅成为给领导和老师做课件的'工匠'。"

从这两个案例，我们可以发现"职位"对教师发挥信息技术领导力的重要

---

① 冯大鸣. 分布式领导之中国意义［J］. 教育发展研究，2012，32（12）：31—35.

性。虽然我们提倡的领导力核心是"影响力",但在具体实践中,教师并非这样理解,所以"名正言顺""在其位谋其政",也是我们现阶段开发和培养教师信息技术领导力必须考虑的问题。其实,"职位"和"权力"还是两码事,比如上述案例中的"电教员"其实本身并没有什么实质权力,仅仅是联络和沟通,但给予了他做这件事的"名"。这也值得我们效仿,通过设置教育信息化的项目赋予"职位",其实也是为了方便推行和实施。

(二)"心理授权",注重与教师的交往艺术

但实际情况中,职位是有限的,而学校教师却有很多,那么如何激发那些有信息化"潜力"的教师去影响更多人呢?这也是一个值得思考的问题。

领导是一门艺术,授权也是一门艺术,目前国外研究比较关注"心理授权"的应用。心理授权是员工心理感知到的被授权的一种心理状态,从而使员工产生内在激励,包含四个维度:从员工对工作意义、自我效能、自主性和影响力的认知来体现员工被授权的状态[1],传统的授权实践和研究都仅仅关注组织高层如何将权力下放给基层员工的措施或行为,而忽视被授权者的心理体验[2]。有授权体验的员工工作会更积极、更主动、更有活力,进而会有更高的组织承诺与满意度。[3]

> 我是一线过来的,我就觉得还是挺重要,因为一线老师他们都想被认可,都想得到领导的关注,但是这方面没有,我们还是缺一点。(S2,某地教师发展中心主任)

---

[1] Spreitzer G. M., Kizilos M. A., Nason S W. A dimensional analysis of the relationship between psychological empowerment and effectiveness, satisfaction and strain[J]. Journal of Management, 1997, 23: 679—704.

[2] Conger J. A., Kanungo R. N. The empowerment process: Integrating theory and practice[J]. Academy of Management Review, 1988, 13(3): 81—105.

[3] Thomas K. W., Velthouse, B. A. Cognitive Elements of Empowerment: An "Interpretive" Model of Intrinsic Task Motivation[J]. Academy of Management Review, 1990, 15(4): 666—681.

有时候，一些教师的需求其实不是金钱，而是渴望被认可，然后被理解，渴望被重视。比如说一些教育局的信息化类的讲座，我们就会跟一些教师去沟通课程，推荐他们去开讲座（当然是教育局发授课邀请），然后这些老师他会认识很多人，觉得自己比较有成就感，获得了认可和尊重，也认识了影响和帮助了很多人。（S4，某地教师发展中心主任）

以上两个案例是教师渴望得到尊重、理解、重视和支持的实践表现形态，也印证了"心理授权"在教师群体中可以发挥重要作用。根据上述心理授权的维度，实践中，心理授权可以从教师对工作意义、教师自我效能、教师自主性、教师影响力等方面进行激发其工作斗志、积极性和影响力。第一，从教师信息化工作的意义和价值出发，让教师感受到这件事的重大意义和价值，从而确立做信息化教学探索的决心，也倡导教师利用信息技术影响更多的同行或者学生；第二，肯定教师的能力，并时常鼓励，让教师觉得自己有能力有信心能够成功地完成学校的教育信息化工作，探索出有特色的信息化教学道路；第三，给予一定的自主权使教师在信息化项目上能够自己做一些决定，从而发挥其聪明才智。

此外，校长"心理授权"，需要外化，表现在行为、语言等方面，比如校长倾听教师的想法和建议、给教师表达自己意见的机会、允许教师有不同看法、鼓励教师与自己交流、支持教师的努力等，这也是将"心理授权"体现在行为上的一个表现。

为教师搭建一个平台，让教师去发挥自己的信息技术才能，这往往是那些教师信息技术领导者最需要的，最渴望的。当然，搭建平台也是"心理授权"外化的一种表现。

（三）分享决策权，提高教师参与度

参与决策，是教师领导力的重要方面。[①]教师参与决策对学校改革有重要

---

① ［美］韦恩·K.霍伊，塞西尔·G.米斯克尔.教育管理学：理论·研究·实践（第七版）［M］.范国睿，译.北京：教育科学出版社，2007：290.

作用。① 当教师参与学校决策时，越有可能进行教学变革。② 让更多的人参与学校决策的制定能够使更多的教师获得支持，因此也有助于提升学校的组织凝聚力。③

前述调查显示，教师在学校信息化决策中参与度较低，这与校长个人观念有极大关系，校长民主意识淡薄导致了教师无法参与到学校决策的制定当中来。所以，这就需要校长从传统意义上的领导者转化为新时代的领导者，为教师参与学校决策提供机会，从而提高学校凝聚力，也利于开发教师领导力。

分享决策权绝不意味着从事一线教学的教师就能够全程地参与到学校决策的制定过程当中，也不是所有教师都参与到学校决策中来，而是根据分布式领导倡导的那样，根据工作任务、个人特点和能力以及情境的不同而动态地选择一些教师参与学校决策。教师领导者也不是永远固定，会随着任务、时间的变化而有所调整，故而，教师参与决策并不是分权，而是更好地"集权"，集中学校之力做"大事"。

在学校或教育局有关教育信息化决策（规划、方案制定等）过程中，可以甄选一些具有信息技术领导特质的教师进行参与，听一听教师的心声，也听一听他们的建议，对决策制定的科学性有促进作用。此外，教师参与信息化决策的过程，了解决策方案的原因、目的和框架，在一定程度上也可以减少目前存在教师信息化教学的各种不理解和抱怨。

二、寻求知识共享的在线社区构建

知识共享是影响教师信息技术领导力的一个重要因素，关于影响因素的

---

① Taylor, D. L., & Bogotch, I. E. School-Level Effects of Teacher's Participation in Decision Making[J]. Educational Evaluation and Policy Analysis, 1994, 16（3）: 302—319.

② Doyle, L. H. Leadership for Community Building: Changing How We Think and Act[J]. The Clearing House: A Journal of Educational Strategies, Issues and Ideas, 2004, 77（5）: 196—201.

③ ［美］阿尔玛·哈里斯，丹尼尔·缪伊斯.教师领导力与学校发展［M］.许联，吴合文，译.北京：北京师范大学出版社，2007：108.

访谈中被提及 22 次。此外，调研数据验证了知识共享对教师信息技术领导力的标准化直接效应显著，即可以通过提高知识共享度而提升教师信息技术领导力。

自 2014 年教育部《网络研修与校本研修整合培训实施指南》出台后，提出目标任务"依托教师网络研修社区，实施网络研修与校本研修整合培训，创新教师网络研修模式，建立校本研修常态化运行机制，夯实以校为本的教师全员培训基础，促进教师专业发展"[①]。由此，国内教师培训形成了一种新的形式：网络研修社区。教师之间的知识共享也逐渐走向了网络化和电子化。所以，构建在线社区促进教师之间的知识共享，则是一个提升教师信息技术领导力的策略。

已有研究显示，教师之间的知识共享，但从现实的情况来看却不容乐观，存在着共享意识薄弱、共享层次低端、共享机制匮乏、共享生态缺失等困境。[②]

在线社区的知识共享程度，影响一个学校的整体教师信息技术领导力水平，教师在在线社区的知识共享，将成为在线领导者。结合教师知识共享存在的问题，寻求以知识共享的在线社区的构建，可以从以下几个方面进行思考。

（一）提升共享意识

有一些在线社区的建设是在行政指令的推动下建立起来的，许多行政话语参与并主导着教师知识共享的主题和内容，控制着知识共享的形式与进程，从而，使得教师参与在线社区共同体并实现知识共享的意愿也普遍低沉，缺乏积极性和主体性。

必须明确一点，共享是自愿的，强迫来的共享，是变质的，不会长久。共享是发自内心的，那么在什么情况下教师才愿意将自己的真才实学拿出来分

---

① 教育部.网络研修与校本研修整合培训实施指南［EB/OL］. http://nlts.fjteacheredu.com/fjnltshtml/zcwj/20140326/201.html, 2014-03-26.

② 李伟.教师共同体中的知识共享：困境与突破［J］.教育发展研究，2017，37（20）：74—78.

享呢?

第一，社群是干货群，能够从该群得到或学到很多东西，自身受益匪浅；受群内气氛感染后，社群成员也会自觉分享一些内容、观看和看法。所以，社群内定期分享有关信息技术教学的干货内容，就显得十分重要，相比而言，那些"报道""投票"之类的内容出现社群内，就会让人感觉到不舒服。此外，在线社区的建立和融入，不一定局限在本校或者本地区，网络世界可以扩展到全国，比如说与信息化教学相关的较大社群融合（各类学科教学 QQ 群、论坛、站点等），教师接入这些大型社区，能够从中受益，接受别人的恩赠，从而也逐渐形成馈赠他人的习惯。

第二，社群是兴趣群，能够从中得到解脱，身在其中能够感受到愉快，忘记工作的烦恼和疲惫。所以，群内讨论一些信息技术的"八卦""糗事"也未尝不可，信息技术比较枯燥，一个学校内喜欢信息技术的教师也不会太多，我们可以将思路扩展开来，在线社区的建立和融入，同样可以扩展到全国，比如说与国内信息技术类的较大社群融合（视频剪辑、音频处理、微课、PPT、数据分析、翻转课堂、STEM）等，这些社区内聚集的都是一类技术的爱好者，更不乏"大神"。

第三，一个非常"nice"的群主，这个群主无私奉献、懂得群成员的需求和爱好，能够帮助群成员解答问题，如果再幽默一点，那就更好了。在线社区的凝聚力，群主十分重要，在初期，往往是群主一个人的努力，然后逐渐有人"跳出来"帮忙，氛围就好起来了，良性循环就形成了。

综上，行政力量参与，往往"好心办坏事"，教师自己的事情还需自己解决。作为管理者和领导者，可以加以引导，比如引导教师将眼界放宽，去融入外界的大型在线社区，比如寻觅优秀"群主"等。从教师自身发展的角度上来看，知识共享者将成为在线领导者，能够形成巨大影响力。

（二）提高共享层次

现在很多的微信群和 QQ 群，甚至是微信"朋友圈"等分享出来的内容，大多是转发为主，原创的内容较少，实用的内容也罕见，在线社区内大致也呈现类似的问题，知识共享的肤浅、低端、流于形式等问题。

那么如何若要构建知识共享较高层次的在线社区，应从哪些方面入手呢？

第一，契约精神，入社群前的简介或者公告等提前告知成员，比如"本群为绿色群，广告狗请绕行！请仔细阅读完下面内容……"再比如"入群须知：1. 禁止讨论与信息技术无关的话题，违者请自动退群，否则就是暴躁的管理员一顿胖揍；2. 向群内成员分享一些精品素材（如 PPT 模板、高清图片素材、图标素材、微课制作软件、微课教程、微课经典案例等）；3. 积极踊跃发言，帮助其他成员解决问题"这种契约的通告，目的并不是要求每个人都这样做，而是告知成员本社群的定位以及管理模式，让群成员与群品质自动保持一致。

第二，社群定位，在一定程度上直接影响社群内知识共享层次。比如一些社群定位"×××技术高阶群"，这样的定位就注重×××技术的高级应用或操作的讨论与分享，而不是"×××软件怎么安装？""×××材料如何导入？"之类的低端问题的讨论。还有一些门槛较低的社群，比如资源分享性质社群，那么资料共享是第一位，但是教学法、信息技术应用类等高级一点的讨论与分享，可能就不会社群里出现。

第三，课程资源，是与学习者产生交互的一个路径，也是提升知识共享层次的一个手段。如果社群内仅仅是讨论与文件分享，而没有核心的内容，那么社群的凝聚力不强。所以建设教育信息化相关课程，引导成员自主学习，则可以提升成员信息化水平，设置课程，可以从实用且简单的开始，以免使成员产生畏难情绪。

综上，知识共享层次决定了知识共享产生的作用和影响程度，肤浅、低端、流于形式的知识共享，产生的效益不大，其负面作用反而占据了主要地位，打扰其他人的生活、耽误时间等。所以在线社区的构建，必须注意知识共享的层次，从契约精神、社群定位以及课程资源建设等三个方面着手，可以起到一定的帮助作用。

（三）共建共享生态

目前，每所学校的教师都会有各种各样的微信群、QQ 群、办公群等，这些群也是在线社区的一种，但其中很多社群是在教育行政力量的干预下建立起来的，忽视了对教师知识基础、兴趣需要等，漠视了教师的主体参与意识[1]，所以很多在线社群在平时都是"鸦雀无声"，从知识共享行为来看，网络学习空间中的知识共享行为以浏览、下载较多，而主动提问、发帖、回复相对较少[2]。

浏览、下载等行为只是单方面的知识获取，而提问、发帖、回复等互动行为才是知识共享的双向行为，知识的互动才会碰撞出新的知识火花。一个长久保持高活跃度的在线学习社区必然是知识分享的良性循环生态。那么这个良性循环生态该如何形成呢？基于已有研究，我们可以从在线学习的"五阶段"模型进行探究：访问课程和学习动机的激发阶段、形成在线学习社区阶段、信息交流阶段、知识建构阶段、发展阶段。[3]

第一阶段，在线社区建设主要任务是确保访问，提供一个温和而有趣的介绍，消除陌生感并欢迎和鼓励发言以及自我介绍，指导获得技术支持的方法和途径，使得成员对社群有初步的认识，为在后续的交流分享创造了条件。

第二阶段，要求成员了解在线社区环境和交流学习规则，同时明确自己的身份，了解什么能做，什么不能做。上述契约精神的论述，与此处类似。

第三阶段，在信息交互阶段，分为两种情况。课程资源的互动和与他人的互动。与课程的互动，即与课程指导教师或者助教的交流，请教问题并解决问题；与他人的互动，包含学习方法、学习进度、作业完成、阶段测验等的讨论。

第四阶段，知识建构，如果在线社群运营不善，基本上达不到这个阶段。围绕课程内容或者相关话题进行深入讨论，鼓励成员对学科资料进行批判性思

① 李伟.教师共同体中的知识共享：困境与突破［J］.教育发展研究，2017，37（20）：74—78.

② 赵呈领，梁云真，刘丽丽，等.基于社会认知理论的网络学习空间知识共享行为研究［J］.电化教育研究，2016，37（10）：14—21＋41.

③ 高亚涛.基于学习者体验的在线学习社区构建策略［J］.广播电视大学学报（哲学社会科学版），2018（1）：105—108.

考，引导成员将学习和工作经验建立联系并在线互动分享，包括实时互动和组群互动等。

第五阶段，此阶段主要靠社群成员自己的领悟与运用，通过遇到问题并不断解决问题的方式，在教学实践中反思、评估和改进。若大部分社群成员能够达到这个阶段，则表示该在线社区已成熟，社群内的知识互动、活跃度以及共享行为等将继续保持良性循环。

综上，良性循环的知识共享社群的构建，需要慢慢引导，也需要成员的配合，关键在于互动，如何逐步激发成员互动的热情和频率，将是良性知识共享社群建设的一个关键问题，从以上五个步骤进行逐步引导能够起到较好的实践效果。

知识共享是教师形成合作共同体的一个重要因素，也是发挥教师领导力的一个重要场所。

三、积极营造容错型组织文化氛围

组织氛围是影响教师信息技术领导力的一个重要因素，关于影响因素的访谈中被提及 36 次。此外，调研数据验证了组织氛围对教师信息技术领导力的直接效应显著，且在校长授权与教师信息技术领导力之间起到了显著的中介效应。

在进行第一轮访谈（13 位教师信息技术领导者）时，大多数访谈者谈到这样的情况：

我校只有我们一两个人使用信息技术授课，其他人抱着"看笑话""就你俩爱出风头"等冷嘲热讽的态度。（F1，女，初中信息技术）

本来心里就是模棱两可的，如果别人再说风凉话，就更不愿意去做了。（F4，男，初中英语）

在信息化教学的路上，我经常受委屈、受排挤、不被理解。（F6，男，初中物理）

如果出了事情，这个责任是你的，我不会担着，跟我没关系；如果做出成效了，我也跟着有一份功劳，甚至是头等功劳。（S5，某知名信息技术公司教师信息化培训主管）

使用电子白板上课，有些人就说风凉话。（F8，男，高中数学）

从这些满满的负面词汇，可以看出正面的鼓励对那些信息技术教学改革先驱者来说是多么的重要，他们太需要成功了，因为那些"环境"不允许失败。由此观之，在教师信息技术领导力开发和培养的道路上，容错型组织文化是十分重要的。也有学者指出，鼓励创新和试错的学校文化正是教师领导力产生和发展的主要原因。[①]

容错型组织文化强调行动导向、创新导向和试探导向，核心在于组织宽容失败并保护、鼓励冒险失败者。[②] 由此可知，容错的目的在于鼓励创新，而包容的态度则是为其解除后顾之忧，再结合学校组织成员的构成，可从"包容型领导，鼓励尝试和创新"和"友好型同侪，包容瑕疵和失败"两个方面着手营造：

（一）包容型领导，鼓励尝试和创新

领导尤其是高层领导对塑造、强化组织文化氛围至关重要。[③] 包容型领导能让员工感受到组织对待错误的态度，并逐渐形成一种共同认知，将有力推动容错文化氛围的塑造。学校包容型领导是指一种以包容、开放、民主、人本的方式，指挥、引导、协调和鼓励组织成员为实现组织目标而努力的过程，是一种擅长听取下属观点和认可下属贡献的领导方式。[④]

[①] ［美］阿尔玛·哈里斯，丹尼尔·缪伊斯.教师领导力与学校发展［M］.许联，吴合文，译.北京：北京师范大学出版社，2007：154.

[②] 王性玉.组织中容错机制的模型建构与管理策略［J］.北京工商大学学报（社会科学版），2017，32（4）：108—115.

[③] Tsui A S, Zhang Z X, Wang H, et al. Unpacking the relationship between CEO leadership behavior and organizational culture［J］. The Leadership Quarterly, 2006, 17（2）: 113—137.

[④] Ingrid M. Nembhard, Amy C. Edmondson. Making it safe: the effects of leader inclusiveness and professional status on psychological safety and improvement efforts in health care teams［J］. Journal of Organizational Behavior, 2006, 27（7）: 941—966.

关于信息技术与教育教学相融合的探索和改革，属于新事物，还不成熟，教师走在这条路上本身就是"摸着石头过河"，犯错是难免。包容型的领导，能够积极推动那些信息技术领导者在教育信息化的道路上不断探索和创新，并在此过程中不断为同伴和学生带来积极影响。

（二）友好型同侪，包容瑕疵和失败

在访谈中了解到，来自同行教师的"风凉话""爱出风头""排挤"等冷言冷语的态度以及组织中"不包容""不支持""看笑话"等组织氛围极大地打击了教师领导者的积极性，从而使得教师不敢不愿做出任何越矩的事情，即不敢创新。由此可以看出来自同行包容的重要性，同行之间友好关系对教师信息技术领导力的释放起着促进作用。这也支持了利特尔（J. W. Little）的观点，同事的包容和支持程度与教师领导者的领导力水平有显著的正相关。[①]

在新事物探索方面，如果同行能够少一点冷言冷语，多一点热情和包容，少一点排挤伤害，多一点尊重和合作，那么在信息化道路上摸索、尝试和应用的过程中，各方都会受益，也将形成同辈群体之间的协同影响力，共同进步。

第三节　基于信息技术前沿指向的内生路径

调研显示，教师的信息技术专业引领力均值最低，仅 2.07，远低于其他三个维度（2.29、2.72、2.32），与总均分 2.36 也相差甚远，这说明教师信息技术专业引领力实际水平较低，其主要原因是教师信息技术能力有限、心有余而力不足，其中还存在一个原因就是对教育信息技术前沿关注较少且应用不足。而教师信息技术能力和对信息技术前沿的掌握，是教师信息技术领导力得以充分发挥的基础。基于此，本节从信息技术能力培养和信息技术前沿引导的视角为提升教师信息技术领导力指明方向。

---

① Little, J. W. High School Restructuring and Vocational Reform: the Question of "Fit" in Two Schools[J]. NASSP Bulletin, 2001（85）: 17—25.

一、基于前沿教育信息技术而引发的再思考

全球知名研究机构新媒体联盟（New Media Consortium，NMC）所发布的《地平线报告》（*Horizon Report*）以其行业敏感度和技术前瞻性，已成为预测教育信息技术发展趋势的风向标。[①] 每年推出引起全球性关注的一系列地平线报告，用于预测和描述有可能在未来 1—5 年内对教育产生广泛影响的新兴技术，这些新兴技术和关键技术，能够帮助教师更好地把握技术应用走向，更好地了解和掌握信息技术前沿，从而提高教师信息技术引领力。本研究选取自 2020 年到 2023 年的《地平线报告》，共计预测技术 60 项。在分析新兴技术实践应用现状的基础上，将 60 项关键技术进行重新归类分析，类目设定学习、教学、课程与其他技术。这 4 个类目之间彼此会有技术交叉，但各有侧重点，本研究根据侧重点进行归类。

表 7-1　2020—2023 年基础教育版地平线报告关键技术

技术类别	关键技术趋势
学习技术	用于个性化学习的预测性人工智能、学习分析和大数据、微证书
教学技术	用于学习工具的人工智能、混合学习空间、混合 / 远程学习模式主流化、高质量的在线学习、混合 / 远程教学的教师发展
课程技术	生成式人工智能、打破教学模式界限、开放内容、STEM 课程、混合弹性课程
其他技术	数据治理工具、信息安全工具、隐私保护工具

通过对四大类目内最新关键技术进行分析，可以更加清晰地理解教师信息技术素养向更高层次提升的路径，为教师信息技术领导力的生成与发挥奠定基础。基于技术指向的教师信息技术领导力进阶提升，教师应关注学习技术、教学技术、课程技术以及其他相关技术。在学习技术方面，包括用于个性化学习的预测性人工智能、学习分析和大数据、微证书等；在教学技术方面，重点应

[①] 祝智庭 . 教育信息化的新发展：国际观察与国内动态［J］. 现代远程教育研究，2012（3）：3—13.

放在用于学习工具的人工智能、混合学习空间、混合学习模式、教师数字化素养等；在课程技术方面，应该重点关注生成式人工智能在各种课程开发中的应用；此外，数据治理、信息安全等也是不容小觑的一个方面。

二、以"学习技术"为支撑的信息素养再提升

学习技术既是一种有效的学习方法，又是一种用于预测和分析学习行为的技术。在"学习技术"方面，教师要有一定的技术洞察力，了解技术发展的趋势及其在未来的应用，同时也要掌握学习这些技术的方法——极简技术应用。教师提升"学习技术"能力，特别是在预测性人工智能、学习分析和大数据、微证书等技术领域，是构建技术和专业权威性、增强信息技术领导力的关键。以下是教师如何在这些领域内不断学习、掌握并应用这些技术的具体方法，以预测性人工智能的学习与应用为例。

（一）多元学习路径探索

积极参与专业培训和研讨会，获取最新的预测性人工智能、学习分析和大数据领域的知识和趋势。利用在线学习资源，例如 Coursera、edX 和 Udacity 等平台，学习相关技术课程。这些平台提供从入门到高级的学习路径，可以满足不同学习需求。加入相关的专业网络和在线社区，与同行交流最佳实践和经验，拓展人脉，共同学习成长。技术发展日新月异，唯有坚持不懈地学习，才能跟上时代步伐。

（二）极简技术应用策略

应用极简技术，并非一蹴而就，需要以"简"驭繁，以"易"制胜，遵循科学的实施策略，将理论与实践结合起来，并坚持不懈地学习和改进，才能取得最佳效果，助力教学和学习迈向更高水平。

第一，工具与平台。以用户为中心，以易用为先。选择用户友好、易于学习的工具和平台，是成功应用极简技术的关键。应注重以下几点：操作界面简洁明了，易于理解和使用，减少用户的学习成本和认知负担；提供满足教学需求的核心功能，避免过度复杂的功能堆砌，保证实用性；能够与现有教学系统

和工具无缝衔接，降低导入成本和技术壁垒。

第二，实施策略。循序渐进，稳步推进。首先，小步试点，从小范围试点开始，积累经验和数据，为后续推广奠定基础。其次，迭代优化，在试点过程中不断收集反馈，持续改进和优化应用方案。

第三，理论与实践相结合。首先，通过参与或发起与预测性人工智能相关的实际项目，将理论知识应用于实践中，例如使用学习分析工具来改善学生的学习体验。其次，研究和分析成功案例，了解如何有效地将这些技术应用于教学和学习中。

（三）个人品牌塑造

教师应该将所学所得进行"输出"，这样可以影响和引领更多的教师和学生。

第一，持续性地进行"内容输出"。撰写预测性人工智能与教育教学相关的专业论文、案例分析、技术教程等，投稿至行业期刊、学术杂志或知名网站，以严谨的学术态度、深入的理论分析和实践经验，彰显专业实力和洞察力。创建个人网站或自媒体账号，定期发布学习心得、实践经验、案例分析等内容，打造个人知识库，吸引目标受众关注，树立专业形象。积极参与社交媒体互动，在知乎、微博等平台上分享专业观点，参与行业讨论，与同行交流互动，扩大个人影响力，提升品牌知名度。

第二，寻求机会进行演讲分享。积极参与公开讲座、研讨会、教育峰会等活动，作为演讲者或嘉宾分享专业知识和实践经验，展示专业风采，提升个人知名度和影响力。举办主题培训课程，将专业知识体系化，打造主题培训课程，分享给对该领域感兴趣的人士，进一步提升个人影响力，树立行业标杆。录制视频教程，制作高质量的视频教程，分享专业技能和操作方法，方便他人学习和参考，扩大知识传播范围，增强品牌影响力。

通过上述方法，教师不仅能够提升自己的技术技能和应用能力，还能够在教育技术领域内建立起引领性的地位，进而影响和激励更多的人。这种持续的学习和应用不仅有助于个人职业发展，也为提升整个教育行业的技术应用和创新水平做出贡献。

三、以"教学技术"为手段的教学方法再设计

目前最新的教学技术趋势，如智能助手、增强现实（AR）/虚拟现实（VR）技术，以及智能教室和协作工具的发展，这些都是当前和未来教育领域的重要方向。基于 AI 的教学内容创新和增强现实/虚拟现实技术的应用，是信息技术与教学深度融合的新范例。这些技术不仅为教师进行信息化教学改革提供了新的视角和工具，还能够创造更加丰富和互动的学习体验。通过这些最新的教学技术，教师能够更有效地进行信息化教学改革，同时提升学生的学习体验和成效。

（一）审视沉浸式课堂，重构教学流程

沉浸式课堂的概念正在教育领域中引起革命性的变化。这种新型的教学模式，通过利用增强现实、虚拟现实以及混合现实（MR）技术，为学生提供了一个全方位、互动性强的学习环境。在这样的环境中，学生不再是被动的信息接收者，而是变成了积极的参与者，他们能够通过模拟和虚拟体验来深入理解和掌握知识。例如，历史课程可以通过虚拟现实技术让学生"亲临"历史现场，生物学课程可以通过增强现实技术展示三维的细胞结构。

传统的教学流程往往是线性的，以教师为中心，但在沉浸式课堂中，这种流程需要转变为更加灵活和学生为中心的模式。教师的角色从知识的传递者转变为指导者和协助者，他们需要设计更加互动和参与性的课程，以适应这种新型的学习方式。例如，教师可以利用 VR 技术创建模拟实验，让学生在安全的虚拟环境中进行科学实验，或者使用 AR 技术来辅助语言学习，让学生在模拟的语言环境中实践。

这种教学流程的重构不仅提高了学习的趣味性和有效性，还为学生提供了更加深刻和持久的学习体验。通过沉浸式课堂，学生能够更好地理解复杂的概念，提高解决问题的能力，并在虚拟环境中培养实际应用知识的能力。同时，这也为教师提供了一个探索新教学方法和技术的机会，促进了教育创新和个性

化学习的发展。

（二）注重学习测量，挖掘学习数据

在现代教育中，学习测量的重要性日益凸显，它不仅帮助教师评估学生的学习成效，还能够深入挖掘学习过程中的关键数据。通过利用学习分析技术，教师可以收集和分析学生在学习过程中的各种数据，如参与度、理解程度和学习进度，不仅能够帮助教师了解每个学生的学习状况，还能够揭示学习过程中可能存在的问题，如哪些内容学生理解困难，哪些教学方法效果不佳。例如，通过分析在线学习平台上的数据，教师可以发现哪些视频讲座最受学生欢迎，哪些练习题目对学生来说过于复杂。

此外，学习测量还涉及如何利用这些数据来改进教学策略和学习内容。通过对学习数据的深入分析，教师可以定制更加个性化的教学计划，以适应不同学生的学习需求和偏好。这种基于数据的教学方法不仅提高了教学的有效性，还增强了学生的学习动机和参与度。例如，教师可以根据学生的学习数据，为他们推荐适合的学习资源，或者调整教学方法，以确保每个学生都能在最适合自己的方式下学习。此外，学习数据的挖掘和分析还为教育研究提供了丰富的资源，帮助教育工作者更好地理解学习过程，从而推动教育理论和实践的发展。

（三）重构学习空间，植入游戏化教学

随着技术的发展，学习空间也在不断变化，不仅涉及物理空间的重新设计，更包括学习环境的虚拟化和互动化。在这个过程中，游戏化教学的引入起到了关键作用。游戏化教学通过将游戏元素和原理融入学习过程，创造了一个既有趣又具有教育意义的环境。这种方法不仅提高了学生的参与度和动机，还增强了他们对复杂概念的理解和记忆。例如，通过设计与课程内容相关的教育游戏，学生可以在玩游戏的同时学习数学、科学或语言艺术等科目。这种互动式学习方法使得学习过程更加生动和吸引人，同时也促进了学生的主动学习和探索精神。《重新构想大学：高等教育创新的十种设计》提到一种未来大学——高级游戏研究：它是一个认真玩游戏的空间，将游戏视为最高的学习形式，是新颖知识的产生，创新创造的来源；它是一个竞技场，成年人可以在那

里参与严肃的游戏，结果可能会产生意想不到的"计划外见解"。[①]

智能教室和自适应学习系统，智能教室通过集成先进的传感器、互动白板、学习管理系统（LMS）等技术，提供了一个高度互动和个性化的学习环境。学生的学习进度、参与度和理解程度可以实时监测和分析，教师据此调整教学策略，实现真正意义上的因材施教。自适应学习系统利用大数据和机器学习算法，根据学生的学习行为和成绩，自动推荐个性化的学习资源和路径，使每个学生都能按照最适合自己的方式进行学习。

此外，重构学习空间还意味着利用技术来创造更加灵活和多样化的学习环境。这包括使用增强现实和虚拟现实技术来创建沉浸式学习体验，或者利用在线平台和社交媒体来促进学生之间的协作和交流。例如，利用 VR 技术，学生可以进行虚拟的地理探险，或者在虚拟实验室中进行科学实验。通过这些技术，学习空间不再局限于传统的教室墙壁，而是扩展到了虚拟世界和全球社区。这种多元化和技术驱动的学习空间重构，不仅为学生提供了更加丰富和多维的学习体验，也为教师提供了新的教学方法和工具，从而推动了教育的创新和发展。在实践中，"未来教室""智慧教室""创客空间"等是比较常见的学习空间重构的案例，比如上海师范大学附属中学的地理学科教室，每一个细节都蕴含着浓浓的地理风，天花板是星空图，地板则是一张全球地图，教室内有两个地理 AR 沙盘，学生可以在沙盘上实景模拟等高线、等值线、火山喷发、地形漫游等情景。

四、以"课程技术"为依托的学科内容再开发

生成式人工智能、混合弹性课程、STEM 与 STEAM 教育等与课程开发应用相关的前沿技术和理念，为打破传统教学界限、促进学生个性化学习和跨学科能力的培养提供了新的思路和方法。通过聚焦微课的小课堂大教学模式、混合弹性教学的线上线下平衡，以及 STEAM 跨学科融合的创新实践，不仅提升

---

① ［美］斯特利·戴维. 重新构想大学：高等教育创新的十种设计［M］. 徐宗玲，林丹明，高见，译. 北京：生活·读书·新知三联书店，2021：201—220.

了教育的效率和质量，还激发了学生的学习兴趣和创新思维。

（一）聚焦微课，小课堂大教学的创新应用

生成式人工智能（Generative AI）技术可以在微课的开发和制作中发挥重要作用。利用 AI，教师可以自动生成教学内容的初稿，包括课程脚本、教学视频和练习题，从而大大节省制作微课的时间和精力。此外，AI 技术还可以根据学生的学习进度和反馈，实时调整教学内容和难度，提供个性化的学习体验。这种方式不仅增加了微课的互动性和吸引力，还提高了学习效率和效果。

利用 AI 技术增强在线课程的互动性与反馈及时性，通过在微课中嵌入互动问题和实时反馈，可以增强学生的参与度和学习效果。这些互动元素可以是由 AI 驱动的，能够根据学生的响应提供个性化反馈。

（二）开放内容与 STEM 课程的跨学科融合

开放教育资源（OER）和开源软件的应用为 STEM 教育提供了丰富的资源和工具，使得学生能够接触到最前沿的科学研究和技术开发。通过实际操作开源软件和硬件项目，学生可以深入理解科学原理和工程实践，激发他们的探索兴趣和创新能力。同时，跨学科的融合课程设计使得艺术和设计思维被整合到 STEM 学习中，促进了学生全面的认知发展和创造性思维的培养。

跨学科融合课程的选题应聚焦现实社会，聚焦学生的学习与生活，引导学生用学过的各学科知识解释或者解决现实问题，培养学生的动手实践能力以及知识间的融会贯通能力；课程不设标准答案或固定答案，引导学生发散思维，鼓励学生奇思妙想（有时候奇思妙想的过程比奇思妙想得到的结果更为重要）。跨学科融合课程的实施，围绕一个项目设计或实践方案的完成，基于网络信息技术的便利，学生在线学习，广泛收集和该项目有关的各学科、各种类的知识，在此基础上提出解决问题或项目设计的假设。在教师引导下，动手实验或参与实践，在实验或实践过程中解决实际问题。[①]

教师基于跨学科知识课程的设计与应用，能够帮助学生将学过的知识融会

---

① 陈玉琨.基础教育慕课从 1.0 走向 2.0 [J].辽宁教育，2016（10）46—47.

贯通，更重要的是将知识应用于实践，解决实际问题，这也是教育的出发点。跨学科知识课程的设计，考验教师理论联系实际的能力，更考验教师对多学科知识的掌控和理解，要求教师将其以合理课程方式呈现出来，这本身就是对教师课程设计与开发能力的考验与提升。

第八章
总结与展望

经过对教师信息技术领导力内涵的探讨、现状分析、影响因素检验以及提升路径的解析，我们已经比较系统地阐明了该课题的理论基础、实证发现和应用对策。本章，我们将对全书研究做一总体小结，同时也会根据研究中发现的不足之处，指出需要进一步深化和拓展的方向，为推动该领域未来发展贡献一些新的思路。

一、主要结论

本书旨在探索教师信息技术领导力的内涵、现状、影响因素及提升路径，为教育信息化的高质量发展提供新的理论视角和实践指导。

（一）教师信息技术领导力的内涵及构成

通过采用扎根理论的研究方法，深入分析访谈资料，绘制教师信息技术领导行为概念地图，本书系统阐释了教师信息技术领导力的概念内涵。教师信息技术领导力是指教师在不断提升信息技术素养的基础上，将信息化思维与技能逐步融入教学、课程以及日常办公，通过参与决策、感召、吸引、激发、答疑等行为发挥引领作用，自觉寻求对同事、学生和学校管理者等影响力的不断进阶，以便促进学校信息化工作良性循环与数字化创新人才培养的能力。

此外，经过理论分析和实证检验，确立了教师信息技术领导力由信息技术专业引领力、信息化教学领导力、数字化课程领导力和信息技术氛围领导力四个方面构成的理论模型。这四个方面分别为：教师在信息技术专业领域发挥的学科知识和技能方面的影响力；教师在信息化教学实践中体现的教学领导力；教师在数字化学习资源及课程建设等方面的引领作用；教师在营造学校及班级信息技术应用氛围中发挥的带头作用。该领导力内涵和构成要素的提出，丰富了教师领导力的理论内涵。

（二）教师信息技术领导力现状

通过问卷调查和案例分析，本书对教师信息技术领导力的现状进行了全面分析。

一是，整体水平较低。教师整体信息技术领导力水平不高，在信息技术专业引领方面还存在一定困难，参与学校信息化决策的程度较低。尽管教师在数字化课程建设领导力方面相对表现突出，但普遍存在信息技术能力和领导力两者难以兼容的问题。

二是，差异性显著。不同性别、年龄等人口学特征的教师，在信息技术领导力水平上差异并不明显。但是不同学段、不同校长领导风格以及校长对教师信息技术应用的支持态度不同，则会导致教师信息技术领导力存在显著差异。具体来说，小学阶段教师领导力相对中学更高；民主型领导风格和支持态度高的校长所在学校，教师领导力水平也更高。

（三）教师信息技术领导力实践模式

实践中，教师信息技术领导力主要呈现出三种典型模式：

自下而上的自发模式。这种模式源于教师的自发实践，依靠教师个体或小群体的影响力，通过示范、培训等方式在校内外发挥作用，形成自下而上的辐射。案例分析显示，尽管这种模式普及面有限，但在培养信息技术"种子"教师方面具有独特优势。

自上而下的行政介入模式。该模式主要由学校行政主导，以教师培训、教学竞赛等形式着力培养教师信息技术领导力，并明确相关奖惩机制。这种模式可以较快形成整体影响，但对教师个体发展的关注不足。

网络社区辐射模式。这种模式依托网络虚拟社区，特别是一些领先教师的个人影响力，通过互动交流、资源分享等方式影响并带动其他教师提升信息技术应用水平。网络社区模式具有自主性、灵活性和专业性优势，在未来可能成为重要发展趋势。

（四）影响教师信息技术领导力的关键因素

在访谈分析和结构方程模型检验的基础上，研究发现校长授权、组织氛围和知识共享是影响教师信息技术领导力的三个关键因素，且它们之间存在复杂的作用路径。

组织氛围在校长授权与教师信息技术领导力之间起到部分中介作用。良好的组织文化氛围有利于将校长授权转化为教师的实际领导力。

知识共享在校长授权与教师信息技术领导力之间也起到部分中介作用。知识分享的环境和机制，能够将校长授权的影响力转移给教师的专业领导实践。

此外，组织氛围和知识共享在校长授权对教师信息技术领导力的影响过程中，还存在着"链式中介"的作用路径。

（五）提升教师信息技术领导力的路径

结合研究结论，本书从教师个体特征差异、关键影响因素以及信息技术发展趋势三个角度，提出了多维度的提升路径。

基于教师特征差异，建议以点带面培养教师信息技术领导力"种子"，重视老幼差异的差异化选拔，注重男女教师在信息技术专长上的差异，关注中西部地区技术氛围营造和东部地区技术应用推广，着重关注校长支持态度对领导力的影响。

基于影响因素作用机制，建议重视校长授权在激发教师领导力中的辐射性作用，积极构建基于网络的知识共享社区，营造校内容错鼓励型的组织文化氛围。

基于信息技术发展前沿，建议以"学习技术"为支撑提升教师信息素养，以"教学技术"为手段优化教学设计，以"课程技术"为依托开发数字化学习资源，从而全面提升教师的信息技术领导力。

二、研究反思

虽然本书在理论和实践层面都取得了一些创新性的研究成果，但也存在一些不足之处。

（一）样本代表性有待扩大

本书虽然选取了相对广泛的样本，但还是对各个地区的教师群体覆盖不够全面，难以完全体现不同区域和文化背景下教师信息技术领导力的特殊情况。未来需要开展更多跨文化的比较研究，厘清不同区域和文化土壤对教师领导力发展的影响，以及如何针对性地制定相应的培养策略。

（二）个体发展演进动因机制有待深入探讨

本书主要聚焦宏观影响因素，但对于教师个体如何逐步形成和发展领导力的微观发展路径及其内在动因机制的解析还不够深入，亟须在后续研究中加以深化和完善。

（三）技术发展的动态跟进需加强

信息技术发展日新月异，研究过程中难免会与最新技术发展存在时间差。未来需加强对新兴教育技术发展的动态跟进，及时将最新的技术发展状况、应用趋势纳入研究视野，使研究结论具有持续的前瞻性和指导性。比如大模型时代的到来，将会给教育领域带来怎样的变革和挑战？教师的专业领导力又将遇到怎样的新课题？都需要保持高度关注和及时跟进。

（四）跨学科研究的整合需加强

教师信息技术领导力是一个跨学科的复杂课题，涉及教育学、心理学、管理学、信息技术等多个学科领域的理论视角。后续研究需更好地整合多学科的研究资源和智力，建立跨学科的合作机制，形成系统的、整体的研究范式，才能更全面深入地解析这一复杂的研究主题。

总之，尽管本书在理论和实践层面都取得了一些创新性成果，但由于教育实践的复杂性和技术发展的动态性，仍需在多个方面持续深化和拓宽研究视野，不断推进理论创新和实践应用，以更好地指导教师发挥信息技术领导力，

推动教育事业可持续创新发展。

三、未来展望

展望未来，这一领域仍有诸多课题值得深入探索，需要我们持续关注、研究和实践。

（一）深化对教师信息技术领导力形成发展动因机制的研究

虽然本书从宏观层面探讨了影响教师信息技术领导力的几个关键因素，但对于领导力是如何在教师个体内部逐步形成和发展的微观动因机制，还需要进一步深入研究。未来可以通过纵向追踪、个案研究等方式，剖析教师信息技术领导力孕育、培养、成长的整个发展历程，厘清其内在的动机、认知、情感等心理机制，以及外部环境、人际互动等情境因素的作用路径，从而更全面透视领导力发展的动态过程。

（二）拓展智能时代教师专业领导力理论框架

人工智能技术的发展正在重塑教育形态，教师专业角色和能力素养也面临新的转型要求。本书提出了关于教师信息技术领导力的相关理论框架，还需要在此基础上向前拓展，着眼于智能时代下教师专业领导力的新内涵、新构成、新特征等，建构更加完备的理论体系。比如教师如何引领智能辅助下的个性化学习、体验式学习、探索式学习等教学模式的变革；教师如何发挥技术与人文素养的融合优势，营造智能环境下的人性化学习体验等，都是需要深入探讨的新课题。

（三）培育具备现代师范精神和信息技术领导力的新型教师

围绕培养具有现代教师专业意识、信息素养和领导力的新型教师人才，需要在理论研究和实践探索层面持续深化和创新。一方面要进一步丰富相关理论研究，明确新时代教师专业发展的目标维度；另一方面要在师资培养的各个环节创新实践，优化课程体系、改革培养模式、拓展成长路径，为教师发挥信息技术领导力提供系统性的理论指导和实践支撑。

教师的信息技术领导力是影响教育现代化和创新发展的关键因素。随着信息技术尤其是人工智能技术的不断发展，这一领域亟须持续深入地研究关注，以更好地指导教师发挥专业领导力，推动教育事业可持续创新发展。我们有理由相信，只要把科研精神和教育情怀高度统一，定能在这个领域上孕育更多思想火花和实践成果。

中小学教师信息技术领导力及其影响因素调研问卷

尊敬的老师:

您好!

本问卷的目的是了解中小学教师信息技术领导力状况,并不专门针对某所学校或某个人。本问卷以匿名方式作答,仅为学术研究所用,不涉及其他用途,不会给您和您的学校造成任何影响,谢谢合作!您的真实作答将对本课题做出巨大贡献,谨致谢忱!

一、基本情况:(请在符合实际情况的序号上画"√")

1. 您的性别_____

A. 男   B. 女

2. 您学校所在地_____

A. 西部   B. 中部   C. 东部

3. 您所在的学校是_____

A. 城区学校   B. 乡村学校   C. 您的年龄

4. 您的年龄_____

A. 20—35 岁   B. 35—50 岁   C. 50 岁以上

5. 您所教的科目:【多选题】

A. 信息技术   B. 语数外   C. 音体美

D. 理化生政史地   E. 其他

6. 贵校校长的领导风格属于

A. 集权型   B. 民主型   C. 二者之间

7. 校长鼓励我使用信息技术去影响其他人

A. 会   B. 不会

8. 您所教授的学段是

A. 小学   B. 初中   C. 高中

9. 您是否做过微课?

A. 有   B. 没有

10. 您认为自己现有的信息技术能力能否满足您的发展与学习需求:

A. 能   B. 不能

11. 上一题中若回答"不能",则您觉得是哪些原因造成的【多选题】:

A. 对信息技术不感兴趣

B. 遇到信息技术方面的难题缺乏专业的指导

C. 工作压力大,没时间或没精力学习信息技术相关的知识

D. 获取信息的渠道不通畅或方式单一(如网络不通或没有智能手机、电脑等移动设备)

E. 信息技术在我们学校用处不大

二、正式题项(请根据您的实际感受在相应等级的选项上画"√")

信息技术氛围	非常不符合	不符合	说不准	符合	非常符合
12. 积极营造校园信息化学习氛围	☐	☐	☐	☐	☐
13. 积极参与学校信息化教研活动	☐	☐	☐	☐	☐

信息技术氛围	非常不符合	不符合	说不准	符合	非常符合
14. 积极引导其他教师组建网络学习共同体	☐	☐	☐	☐	☐
15. 积极引导学生在信息化学习环境中有效地学习	☐	☐	☐	☐	☐
16. 积极为学校信息化设备的采购和网络设置提供建议	☐	☐	☐	☐	☐
17. 积极执行并维护学校信息化规划或计划	☐	☐	☐	☐	☐

信息化教学

	非常不符合	不符合	说不准	符合	非常符合
18. 能够配合学校的信息化教学愿景制定信息化教学计划	☐	☐	☐	☐	☐
19. 能够指导其他教师使用信息技术进行教学	☐	☐	☐	☐	☐
20. 能够指导学生利用信息化工具进行课堂学习和课下自学	☐	☐	☐	☐	☐
21. 善于运用信息技术教学手段激发学生的学习兴趣	☐	☐	☐	☐	☐
22. 能够规划好信息化教学前后的活动安排，知识内容的呈现方式，练习与反馈、测试等	☐	☐	☐	☐	☐
23. 能够根据学生与家长的反馈进行信息化教学过程的评估和改进	☐	☐	☐	☐	☐

数字化课程

	非常不符合	不符合	说不准	符合	非常符合
24. 能召集其他教师建立一个数字化课程开发团队	☐	☐	☐	☐	☐

数字化课程	非常 不符合	不符合	说不准	符合	非常 符合
25. 能通过信息技术手段将学校背景与特色融入课程开发之中	☐	☐	☐	☐	☐
26. 能够与其他教师共同商议信息技术整合课程内容的切入点	☐	☐	☐	☐	☐
27. 能带领其他教师讨论数字化课程在教学中遇到的问题并提出改进方法	☐	☐	☐	☐	☐
28. 能吸纳家长、社区的资源，共同整合数字化课程资源	☐	☐	☐	☐	☐
29. 能评价数字化课程实施的效果，并进行反思与改进	☐	☐	☐	☐	☐

信息技术专业引领

	非常 不符合	不符合	说不准	符合	非常 符合
30. 经常运用信息化工具通过自学来更新学科专业知识	☐	☐	☐	☐	☐
31. 积极寻求提升自己信息技术能力的方法和途径	☐	☐	☐	☐	☐
32. 有不断提升自身信息化水平的意识，促进自身的专业发展	☐	☐	☐	☐	☐
33. 通过自己信息技术教学成就影响其他教师，驱动他们的信息化学习	☐	☐	☐	☐	☐
34. 通过信息技术教学的优越性，带动同事信息技术学习的热情	☐	☐	☐	☐	☐

知识共享量

	非常 不符合	不符合	说不准	符合	非常 符合
35. 在日常工作中，我主动向同事传授业务知识	☐	☐	☐	☐	☐

知识共享量	非常 不符合	不符合	说不准	符合	非常 符合
36. 我把有用的工作经验和心得与大家共享	☐	☐	☐	☐	☐
37. 在学到对工作有用的新知识后，我进行宣传，让更多的人学到它	☐	☐	☐	☐	☐
38. 在工作岗位上，我拿出自己的知识与更多的人共享	☐	☐	☐	☐	☐
39. 我积极利用学校现有的信息技术手段把自己的知识拿出来分享	☐	☐	☐	☐	☐
40. 只要其他同事需要，我总是知无不言，言无不尽	☐	☐	☐	☐	☐
组织氛围量					
41. 同事之间乐意分享各自的看法	☐	☐	☐	☐	☐
42. 校领导鼓励下属表达自己的新观点	☐	☐	☐	☐	☐
43. 学校内部不存在沟通障碍	☐	☐	☐	☐	☐
44. 学校绩效评估体系公正合理	☐	☐	☐	☐	☐
45. 校领导对待同事一视同仁	☐	☐	☐	☐	☐
校长授权					
46. 校长会倾听我的想法和建议	☐	☐	☐	☐	☐
47. 校长会给我表达自己意见的机会	☐	☐	☐	☐	☐
48. 当有不同意见时，校长会考虑我的想法	☐	☐	☐	☐	☐

校长授权	非常 不符合	不符合	说不准	符合	非常 符合
49. 校长会与我分享有关组织决策 的信息	□	□	□	□	□
50. 校长会鼓励我与他/她交流 信息	□	□	□	□	□
51. 校长支持我的努力	□	□	□	□	□

问卷到此结束，非常谢谢您的支持与合作！祝您工作顺利、万事如意！

中小学教师信息技术领导力及其影响因素访谈提纲

中小学教师信息技术领导力及其影响因素访谈提纲（教师信息技术领导者用）

1. 您在信息技术应用于教育教学方面取得了傲人的成绩，着实令人羡慕，请问您以前是学信息技术相关专业的吗？又是怎么培养自己的信息技术应用能力的？

2. 有其他教师向您请教关于信息技术教学的问题吗？您是怎么帮助他们解决的？能否举一个具体的例子？

3. 在信息化教学中，您是如何帮助并影响学生的？能否举一个具体的例子？

4. 您觉得自己在学校信息化教学和管理中，具有发言权吗？是否参与信息化决策？是怎么参与的？

5. 如果让您领导全校的信息化教育教学，您会从哪些方面着手工作？

6. 如果对您进行信息技术领导力培养（领导力可以理解为影响力），您觉得影响信息技术领导力培养的因素有哪些呢？最好举一些例子说明。

中小学教师信息技术领导力及其影响因素访谈提纲（一线普通教师用）

1. 在信息技术融合教育教学方面，是否有一些教师对您起到引领作用或者对您产生比较大的影响？

2. 她／他有什么样的特点呢？是怎么影响您的？通过什么方式在哪些方面影响您的？

3. 您觉得他／她具有一定的领导才能吗？具体表现是什么？如果不具备，还欠缺什么？

4. 如果对他／她进行信息技术领导才能的培养，您有什么好的建议或意见吗？

中小学教师信息技术领导力及其影响因素访谈提纲（学校领导用）

1. 在信息技术融合教育教学方面，贵校的哪些老师起到的作用最大（是信息技术教师，还是其他学科教师）？能起到什么样的作用？通过什么方式起作用？在哪些方面起作用？

2. 这一部分教师有哪些特点？或者说与众不同的地方？

3. 您认为这些教师是否具有信息技术领导力？具体表现是什么？如果不具备，还欠缺什么？

4. 如果对教师信息技术领导力进行培养，您会支持吗？如果支持，您会就此做出什么样的努力呢？

5. 您认为哪些因素是支持或阻碍教师信息技术领导力的发挥？

中小学教师信息技术领导力访谈录音文字稿（节选）

访谈共分三个时间段，共访谈 61 人，本附录节选较为代表性的案例：教师信息技术领导者 3 人，教育培训者 1 人，一线教师 2 人。

下文加黑文字，是研究者在一级编码时留下的记号，即关键词或者短句。

教师信息技术领导者：F12
职位：空 学段：六年级 学科：数学

1. 您在信息技术应用于教育教学方面取得了傲人的成绩，着实令人羡慕，请问您以前是学信息技术相关专业的吗？又是怎么培养自己的信息技术应用能力的？

不是。信息技术的应用最开始是基于学校班班有电脑，对于计算机的应用开始有区域全员培训，通过培训基本掌握了一些简单的办公软件的应用。2014年的暑假，我们区成立了**小学数学微课制作团队**，我荣幸地入选了，先是参加过微课制作的老师给我们培训录课软件的使用，然后就布置微课制作的任务，我利用一个暑假的时间，足不出户一遍又一遍尝试录课软件的使用，对于什么是微课，怎样录制微课**不断琢磨**，完成了一年级上册 20 个知识点微课的录制任务。2014 年我 46 岁，可能没有年轻人接受能力强，但是，**我很努力**。开学后我上交的作业得到了区领导和长春市电教馆馆长的好评。学会了制作微课后，我开始琢磨怎样使用微课。我结合我班学生的实际情况（我们学校的学生大多数的孩子都是农民工子弟），尝试着翻转课堂，经过四年多的不断学习和尝试，信息技术与课堂教学相融合，班级学生的学习能力和学校方式以及学科成绩都有了很大的提高。

2. 有其他教师向您请教关于信息技术教学的问题吗？您是怎么帮助他们解决的？能否举一个具体的例子？

我学会了制作微课以后，特别是在参加了华东师范大学慕课中心举办的第二届微课大赛获得二等奖以后，首先长春市电教馆邀请我给市里的骨干教师进行了培训，培训的内容是录课软件的使用和微课的制作方法。老师们比较喜欢我录制的微课，很想学会录制。大多数的老师是不会使用录课软件，包括下载和安装。2014 年我们用的是屏幕录像专家软件，2015 年使用的是 Camtasia Studio，我一步一步指导老师现场安装软件，怎样使用软件，怎样录和编辑，输出。2015 年，应宽城区进修学校电教室领导的邀请，给全区的骨干教师进行录制优质微课培训。后来应各个学校校长的邀请，对中小学教师进行全员培训。在我的带领下，我区信息技术与教学融合方面做得很好。

3. 在信息化教学中，您是如何帮助并影响学生的？能否举一个具体的例子？

我想就是翻转课堂给学生带来的影响很大。最大的变化就是学生的学习方式发生了改变。以数学为例，学生课下看微视频，课上进行自主或小组探究，然后再小组之间或在全班范围进行协作交流，在交流的基础上，老师加以补充与升华，将信息技术教学融入学科教学之中去。

4. 您觉得自己在学校信息化教学和管理中，具有发言权吗？是否参与信息化决策？是怎么参与的？

有吧，因为我爱学习，与时俱进，一个好老师的标准不但是师德高尚，还要终身学习。每个学期学校教科研方面会安排我给全校的老师进行单项的培训，有的是校本教材微课的录制，有的是信息平台的使用。

5. 如果让您领导全校的信息化教育教学，您会从哪些方面着手工作？

首先要营造信息化教学环境，其次是对教师的培训，第三是**转变教与学的**方式，最后是改变课堂结构。

6. 如果对您进行信息技术领导力培养，您觉得影响信息技术领导力培养的因素有哪些呢？是内在的因素多，还是外在的影响因素多呢？最好举一些例子说明。

这个问题不好回答，我的理解可能是规划、**建设和管理**方面吧。

某教育信息技术公司教师培训部主管：S5

主要负责教师的信息化的辅导培训、培养，还有一些教师信息化工作室的建设。

1. 在信息技术融合教育教学方面，贵校的哪些老师起到的作用最大（是信息技术教师，还是其他学科教师）？能起到什么样的作用？通过什么方式起作用？在哪些方面起作用？

我觉得这个其实不分学科，因为我有亲眼看到英语教师做得很好，其实它没有严格的学科限制；以前呢，我觉得可能就是主科语数外这几科，但是后来我发现其实像是物理化学生物信息技术融合的课程，就是如果老师对信息技术的掌握得足够好，效果也很好！其实这和学科是没有任何关系的。

对，那个其他的还有信息技术老师，您觉得信息技术老师在这个信息在这个技术融合教育教学这方面做得怎么样？

这边有跟教育局合作的机会，原本他们推荐过来参加培训都是信息技术的老师，但是这几年我们就会要求尽量不选信息技术老师，因为他们回去以后其实很难将信息技术和学科融合起来去影响到其他老师；因为他们只懂信息技术；所以现在我们都要求必须是一线的学科老师，就像是语数外这种老师来参加。也就是说融合创新这方面不是信息技术加学科，而是学科加信息技术表述形式。

相同的时间，相同的内容，在培训中，年轻老师表现出来的成果展示远没有年纪大的老师表现出来的优异（但是还有一个情况是，您这个观点是确实我怎么说呢？嗯，到目前为止是我听到比较新颖的一个说法，我的观点是：这个教学经验比较丰富的，老师一般情况年龄层次稍微大一点，大一点的就是不愿意学这个信息技术。他们是不愿意学，），他是不愿意改变他的习惯，而年轻老师他还没有这样的习惯，因为它很好培养他去学习信息技术的习惯，其实只要他迈出第 1 步，他的上手更快，因为我们是做，就是在全国做了很多培训，然后尤其是去年的那个在浦东新区做的培训，参加培训的老师大部分都是 50 岁左右吧，然后我一进门就发现了，而心里面一突心想年纪这么大的老师怎么办呢？然后呢，结果就是培训下来他们学习的那种冲劲一点不比年轻人差，而且他们更有这个韧性，最后我让他们交作业啊什么的，我其实心里面想着他们，可能就是我让他们进行。成果展示会，没有人请假不来，因为年轻的老师经常这样逃避，但是呢，全部都来了，而且他们展示的成果我就是没有办法进行任何的修改，因为简直太棒了，就是你会发现他所有的这个信息技术与学科的这个融合，嗯，就是一句废话都没有，然后呢，他的那个整个课件的页面非常干净整洁，没有任何的炫技，所有的技术都恰到好处，因为他有足够的教学经验，如果他掌握了信息技术的话，他就会把它做得非常的完美，而年轻的老师是他没有教学经验，技术做得好，你会发现其实很多年轻的老师，选那个信息技术课，他只是在炫技。只是在炫那个信息技术，就是对于学生的教学学习来讲，就是他的各种炫技，其实已经违背了他的教学目标，所以我们现在觉得我们去培养一些有教学经验的老师，反而更加能够促进这个融合。

课程设置应该是以实用性为主的，不是以炫技为主的，那你们是这样的话，正好是根据这一群人（有教学经验的教师）的需求去设计的会好一点，但是在目前实践中很多培训方案，总是把这个课程设计得很高大上，就出现一种情况，就是相对难一些，技术难度高一些，年轻老师接受能力稍微好一点，学得就相对好一点，年龄大的老师那根本操作就跟不上，所以出现的情况跟你们这边正好是相反的。

你们这边是课程设置实用为主嘛，就是扎根到实践中去的，所以跟我们这

边得出来的结论不太一样。

2. 这一部分教师有哪些特点？或者说与众不同的地方？

说实话我们之前有一个结论，然后呢，这个就是跟地域有关。对四五线城市的老师，其实他们的新技术和应用是好过一线城市的老师，而且还有一点，一线城市的信息技术应用得非常差。是这样子的，我后来有问过，因为比如说上海和北京的老师他们接触的，眼花缭乱，今天是这个，明天是那个，然后呢，那个也有国际化的视野啊，什么的是普通的一些培训啊，或者什么就很难改变他们的想法，但是其实下面的老师他就够朴实，然后呢，就更容易虚心接受，反正是下面的那个，它的成效会更高一点，然后老师的那个冲劲也更高，我问过教育局，上海市教育局，是上海市的老师，他们很忙，他可能就没有太多的个人时间，这事情很杂，嗯，也不是他们愿意的，就是没有时间去学习，他们上海好几个，赛课比赛都取消了，嗯，除了教学以外还有其他的好多沟通的事情啊，培养学生的事情呀，就说和下面的老师不太一样，因为下面的老师，尤其是四五线城市的吧，他们好像平常除了教学工作以外，不像上海的老师，那么忙，那么多培训啊，或者那么多其他的事情，所以他们是有时间可以碎片化地去学习啊什么的，我不太清楚和这个有没有关系，但是我问过教育局的那个人，他们是这么跟我讲的。

不是来自名校的（所从教学校在当地不是很有名）；因为升学率，说实话，短时间内信息技术带来的升学率的效果是看不到的，培训啊，那个老师就说，他就不想听，完了他就说我现在服了孩子，每年的升学率是多少就有多少个，考上什么什么学校的，我想问一下我用了你们这个软件以后，能增长吗？他肯定说那我肯定不能保证对不对，然后主张中上游的学校，反而更容易接受，因为尤其这部分学校的老师，其实他还不是最好的，但是他还愿意去提升自己，把自己变成最好的。

3. 您认为这些教师是否具有信息技术领导力？具体表现是什么？如果不具备，还欠缺什么？

有的具备，有的不具备，其实我觉得这个领导力就像是有些人，有全国的老师都在报名，通过线上考核，然后提交作品大作业培训视频，然后参加我们线下的研修班，考核通过以后我们会给他颁发的证书的老师就可以承担区域的一些培训，预示的就是信息化的那个技术融合的课程，他们培训，那四星导师和三星导师不一样，三星导师就是他们是上一节信息化的公开课，然后呢或者是去进行，信息技术是信息技术与学科的融合，这一类培训是没有问题的，但是能够做讲座的老师就像我们的赵相文老师，那他们是可以做讲座信息化的讲座，是有一些管理能力的，所有的三星导师都是执行导师的，就是很多老师他是不具备这样的能力的，像张绍文老师，具备这样的能力就是他。就是学无止境嘛，他都不停地去学习，比如向别人去学习，然后呢，他所有的业余时间都用来去提升自己的很大的，第二天他就可以把你讲的内容融合到他，就和自身的知识融合到一起，变成自己的一个新课程，就是他的学习能力是非常强的，而且非常具有行动力。

嗯，所以这类的老师其实是非常少的，然后我们全国有 5 期，前段时间我们一共培养了 200 名左右的老师，那其实四星导师非常少，就是有这样能力的老师很少就几十个，但是这样能力的老师在实践中是很需要的呀，老师对他相当于是信息技术的种子选手啊，你比如说要我们去培训，哪有精力跟得上啊，时间啊，各个方面都是不行的呀，就要靠这些种子教师。

就是有教学经验，至少要 10 年，因为太年轻的老师他去做这种事情的话，它的影响力就不够，培训别人，但是很少会有人听他的，但是其实赵老师他不是中心校的副校长吗，所以他其实是可以影响这些老师，包括我们认识很多私信老师，他在那个就是他自己所在的区域已经小有建树，或者他有一定的职位，或者在学校里边他是主管教学的啊或者什么的，就是有老师愿意去有教学经验。教学经验非常丰富，有一定的名望，但是如果是一个新老师的话，影响就很有限，可能就是只能影响一个办公室。

孔子杏坛开讲座的计划，然后就是响应国家的政策，然后呢，最主要的是我们。那可能是有特别多的老师，他们的需求其实不是金钱的需求，是渴望被认可，然后被理解，可能比如说年纪大的老师吧，来讲。就是我们就是合作的很多老师，可能老师会有职业的惰性，尤其是到 40 岁左右的时候，他们会有一个职业倦怠期，所以他们觉得，你会发现很多老师他会有消极的言论在网上，如果开一个论坛的话，各种消极的言论，然后呢，他们可能在这个阶段，也没有什么上升的空间了，然后呢，感觉自己的人生好像也到达了一个瓶颈，然后不知道就没有什么能够让他在充满激情呀，或者包括教师这个职业，他的圈子很小，特别所以呢，其实我们就相当于帮助他们，就比如说像这个年龄层的老师那么有计划，然后全国梦想行计划就是各种这种，我们是汇集了全国的，就像他们一样有梦想，然后呢，有相同的经验，相同的职业经历，这样的老师汇聚在一起，他们可以认识很多朋友，都是教师圈的，然后他们交流经验，就刚才您说这个就是教师渴望被认可，渴望被理解，渴望被重视。做这个杏坛计划其实也就是，也就是教师信息技术领导力培养的一个方法和步骤了，以师育师，其实就是教师的领导力的培养，他自己可以开展线上训练营，可以根据自己的影响力去影响到周边的，哪怕是你教一个老师，那你把他教会，那以后呢，他就是你的徒弟，比如说他是可以三星导师，他是有权限去，嗯，就是签一星证书，然后呢，他推荐了一星老师可以免线上测试，测试还蛮难的，才能够通过一星，然后呢，他们是有权利去推荐去收徒弟，然后呢，他觉得这个老师信息技术各方面都很，名单给我，也可以做一些活动，选这些老师，然后给他认证成三星导师，还会有一些证书，还有勋章给到他们，用一些，比如说出去做讲座呀。出去就是做一些活动，参加活动都是企业，所有的费用都是企业承担的，他们可以认识更多的老师朋友，而且呢，嗯，比如说一些教育局做讲座啊，就是有一些信息化的讲座，我们就会跟老师去沟通这些课程，然后也会给他们进行辅导邀请。邀请他们就是教育局会发邀请函，邀请他们去讲座啊之类的，然后这些老师他会认识很多人，然后呢，他自己也会觉得自己比较有成就感，获得的认可和尊重认识了更多的朋友，那我们认识很多年纪大的老师，包括快退休的老师，他本来头发花白，也就是穿衣打扮就是不拘小节的那种，但是当他认识了这么多朋友，然后就好像找到了另外一个自己，都会有变化，其实就是，真的是，他们就是缺乏一种，就是被认可呀，或者缺乏和自己一起能够前行的一些伙伴，对这一部分人大致的年龄就是在 10 年工作经验以后的这一类群体吗？ 40 多岁，各个年龄都有。比如说我们第 5 期，这个新班里边有 20 年教龄的占 1/3 以上，那么第 5 期其实是我们这些所有这几期里边就学科融合，**展示成果最棒的是他们的年龄都偏大**，但是当然也有一些新教师，就是他们的教学经验只有两年，研讨什么的，然后他们是可以看到老一辈的经验啊什么的，这其实对他们回去以后的，学习啊，教学什么的是有很大的帮助的，而这些**老教师他们是看到年轻人身上的冲劲**，而且呢，他们也发现了自己，可能就是我们会发现，比如说像上海的老师本来跟他沟通的时候，你会发现，老师就会有一种高高在上的感觉，大家沟通交流啊，等到最后我会发现他们说得很好，其实老师再回去你发现他的思想就变了，其实还是看他跟什么样的人，对你说这一两个融入别的团队去。

我就看到上海的老师去点评孩子，还自己买一堆那种，从淘宝上买了一堆什么小贴纸啊什么的，现在的老师都不用，这个都是小数据，信息化的这种方式，然后根本就不用人为地统计了，但是他们还在用，所以他们的信息技术应用啊，这方面真是比较弱的，比较，而且他们还不太愿意去学习去接受最后一个问题。

4. 您认为哪些因素是支持或阻碍教师信息技术领导力的发挥？

区域的领导是非常重视信息化，那么它这个地方的信息化的应用就会非常好，你想让他去改变这个习惯，然后呢，从下而上推很难，只靠这两个老师他这样做很难的，因为他就很难有动力了，也没有很多企业会像我们就是不断去砸钱这样子，但是呢，教育局文件啊，老师必须去学习，这个把它纳入学分里面。那老师在他必须去学习的时候，然后呢，再加上我们比如说以赛促用去开展一些活动啊什么的，老是用着就会觉得，唉，我用这个去上课的时候，学生特别喜欢它改变了我的课堂的整个的教学的效果，让每一个孩子特别喜欢听我上课什么的，其实呢，他就会得到一种成就感，然后他就会慢慢地改变了他的习惯，就有很多区域，比如说必须学习强制性下红头文件学习，然后老师们就

开展学习，然后我们就开展比赛，有各种这种，然后你会发现这个区域它就变成常态化应用，用的都很好，对的观念有关系的，领导的观念其他的还有吗？还有就是，主要还是当地它的那个就是对信息技术的重视。

和学校的信息化的配置有关系，但是这个配置也和校长或是区域的信息化的观念有关系，就是和一些硬件的配置，对有些事。互动式教具什么它不能实现触摸交互，如果你还是一页一页的播放 PPT，但其实没有什么效果，对那个部门也在于这个区域对信息化的重视，和老师自身确实是一个很大的因素，就像前面讲到的，有一些老师具备技术领导的，却不具备跟别人打交道的呀，或者是分享的能力啊，这些，或者有些老师技术能力很强，他影响别人的能力弱；一个很有意思的老师，就这个老师呢是经常参加微课大赛，拿各种奖，是，学校让他做，这个那个什么信息化主管，不愿意做，然后我问你有没有参与学校的决策呀？他说，我只关注我自己的课堂，其他的一律不操心，然后我需要用什么软件我都花钱去买，不管学校什么事情，就是说什么呢？去跟学校，他好像跟学校领导有什么成见似的，然后呢跟其他教师，基本上也是交流比较少，所以像这一类的教师啊，就是技术能力非常强，影响别人的能力比较弱，很多很像跟领导有关。

你喜欢的课就是一个特别喜欢的原因，是这个老师经常表扬他，认可他，所以我们现在说学生评价很重要，同样。其实它可能就会有像这个老师这样的心理，是我做这么多事情我干吗分享出来呢？我只在我课堂上有用就行了，我分享出来对我也没有任何好处呀，对，没有给他一个激励的一个手段啊或者什么，就是会有这样的老师，而且呢，曾经有一个校长跟我说过，他说，好的老师，或者是在某一方面教学是特别好的老师，他都是那种，就是很难被别人所记住，不能被人理解，经常受委屈的老师，然后，校长就会对这个老师没关系，受点委屈，知道他们受委屈了会怎么样，有一些老师就会觉得就会受到一些排挤会怎么样？会不会这样子，对，所以对这个老师来讲可能有的老师他心理调节好不太紧张，越来越深啊。其实这个就是放到另外一个层面上来讲，就是人际关系处理得好不好的问题，前面就是愿不愿意去，就是我们前面说到了一个心理因素，对吧？其实后面就牵扯人际关系的一个问题了。

一线普通教师访谈者：N19

职位：空　学段：高中　学科：历史

1. 在信息技术融合教育教学方面，是否有一些教师对您起到引领作用或者对您产生比较大的影响？她／他有什么样的特点呢？是怎么影响您的？通过什么方式在哪些方面影响您的？

我所任教的学校是青海省教育相对落后的民族地区的双语（藏汉双语）普通高中，在学校教学中信息技术的应用也是相对比较滞后，如信息技术设备的配置，人员配置等，但经过这么多年的努力，最基本的设备人员都已到位，每个教室都装备了没有联网的电子白板，投影仪，多媒体电脑教室里可以用多媒体课件上课。

在我们的运用信息技术教育手段当中确实有那么一位老师是起了很大的引领作用的。在我们学校刚开始运用信息技术设备的时候。许多老师，尤其是中老年教师存在畏惧情绪，对于新的教学工具不用也是不想用，怕麻烦，觉得还是传统的老办法省事，这种情况下，这位老师坚持在课堂上开展信息技术教育手段与高中物理学科的整合，他们的课堂直观，有趣，有吸引力，课堂效果越来越好，而教师也比较轻松，于是越来越多的教师加入这个行列。我也是向他学习试着把自己所任教的历史学科与信息技术教育手段融合，用PPT课件上课；带着学生浏览历史学科网站，参加网络历史课程培训，鼓励学生参加网络知识竞赛等等，这些行为都是从我们这位老师的身上学来的。

2. 您觉得他／她具有一定的领导才能吗？具体表现是什么？如果不具备，还欠缺什么？

他除了上课之外有时候会受学校委托，组织老师进行信息技术与学科整合培训，指导一些有潜力的老师参加各种竞赛，但他这个人脾气有点不好，很容易情绪化，尽管工作认真负责，但很多人还是认为他难以接近，请教问题时要看他的心情，心情好能解决，反之，就难了，我觉得这是因为这不是他的本职

工作，他不愿意也是能理解，假如学校委派他做这方面的主管，我想事情又会不一样。

再有他的这些东西是他自学的，如果让他接受一下这方面的系统地学习，也许他的能力会更强。

图书在版编目(CIP)数据

中小学教师信息技术领导力研究 / 于天贞著.

上海 : 学林出版社，2024. -- ISBN 978-7-5486-2060-0

Ⅰ. G434

中国国家版本馆 CIP 数据核字第 2025FZ3208 号

责任编辑　许苏宜
封面设计　张志凯

中小学教师信息技术领导力研究

于天贞　著

出　　版　学林出版社
　　　　　（201101　上海市闵行区号景路 159 弄 C 座）
发　　行　上海人民出版社发行中心
　　　　　（201101　上海市闵行区号景路 159 弄 C 座）
印　　刷　上海颛辉印刷厂有限公司
开　　本　720×1000　1/16
印　　张　17.5
字　　数　26 万
版　　次　2025 年 6 月第 1 版
印　　次　2025 年 6 月第 1 次印刷
ISBN 978 - 7 - 5486 - 2060 - 0/G·791
定　　价　68.00 元

（如发生印刷、装订质量问题，读者可向工厂调换）